무녕왕과 무령왕릉

무녕왕과 무령왕릉

2020년 6월 10일 초판 1쇄 발행

글쓴이   이도학
펴낸이   권혁재
편 집   조혜진

제 작   성광인쇄
펴낸곳   학연문화사
등 록   1988년 2월 26일 제2-501호
주 소   서울시 금천구 가산디지털1로 168 우림라이온스밸리 B동 712호

전 화   02-2026-0541
팩 스   02-2026-0547
E-mail   hak7891@chol.com

ISBN 978-89-5508-412-2 93910

무녕왕과 무령왕릉

이도학 지음

학연문화사

1

오랜 동안 기획하여 준비했던 백제 무녕왕武寧王에 관한 글을 끄집어내 출간을 준비하게 되었다. 역질로 인한 '사회적 거리두기' 때문에 '일'에 몰입할 수 있는 시간이 발생했다. 나에게 '일'이라는 것은 논문 집필을 비롯한 저술 활동을 가리킨다. 조금 전에 출판사에서 보내 온 편집본을 받아 보니 이제 출간이 임박했다는 설레는 마음이 일렁였다. 예상을 넘어 상당히 신속하게 작업하였던 것이다.

책의 제목을 〈무녕왕과 무령왕릉〉으로 잡았다. 당연히 '녕'과 '령'의 차이에 대한 의문이 일어날 것이다. 이와 관련한 '寧' 자 음에 대해 "앞에 오면 두음법칙이 적용되어 '영'으로, 뒤에 오면 원음대로 '녕'으로 읽힌다. 그러나 뒤에 올 때 활음조 현상이 일어나 '령'으로 읽히기도 한다. 다만 이름에서는 '녕'과 '영'만 쓸 수 있다"는 정의가 있다. 실제 영릉寧陵(효종대왕릉)·영월寧越·영변寧邊 등에서 보이고, 창녕昌寧·흥녕사興寧寺·김녕 김씨金寧金氏·함녕전咸寧殿·양녕대군讓寧大君 등의 용례가 확인된다. 이 경우 음조를 부드럽게 하기 위한 활음조 현상을 적용한 '무령왕'이 맞다. 수낙受諾을 '수락'으로 읽는 게 활음조 현상이다. 그렇지만 국호나 역사적 인물의 이름은 기능성을 배제하고 일컬어야 한다. 그래야만 본디의 모습을 만날 수 있다. 비근한 예로 '契丹'에 대한 '거란' 표기는 원래의 음가와는 무관한 한국에서의 변형된 발음이다. 거란 스스로 키탄Khitan 또는 키타이Khitai로 일컬었다. 그러니 契丹은 한자음 그대로 '계단'이라고 읽을 때 '키탄'과 연결된다. 따라서 정체성이 담긴 국호나 인명은, 발음의 편의를 위한 기능성 문법에서 벗어나야 한다고 판단했다. 본서에서는 역사적 인물로서 고유 가치를 지닌 이름인 '武寧王'을 원음인 '무녕왕'으로 표기하였다. 아울러 무녕왕이 중국의 양梁으로부터 받은 작호爵號 '寧東大將軍'은 '영동대장군'으로 읽는 게 가능하다.

그러면 본서에서 왜 무녕왕릉이 아니고 무령왕릉으로 표기하는가이다. 1971년에 무령왕릉 발굴 기념으로 발행한 소인 찍힌 우표를 간직하고 있다. 본서에도 수록된 이 우표에는 '무녕왕릉'으로 표기되었다. 본서에서의 '무령왕릉'은 사적 제13호로 지정된 송산리 고분군 안에 소재한 능묘의 공식 표기를 따른 것이다. 어쨌든 인명 표기만은 제대로 해야 한다는 소신의 발로가 '무녕왕'이었다.

2

무녕왕과의 인연은 대학 때로 거슬러 올라간다. 우연한 계기로 무녕왕의 계보를 바로잡을 수 있었다. 무녕왕의 아버지로는 사서마다 각이各異하여 개로왕·곤지·동성왕이 각각 등장한다. 『삼국사기』에는 무녕왕은 동성왕의 둘째 아들로 적어놓았다. 이 사실에 의미를 부여하는 자도 있었지만, 의미 부여가 호사에 불과한 완벽한 오류였다. 무녕왕은 오히려 동성왕의 배다른 형이었다. 다른 것은 몰라도 왕이 즉위할 수 있는 일차적 요건인 혈통 즉 계보 기록의 오류였다. 그것도 초기 군왕도 아니고 5~6세기대 백제 왕의 계보가 잘못되었다는 일은 소름끼치는 사변이었다. 그럼에도 학계는 너무나 태연(?)한 것 같았다. 이 역시 놀랄 일이었다. 대학생 때 내가 밝힌 것이다. 무녕왕과 그 이전 왕계까지 새롭게 구명하였다. 따라서 백제 역사상 격동의 시기였던 한성 말기와 웅진성 초기의 백제 정치사는 새로운 인식과 평가가 불가피해졌다.

거센 정치적 격랑을 뚫고 불혹에 즉위하여 자신의 나라를 '다시 강한 나라를 만들었다更爲强國'는 평가를 받게 한 이가 무녕왕이었다. 그가 62세로 천수를 다하고 안장된 왕릉은 정보의 보물창고였다. 특히 그의 신원을 확인시켜준 석판은 보배

중의 보배였다. 묘터를 지하의 신들에게 전錢 1만 문을 주고 매입했으니, 자연히 유택幽宅 주인공 이름과 매입 효력 발생을 알리는 사망 시점을 고지할 수밖에 없었다. 그러니 석판은 매지권買地券인 것이다. 묘지墓誌는 체재가 이와는 다르다. 피장자인 주인공 이름과 작위 그리고 사망 시점이 적혀 있다고 하여 묘지가 되는 것은 아니다. 멀리 볼 것도 없이 고려시대의 매지권이나 묘지와 비교해 보면 금방 알 수 있다.

무령왕뿐 아니라 무령왕릉도 많은 비밀을 품고 있었다. 부장품 가운데 다리多利가 만든 왕비의 은팔찌는 순전히 부장용이었다. 우연한 기회에 은팔찌 모형을 손에 넣어보았더니 들어가지 않았다. 은팔찌의 구경口徑은 보고서 등에 적힌 수치와는 달리 5.2cm였다. 들어갈 수가 없으니, 실용품이 아니라 부장용이었다. 무령왕비가 착용한 적이 없는 팔찌였다. 당연하다고 생각한 것들이었지만, 예상했던 결과를 빚지 않은 일들이 많았다. 은팔찌 안의 명문도 새롭게 해석했다. 톱니처럼 빠개져 울퉁불퉁한 관목이 여러 곳에 팽개쳐져 있고, 심지어는 무덤길인 연도에까지 떨어져 있었다. 처녀분으로 발굴된 무령왕릉 내부는, 어느 무덤과는 달리 시쳇말로 난장판이었다. 진귀한 중국제 도자기들도 쓰러져 나뒹굴고 있었다. 무령왕릉 무덤 안에서 발생한 일에 대해서도 고심을 하였다.

글로벌 시대를 살았던 백제 최고 지배자와 관련한 물질 자료를 주의 깊게 살폈다. 그러나 본서에서는 익히 알려진 사실은 거론하지 않았다. 인터넷과 시중에 그러한 자료는 넘치므로 참고하면 될 것이다. 본서에서는 문제 중심으로 추적하는 형식을 취했다. 일례로 무령왕과 왕비의 빈전殯殿으로 알려진 정지산 유적에 대해서도 의문을 제기하였다. 일단 공산성을 기준으로 하였을 때 정지산 유적은 서북의 술戌 방향이었다. 매지권에 적힌 신申이나 유酉 방향에 해당하지 않았다. 그리고 3년상과 관련한 빈전이 궁궐 밖에 소재한 경우는 없었다. 부모 묘역 근처에 여막廬幕을 짓고 3년간 거주했던 3년상과는 관련이 없다. 정지산 유적은 능묘 제사에 조달하는 음식을 만들던 공간으로 추정되었다. 그랬기에 얼음 저장 시설도 필요했던 듯하다. 물론 정지산 유적에 대한 기왕의 견해는 충분한 근거를 갖춘 것도 사실이다. 그렇지만 본서에서는 새로운 가능성을 타진해 보는 차원에서 제기해 보았다.

3

본서의 출간과 관련해 문화재관리국장과 한국전통문화대학교의 석좌교수직을 역임했던 정기영鄭基永 교수님을 상기하고자 한다. 정 교수님은 무령왕릉 발굴 이전부터 송산리 고분군에 관심을 가지셨고, 발견 당시의 상황을 가장 정직하게 체감하고 있었다. 보배로운 정 교수님의 생생한 체험을 무령왕릉 발굴 50주년을 앞둔 시점에서 더 이상 사장死藏할 수 없다고 판단했다. 정기영 교수님의 무령왕릉 발굴 이야기는 귀에 못이 박히도록 들었던 내용이었다. 그리고 몇 년 전에는 문화재 전문 행정가로 일생을 사셨던 정 교수님의 값진 경험을 전면 녹취하였다. 본서에서는 용기를 내어 무령왕릉 발굴과 관련한 내용을 소개하는 것이다. 후대를 위한 증언이라고 판단해서였다.

대학 때는 무녕왕의 계보를 바로 잡았다고 득의에 차기도 하였다. 이를 토대로 석사 학위를 취득한 후 석사논문을 들고 무령왕릉을 참배하기도 했다. 일본을 처음 탐방했을 때 일행을 설득하여 찾아간 곳이 무녕왕의 아버지인 곤지를 제사지내는 아스카베 신사였다. 무녕왕의 출생 전설이 묻어 있는 가카라시마도 몇 차례 방문하였다. 양梁의 수도가 있던 중국 난징도 부지런히 탐방했었다. 이제는 그간 준비해 왔던 무녕왕 관련 일체의 자료를 정리하여 공간公刊할 때가 되었다고 판단했다.

내년은 왕릉 발굴 50주년인 동시에 대왕이 자신의 나라를 다시 강국으로 만든 지 1,500주년 되는 해이다. 3년 뒤인 2023년은 무녕왕 붕어崩御 1,500주년이 된다. 음력으로 5월 7일이 대왕의 기일이다. 2023년 6월 24일(토), 1,500주년 추념일에 무녕왕에 대한 기념비적인 제사가 올려졌으면 하는 바람이다. 쇠잔해진 나라를 강국으로 만들었던 무녕왕을 회상하면서 대왕의 영전에 이 책을 올린다.

2020년 4월 17일
동네 투썸플레이스카페에서
저자

목 차

제 I 장
무녕왕과 그의 시대

1. 무녕왕을 만나기까지

1) 곰나루

백제의 두 번째 수도 공주는 당시 웅진성熊津城으로 불리었다. 옛 공주 중심 지역에는 공산성公山城이 금강 물가에 자리잡았다. 전라북도 장수군 신무산 북동쪽 계곡에서 발원한 금강은 통과하는 지역에 따라 이름이 달랐다. 공주를 통과하는 구간의 금강은 웅수熊水나 웅천熊川 혹은 웅진강熊津江으로 불리었다. 웅수니 웅천은 곰강을 뜻한다. 세월이 흘러서였다. 곰강 음을 살리고 의미를 부여해 아름답게 강 이름을 만들었다. 금강錦江 곧 비단 강이었다. 사람에 따라서는 비단을 풀어놓은 것처럼 아름답기에 생겨난 이름 쯤으로 여겼다. 부회하기에 십상인 이름이 되었다.

공주 땅에서 '곰'은 금강에만 붙은 게 아니었다. 공산성도 기실은 곰산성=웅산성, 즉 웅성熊城에서 유래했다. 중국 사서에서 당시 백제 왕도를 가리키는 고마固麻도 이와 동일하다. 곰나루 즉 웅진은 백제 때 이곳 이름이었다. 곰나루라는 이름은 지금도 남아 있다. 당시는 물길이 육로와 더불어 양대 교통망 가운데 하나였다. 그럴 정도로 물길의 비중이 컸다. 곰나루라는 일개 나루 이름에서 도시 이름이 유래한 것이다. 부여에는 구드래 나루가 있다. 문헌에 보이는 고성진古省津의 속칭이었다. 역으로 보면 고성진의 '고'는 구드래의 '구'와 음이 연결된다. 성省의 훈은 '덜다'의 '덜'이다. 구드래를 음차와 훈차로 옮겨 놓은 게 고성진의 '고성'이었다. 그러니 구드래 나루와 고성진은 동일한 곳임을 알 수 있다. 부여에 소재한 나루 이름인 구드래는 일본에서 백제를 읽는 '구다라'와 음이 닮았다. 곰나루에서 도시 이름이 나왔었다. 구드래라는 나루 이름이 국가 호칭으로 사용된 것이다. 나루의 비중이 막중했음을 환기시켜 준다.

사진 1 부여의 구드래 선착장

사진 2 공주의 곰나루

그러면 백제 때는 웅진이라 불렀을까? 아니면 곰나루로 일컬었을까? 『일본서기』 웅략 21년 조에서 '구마나리久麻那利'라고 했으니 곰나루였다. 물론 표기할 때는 번역하여 웅진이었다.

곰나루의 백제 때 유적으로는 어떤 것이 남아 있을 남아 있을까? 문루 등이 힘겹게 버티고 있는 공산성은 조선조 때 축조한 석축 구간이 잘 남아 있다. 백제의 왕궁과 연관된 공산성에서 백제 흔적을 찾는 일은 쉽지 않다. 예전 같으면 장마비가 쏟아진 후에 원만구족한 모양새의 연화문 와당이 지표상으로 모습을 드러냈을 것이다.

그러면 공주 땅에서 백제 흔적은 어디에 분명하게 남아 있을까? 공산성 서편의 정지산 서남쪽에는 오래된 무덤들이 보인다. 송산宋山이라 불린 이곳에 옛 무덤들이 세월의 무게에도 아랑곳하지 않는 듯 봉분

사진 3 송산리 6호분과 5호분 사이 바로 윗편에 소재한 무령왕릉.
가루베는 무령왕릉을 현무의 산으로 오판하였다.

을 봉긋봉긋 세우고 있다.

　이곳을 파 보자! 과연 백제 때 유물들이 쏟아져 나왔다. 주로 밤을 이용해 무덤을 파는 작업을 하였다. 특이한 것은 흰개를 먼저 무덤 안에 투입시킨 후에 자신이 들어갔다. 천 수백년을 이겨온 무덤, 그것도 왕릉 안에 성큼 발을 딛는 것은 대단한 용기가 필요했을까. 무덤에 삽질을 하기 전, 어느 날 그는 낮으막한 송산 마루에서 앞 자락에 펼쳐진 무덤의 존재를 하나하나 살피고 있었다. 그런데 고개를 갸웃거리면서 골똘히 생각에 잠겼다. 그리고는 혼자 중얼거렸다. "저건 무덤이 아니야. 무덤 흉내만 내고 있는 거야. 가짜 무덤이야. 속지 않는다!" 무덤이 아니라고 단정했던 봉토를 그는 인공으로 구축한 산으로 간주했다. 이 봉토를 바로 그 앞에 있는 송산리 6호분의 주산主山으로 단정하였다. 그는 지나칠 정도로 고분의 입지 선정과 관련해 좌 청룡, 우 백호를 따지는 사신사상四神思想에 몰입해 있었다. 그가 남긴 글에 보면 무령왕릉 전면에 소재한 송산리 6호분을 언급한 후 "뒤에는 둥근 무덤 형태의 주산主山인 현무玄武를 축조하고, 동서 좌우 양측에는 자연히 뒤쪽의 산에서 뻗어나간 산줄기로 인해 청룡과 백호의 형세를 나타내고 있다"고 했다. 그는 봉분이 남아 있는 유구의 존재를 인지하였다. 그러나 무령왕릉의 봉분을 사신사상에 근거하여 인위적으로 쌓은 6호분의 주산으로 오판했다. 1933년 8월 한여름의 일이었다.

2) 무령왕릉, 우연한 발견 아니었다!

가루베지온輕部慈恩(1897~1970)이 송산의 고분들을 파헤친지 38년의 성상이 지났다. 세상사는 우연히 발생하거나 만들어지는 일들이 비일비재하다. 가루베지온이 무덤이 아니라고 단정했던 그 봉토에서였다. 1971년 7월, 송산리 5호분과 6호분 사이의 배수로 공사를 하는 과정에서 인부들의 곡괭이가 흙 속에 갇힌 딱딱한 벽돌을 찍었다. 인부들의 작업을 막았던 그 벽돌은 무덤의 입구를 폐쇄하고 있던 전돌이었다. 이로 인해 한 장의 무덤이 세상의 빛을 쪼이게 되었다. 그것도 전혀 도굴되지 않은 처녀분의 형태였다. 백제 제25대 무녕왕은 그 휘황한 존재를 세상에 드러냈다. 다음은 문화재관리국장을 지냈던 한국 문화재 행정사의 산증인 정기영의 회고를 중심으로 발견과 발굴 상황을 복원해 보았다. 원체 중요한 증언인데다가 기왕의 회고들과도 차이가 있었다. 그랬기에 사장死藏하기 보다는 공개하는 일이 마땅하다고 판단해서였다. 다음의 글들은 정기영의 회고를 1인칭에서 3인칭으로 재구성한 것이다.

무령왕릉 발굴과 관련해 이러저러한 이야기가 많지만 해방 이후 최고의 발굴임은 분명하다. 특히 삼국시대 왕릉 가운데 무덤의 주인공 즉 피장자가 확인된 최초의 능묘였다. 당시 무령왕릉 발굴은 동양 3대 발굴 중 하나로 꼽혔다. 비슷한 시기에 발굴된 중국 진시황릉의 병마용, 일본의 다카마츠 고분과 어깨를 나란히 하는 유적이 무령왕릉이었다. 그런데 무령왕릉 발굴 경위에 대해서 알려진 내용은 매우 소략하다. 배수로 공사 도중에 우연히 발견된 것으로 알려져 있다. 가령 '대한뉴스 제836호'에 따르면 "백제 고분 6호의 배수구를 파다가 우연히 발견한 것인데"라고 하였다. 그러나 무령왕릉은 운 좋게 우연히 발굴된 유적은 절대 아니었다. 정기영이 힘 주어 말하는 대목이다.

정기영이 사적담당 학예직 직원이었을 때였다. 그때 기념물에 대한 제대로 된 도록도 없었다. 그랬기에 그는 국사편찬위원회에서 간행한 책들이나 『국사대사전』 같은 문헌자료를 먼저 수집하여 탐독하고, 하나하나 현지 조사를 통해 확인했다. 그 과정에서 정기영은 부여-공주 지구는 한 번도 가보지 못했다는 사실을 알았다. 마음속으로 "가야지, 가야지"하는 생각을 계속 되뇌고 있었다. 당시 허련 문화재관리국장이 그를 신임하여 출장을 요청하면 흔쾌히 허락해 주고는 했다. 그럼에도 정기영은 평일이 아닌 주말을 이용해 내려갔다.

출장을 가기 전 준비 작업으로 웅진성 도읍기 관련한 문헌을 꼼꼼히 살펴보았다. 웅진성 도읍기는 4왕(문주왕 · 삼근왕 · 동성왕 · 무령왕) 63년 간이었다. 이 4왕은 웅진, 그러니까 공주에 묻혔을 게 분명했다. 그리고 그 장소는 송산리 고분군이라고 생각했다. 경주에 있는 무수한 고분들에서도 금관 또는 금동관이 나오고 있고, 그 가운데 왕릉이 분명한 무덤들이 있음을 생각한다면, 공주의 송산리 고분군에 백제 왕릉이 소재했을 가능성은 매우 높아보였다.

그가 공주에 내려간 날은 일요일이었기에 문화공보부 공무원들의 도움을 받을 수 없었다. 어쩔 수 없이 정기영은 공주박물관 김영배 관장을 찾아가 도움을 요청했다. 김영배는 흔쾌히 승낙해주었기에 함께 송산리 고분군을 탐방하였다. 당시 송산리 고분군 가는 길은 전부 비포장도로였다. 심지어 고분군 주변, 지금의 무령왕릉 능역에는 공동묘지가 자리잡고 있었다. 송산리 고분군 구간에는 전축분인 6호분이 덩그러니 자리잡았다. 그 밖에 여러 기의 봉분이 낮은 석실 고분들이 군데 군데 소재했다. 정기영은 석실 고분 중 4기 정도만을 입구 앞에서 살짝 관찰할 수 있었고, 안으로 들어갈 수는 없었다. 그리고 지금의 무령왕릉 자리에는 야트막한 언덕 위에 40년생 소나무들이 꽉차 있었다. 이 고분들에 대한 유적 번호는 일본인들이 행정편의상 붙인 것이다. 그는 송산리 고분군의 관리번호를 매긴 사람을 가루베지온으로 기억하였다. 정기영은 김영배 관장과 함께 송산리 6호분에 들어갔다. 송산리 6호분 안에는 유물은 없고 관대만 있었다. 비도 오지 않았는데, 벽에서 물이 퐁퐁 솟아 올라오고 있었고, 바닥은 질퍽질퍽한 상태였다. 지하수가 유적을 침수

시키고 있었다. 김영배는 정기영에게 가루베가 송산리 6호분에 대해 남긴 기록을 이야기해 주었다. 가루베는 전축분인 송산리 6호분에 들어가 관찰한 뒤 기록을 남겼다. 무덤이 비어 있게 된 이유를 웅진도독부 시기에 당군들의 약탈 대상이 되어 도굴되었기 때문이라고 했다.

사진 4 송산리 고분군. 제일 앞에 보이는 고분군 뒤쪽으로 무령왕릉이 보인다.

정기영은 송산리 6호분을 안에서 관찰하면서 참 정교하고 잘 만들어진 무덤이기에 왕릉일 것으로 생각했다. 그리고 4명의 왕 중에서 왕권이 허약하고 시해까지 당한 문주왕과 삼근왕의 무덤은 아닐 것으로 보고, 김영배에게 "이 무덤은 동성왕이나 무녕왕의 것이지 않겠습니까?" 하고 직설적으로 질문을 던졌다. 김영배는 고개를 갸웃하면서 "그렇게 볼 수도 있지만, 확실한 것도 아니잖아?"하면서 얼버무렸다. 김영배의 말처럼 확실한 정보가 없는 상황이었다. 그랬기에 이야기는 더 이상 이어지지 못했지만, 더 중요한 일이 있었다. 송산리 6호분을 훼손하고 있던 지하수를 막는 일이었다. 그는 김영배에게 송산리 6호분에 대한 배수로 공사를 건의하겠다고 말했다. 그리고 밖으로 나왔는데 소나무가 오밀조밀 심어져있는 야트막한 언덕이 시야에 잡혔다. 그는 그 언덕을 보면서 저것도 고분이지 않을까 하는 생각을 하였다. 그랬기에 정기영은 또 김영배에게 "저것도 무덤 아닙니까?"라고 물었다. 그러자 김영배는 가루베가 기록한 것과 유사하게 "이 무덤들을 지키기 위해 백제 사람들이 인공 구릉을 만들었던 것이다"라고 답변했다. 그는 그 자리에서 "아, 그렇습니까"라고 말하고는 김영배와 식사를 한 후 헤어졌지만, 여전히 의구심을 안고 서울로 올라왔다. 이때가 1971년 3월이었다.

공주의 이곳저곳을 둘러보고 서울로 올라왔지만, 가장 급한 일은 송산리 6호분 배수로 공사였다. 일개 학예연구사였지만 문화재관리 국장에게 직소를 했다. 국장에게 당시 송산리 6호분은 매우 정교하고 세밀한, 백제 시기 유일한 전축분이기에 왕릉일 가능성을 배제할 수 없으며, 이를 바탕으로 이와 비슷한 형식의 다른 왕릉급 무덤을 발견할 수도 있는데 지하수로 인해 크게 훼손되고 있어 배수로 공사를 진행해야 한다고 구두로 직소하였다. 그리고 공사비를 집행할 당장의 예산이 문화재관리국에는 없었기에 충청남도에 내려준 보조금 중 700만원을 공주로 재교부하는 방안을 건의했다. 허련 국장은 흔쾌히 허락하고 지시를 내렸다.

사진 5 송산리 6호분 벽화. 모형

정기영은 공사를 발주할 시점에 일요일을 이용해 공주 현장으로 내려갔다. 당시 문화재관리국 건축기사인 윤홍로가 감독관이었기에 그는 당초부터 내려갈 필요는 없었다. 그렇지만 정기영은 강한 의구심이 발동해 발길을 움직이게 하였다. 당시 배수로 공사를 낙찰 받은 기업은 전일기업이라는 공주 출신 사장이 운영하는 회사였다. 그는 전일기업 김영일 현장소장과의 만남을 요구하였다. 그는 현장소장을 데리고 송산리 6호분에 같이 들어갔다. 그리고 그 현장소장에게 "봐라. 이걸 벽돌고분이라고 한다. 이런 고분이 또 있을 수도 있다. 니가 만약에 땅을 파다가 처음에 강회층이 나오거나, 이런 벽돌 외벽을 접할 수도 있다. 벽돌이 나오거나 강회층이 나오면 공사 중지하고, 나에게 바로 연락을 주라"고 말하고는 바로 상경했다.

정기영은 문화재관리국 직원 중 가장 일찍 출근하기로 유명했다. 또 정기영 스스로 그것을 원칙으로 삼았다. 9시 출근으로 정해졌으면 8시에 출근하고는 했다. 집에서 새벽부터 나와 경복궁 안에 있던 문화재관리국으로 출근하였다. 그리고는 그날 할 일에 대한 준비를 한 뒤에 일과를 시작했다. 당일 월요일도 아침 일찍 출근했으니 8시쯤 되었다. 그런데 청소하는 직원 아주머니가 그에게 "정씨, 정씨! 당신 찾는 전화가 아까부터 몇 통이야! 조금 있다가 또 올 것이다"라고 말했다. 그래서 그는 "어디서 온 전화입니까?"라고 되물었다. 아직 교환수가 출근을 하지 않은 시각이어서 그런지, 청소하는 아주머니도 그건 모른다고 했다. 그 순간 전화벨이 울렸고 정기영은 급히 전화를 받았다. 그랬더니 수화기에서 "저기 정씨! 여기 공주입니다! 그 소장입니다!"라는 목소리가 들렸다. 그는 "무슨 일이냐"고 물어보았다. 현장소장은 "지금 1미터 반쯤 팠는데, 강회층이 보입니다. 그래서 정씨 이야기한대로 공사 덮어놓고 연락드립니다"라는 대답이 들려왔다. 정기영은 흥분되는 마음을 감추지 못하고 현장소장에게 그대로 공사를 중단하고 있으라는 말을 하고는 전화를 끊었다. 그리고 부리나케 국장실로 향했다. 당시 허련 국장 역시 부지런하여 일찍 출근하는 사람이었다. 그런데 국장실에 국장이 없었다. 청소하는 직원에게 물어보니 허련 국장은 일찍 왔다가 다시 나갔다는 것이다. 하필 그 날은 1971년 7월 5일 월요일이라 확대간부회의가 열리는 날이었다.

확대간부회의는 문화공보부 산하 기관장들과 장·차관이 한 달에 한 번 모이는 회의였다. 정기영은 그 이야기를 들은 즉시 갱지에 "공주에서 새로운 왕릉 발견. 급히 현장조사 필요함. 정기영"이라고 적은 쪽지를 들고 국장이 있는 문화공보부로 달려갔다. 그 날은 장관이 아닌 홍경모 차관이 회의를 주재하였다. 차관실에서 확대간부회의가 열리고 있었다. 회의실 안을 힐끗 살펴보니 당시 국립중앙박물관장인 삼불 김원룡 선생과 허련 국장이 나란히 배석해 있었다. 그는 비서에게 갱지에 적은 메모를 건네주며 허련 국장에게 전달해달라고 부탁했다. 허련 국장은 메모를 받아 펴보고는 탁상 위에 덮어 놓았다. 옆에 있던 김원룡은 호기심이 일었는지 허련 국장에게 귀엣말로 무엇이냐고 묻는 듯 했다. 두 사람 사이에 소곤거리는 이야기가 오갔다. 그런 모습을 본 홍경모 차관이 "국장! 관장! 무슨 급한 일 있소?"라고 물었다. 두 사람은 그런 일 아니라고 대답했다. 마침 홍경모 차관도 회의가 마무리되었다고 생각했는지, "회의 그만합시다!"라고 하면서 회의는 파했다. 허련 국장과 김원룡 관장 두 사람은 회의장을 나왔다. 두 사람은 그를 만나 "아니, 무슨 왕릉이요? 이게 무슨 말이야?"하면서 자세하게 자초지종을 물었다. 정기영은 그 두 사람에게 상황을 설명했다. 설명을 다 듣고 김원룡은 "왕릉인지는 자세히 조사를 해봐야 안다"라고 말은 했지만 적이 호기심이 일었는지, "조사단 보낼 때 나도 같이 내려갈 터이니 연락 주시오"라고 말하며 박물관으로 총총히 돌아갔다. 이에 대해 김원룡은 다음과 같이 술회했다.

이 새로운 발견은 7월 6일 서울로 급히 보고되었다. 7일은 수요일이고 아침에 문화공보부에서 기관장회의가 있었다. 그때 문화재관리국장이던 허련 씨는 공주에 관해 장관에게 보고하면서 전문가인 김 아무개관장을 현지에 보내 달라고 내 이름을 세 번이나 입에 올렸다. 그것을 장관이 받아서 "그러면 전문가 김 아무개 곧 내려가 보시오"라고 해서 모두 크게 웃었다. 그래 그날로 공주에 내려가서 계속 파 내려가니 벽돌로 막고 강회로 단단하게 바른 입구가 나온다(김원룡, 「죽은 사람들과의 대화─고분에서 배우는 일생」, 『노학생의 향수』, 열화당, 1978).

그런데 문제는 정기영은 기념물 담당이었지, 발굴 담당은 아니었다. 조사를 하려고 한다면 경비가 자신의 수중에 있을 수도 없었다. 조사를 하려면 문화재연구실의 이호관 팀을 보내야 하였다. 그런데 이들은 정기영이 요구한다고 하여 들어줄 사람들은 아니었다. 공사는 중지되었지, 발굴을 하기 위해 서둘러 발굴 팀은 보내야하지, 하면서 숱한 고민을 했다. 그렇게 하루가 지났다.

이튿날 역시 정기영은 1시간 일찍 출근을 했다. 그런데 출근을 해보니 문화재연구실 학예연구직들인 이호관 · 조유전 · 지건길 · 손병헌 등이 워커를 신고 발굴현장으로 향하려고 완전무장을 한 상태로 경복궁 내 문화재관리국 청사 1층 홀에서 대기하고 있었다. 정기영은 그들에게 "어디를 발굴하러 가는건가?"라고 물었더니 소양강댐 수몰 예정 지구인 중도 선사유적을 직영 발굴하러 간다면서 45만원의 경비를 가지고 떠난다는 것이었다. 출발하기 전에 허련 국장에게 신고하고 출발하려고 대기하고 있는 중이었다. 그는 순간 이들을 바로 공주로 보내면 되겠다는 생각을 했다. 그는 서둘러 국장실 비서에게 발굴 팀을 들여보내지 못하게 하였다. 그런 후 허련 국장과 독대하여 "발굴 출발 신고

하려고 발굴 팀이 국장님을 찾아올 것인데, 저 팀을 공주로 보내서야 합니다"라고 권유했다. 어제 쪽지에 적은 관련 내용과 김원룡 관장의 말을 상기시키면서 말하였다. 국장은 흔쾌히 동의하면서 김정기 소장을 불러 "발굴 팀을 김원룡 관장 대동하여 공주로 향하도록 해라. 정기영이가 공주에 새로운 왕릉이 발견되었다고 하더라"라며 지시를 내렸다.

일은 잘 풀린 편이었기에 정기영의 명줄은 조금이나마 더 길어졌던 것 같다. 국장의 지시를 거역할 수는 없지만, 가만히 있을 문화재연구실 사람들이 아니었다. 다혈질인 아무개가 그의 방에 뛰어 들어와 육두문자를 섞어 심하게 따졌다. 그 육두문자를 그대로 쓰자면 한 페이지가 넘어갈 듯하다. 그러면서 아무개는 정기영에게 만약 파서 조사해보고 왕릉이 아니라면 발굴비 45만원을 현금으로 내놓으라고 소리를 질렀다. 그때 당시 45만원은 서울 장위동의 작은 집 한 채 값이었다. 이렇게 욕을 먹으면서 이제 정기영에게는 작은 걱정거리가 하나 생긴 셈이다.

이러한 과정을 거쳐 강원도로 갔어야 할 발굴 팀은 김원룡 관장을 대동하고 공주로 떠났다. 그런데 윤용진(경북대학교 명예교수)은 대담록에서 이와는 다른 증언을 했다. 다음의 기술은 『일곱 원로에게 듣는 한국 고고학 60년』(사회평론, 2008)에 적혀 있다.

그 가운데 서운하게 생각하는 사건이 하나 있어. 무령왕릉 발굴할 때라. 71년인가 공주 무령왕릉 발굴할 때, 그 전날 전북 전주에 현지 답사할 일이 생겼어. 정영호, 나, 이호관 그리고 또 한 사람이 있었지 싶어. 넷이서 문화재관리국에서 나오는 출장비 가지고 가는데, 그날이 무령왕릉 발견한 날이

라. 그날 모두 출장가기로 했는데 전라도로 조사 가는 일이 갑자기 취소되었다는 거라. 그러고는 이호관 씨는 김원용 선생과 그 현장에 갔어. 우리는 그것도 모르고 취소되었으니 좋다고 서울에서 놀다가 내려왔거든. 그 뒤에 무령왕릉 발굴했다는 것을 알았지. 나중에 이호관 씨에게 "내게는 말도 없이 니만 그렇게 살며시 갔느냐"고 했지. 그때는 비밀이 되어 놓으니까 말도 못하고 내려가고 그런 일이 있었어(윤용진, 위의 책, 261~262쪽).

문화재관리국에서 지급한 출장비로 전라북도 전주로 조사할 일이 있었다고 한다. 정영호·윤용진·이호관 등 모두 4명이 출장 가기로 했다. 그런데 무령왕릉이 갑자기 발견되어 전주로 조사 가는 일은 취소되었고, 이호관과 김원용은 공주 현장으로 직행했다고 한다. 당초 강원도 중도로 갈 예정이었다는 정기영의 기억과는 차이가 난다. 윤용진의 회고를 녹취하는 과정에서 참가자 이름에 오자도 나온 것 같다.

그것은 그렇고, 출근 시간이 되면 언제나 문화공보부 본부 기자들이 문화재관리국으로 찾아오고는 했다. 문화공보부 기자들은 문화재관리국 업무도 맡고 있었다. 그랬기에 이들은 문화재관리국에 이슈만 있으면 우르르 몰려오고는 했다. 그들은 상당히 유능하고 수완이 좋았다. 그 중에서 한국일보 허영환 기자가 있었다. 그는 허련 국장과 같은 허씨 문중이었기에 문화공보부 본부보다는 먼저 문화재관리국에 들러 국장과 차 한잔을 하면서 정보를 캐고 가는 게 일상이었다. 이 날도 허영환 기자는 허련 국장과 차를 마시고 있었다. 허련 국장은 허영환 기자에게 공주 발굴에 대한 정보를 건네 주면서 빨리 공주로 내려가 보라고 권유했다. 허영환 기자는 그 즉시 사진 기자를 대동하고 공주로 내려갔다. 다른 기자들은 새까맣게 아무 것도 모르는 상태였다.

사진 6 무령왕릉 입구

공사 중에 발견된 강회층은 연도 입구 최상층 부분이었다. 이 강회층을 파보니 벽돌이 차곡차곡 쌓여져 막고 있었다. 그러니까 도굴되지 않은 완전한 처녀분이었다. 무덤에 들어가서 매지권을 수습해 보니 백제 제25대 무녕왕과 왕비의 합장릉으로 밝혀졌다. 이러한 일련의 과정들을 한국일보 허영환 기자는 단독 특종으로 입수하는 행운을 얻었다. 그 다음날 한국일보에 컬러사진과 함께 대문짝만하게 '백제왕릉 발견'이라는 타이틀로 대서특필 보도되었다. 다른 신문 기자들은 이러한 엄청난 특종을 놓친 것을 몹시 통분해 하였다. 특히 장인기 과장이 큰 고초를 겪었다. 평소에 대단히 점잖고 학자같은 이가 중앙일보 이종석 기자였다. 그는 특종을 새까맣게 몰랐던 사실에 격분하여 장인기 문화재 과장의 뺨을 후려치기도 했다.

이런 엄청난 발견 소식에 많은 기자들이 일제히 몰려들었다. 게다가 특종을 놓쳤기에 분위기가 예사롭지 않았다. 더군다나 마침 비까지 내리는 상황이었다. 자칫하다가는 큰 참사가 빚어질 수도 있었다. 당시 국립중앙박물관장이었던 김원룡은 이러한 상황을 파악하고 무덤 안으로 김영배 관장과 더불어 자신의 제자이자 차분한 성격을 지닌 지건길과 손병헌만 들어오라고 지시했다. 그렇게 4명이 노력하여 밤중에 서둘러 유물들을 박물관으로 옮겼다. 정기영은 당시 서울에 있었는데, 연도를 열기 전에 장인기 과장에게 연락을 하였다. 공주 군수의 협조를 받아 보호건물을 짓고 천천히 발굴을 해야 한다고 권유했다. 그렇지만 장인기 과장

사진 7 김원룡이 지은 『한국고고학개설』.
표지에 무령왕릉 현실 사진을 넣었다. 그 만큼 의미를 부여한 유적임을 알 수 있다.

은 현장상황을 설명하면서 매우 급박하기 때문에 그럴 여유가 없다고 잘라 말하였다. 이처럼 무령왕릉 발굴은 순식간에 일사천리로 진행되었다.

무령왕릉 발굴보고서에 게재할 유물 실측도는 이미 유물 전부를 박물관으로 옮긴 이후였기에 사진을 보고 그릴 수밖에 없었다. 그것을 담당한 이는 측량기사인 김세현이었다. 김세현은 직접 현장에 가지는 못했지만, 사진을 보고 홍재원과 함께 그렸다. 지금까지의 서술이 무령왕릉 발굴의 전말이다.

사진 8 고리만 달린 빠개진 무령왕릉 관목재.
관이 이렇게 파편이 된 이유는 세밀한 구명이 필요하다.

사진 9 무령왕릉의 관(왕과 왕비. 오른쪽이 왕의 관이다)

사진 10 무령왕릉 관목은 일본산 금송金松으로 밝혀졌다.
금송은 일본에서는 신사에 바치는 용도로도 사용된다. 금송 묶음.

정기영은 무령왕릉 발굴을 생각하면 참으로 감회가 깊다. 왕릉인지
아닌지 모를 상황에서 사실상 허위보고를 한 셈인데, 신기하게도 그것
이 무령왕릉이었다. 참으로 가슴을 쓸어내릴 일이었다. 그것이 무령왕
릉으로 밝혀지기 전까지 "내가 왜 그걸 왕릉이라고 보고해 가지고…"
라는 고민도 숱하게 하였다. 45만원이라는 거금이 눈 앞에 어른거리는
듯 했다. 참으로 아슬아슬하고 조마조마한 상황이었다. 정기영에게 45
만원의 책임을 물었던 아무개는 무덤이 무령왕릉으로 밝혀진 후 그에
게 아무런 소리도 하지 않았다. 그도 중요한 한 건을 한 셈이었으니 서
로 이득 되는 일이었다.

3) 다이아몬드 같은 보물, 매지권

1,400여 년을 넘긴 그 내밀한 공간은 홀랑 벗겨 지듯이 만천하에 속살까지 공개되었다. 아울러 가루베지온이 흔한 말로 '헛똑똑이'였음이 드러났다. 가루베가 풍수사상을 정확하게 꿰뚫고 있었다면 봉긋 솟아 있는 곳에 삽질을 하지 않았을 리 없었다. 가루베는 선무당이었다. 이런 점에서 본다면 무령왕릉은 천행으로 천 수백년간 지켜온 그 내밀한 속살을 세상에 드러낸 것이다.

사진 11 무령왕릉 발굴 기념 우표

무령왕릉 발굴은 엄청난 흥분을 안겨주었다. 발굴 당사자는 물론이고 가까이서 발굴을 지켜 보았던 공주 시민들과 뒤늦게 그 사실을 알게 된 국민들은 환호하지 않을 수 없었다. 물론 발굴을 지휘했던 저명한 고고학자는 훗날 회한에 찬 어조로 너무 흥분한 관계로 천추의 한을 남긴 졸속 발굴이 되었다고 소회所懷를 솔직히 털어놓았다. 이것이 우리나라 20세기 최대의 발굴로 평가를 받았던 무령왕릉 발굴의 현주소였다. 당시 우리나라 고고학의 수준이기도 했다.

무령왕릉이 높은 평가를 받은 요인은 무덤 주인공을 알려준 물증 하나 때문이었다. 가장 중요하였기에 무덤 길에서 입술에 붉은 루즈를 바른 진묘수가 지켜주지 않았을까. 두 장으로 구성된 석판이 되겠다. 전錢 1만 문을 지불하고 구입했다는 토지 매입 문권이었다. 이 매지권에는 묘터를 구입한 이의 이름이 적혀 있었다. 해서체로 '영동대장군 백제 사마왕領東大將軍百濟斯麻王'이라는 10글자가 또박또박 새겨져 있었다. 맨 앞에 적힌 영동대장군은 중국의 남조 정권인 양梁으로부터 받은 벼슬 이름이다. '백제'는 무덤 주인공의 국적을 밝혀 주는 동시에, 생전에 권세

사진 12 진묘수와 매지권 모형

가 미치는 공간적 범위를 가리켰다. 그리고 '사마왕'은 백제 제25대 무령왕의 생전 이름이었다. 무령왕릉에 들어가 매지권을 읽어 본 이들은 무령왕의 이름을 발견하고 환호했다고 한다. 그러나 현장에서 사마왕을 무령왕으로 즉각 인지했을 것 같지는 않아 보였다.

당시 동아시아 일원에서 세계문명의 상징이 중국이었다. 그러한 중국 남조인 양의 황제로부터 받은 벼슬 이름이 영동대장군이었다. 이로써 국제화된 또 국제적으로 공인된 왕자王者의 모습을 상기하는 일은 어렵지 않다. 백제에서는 이 사실을 무척 자랑스럽게 여겼기에 매지권

의 맨 앞 구절에 새겨넣은 것으로 보인다. 백제 왕의 지위가 결코 호락 호락하지 않다는 것을 암시해 주고 있다.

그 다음, 사마왕이라는 이름을 에워싼 문제이다. 무녕왕이 생전에 불리었던 사마라는 이름의 유래 또한 간단하지 않다. 이와 결부되어 무녕왕의 계보 역시 얽혀 있다. 『삼국사기』에는 무녕왕의 계보를 제24대 동성왕의 둘째 아들로 적었다. 의심없이 믿었던 이 계보가 흔들리게 된 것이다. 혹자는 『삼국사기』에서 무녕왕의 사망을 그 23년인 "여름 5월에 훙薨했다"고 하였는데, 매지권에서 계묘년인 523년 5월 7일에 사망했다는 기록과 부합된다는 것이다. 그러니 『삼국사기』의 정확성이 입증되었다고 호들갑을 떠는 이들도 심심찮게 약방의 감초처럼 말하고는 하였다. 그러나 정반대로 해석할 소지가 더 커졌다.

4) 개인적 소회로서 무녕왕

나와 무녕왕과의 개인적인 소회를 적어 보고자 한다. 무령왕릉이 발굴된 1971년 당시 중학교 2학년이었던 나는 무령왕릉에서 출토된 금제 귀고리 한 쌍이 도안된 소인 찍힌 기념 우표 한 장을 현재까지도 소중하게 우표첩에 간직하고 있다. 무녕왕과의 작은 인연을 소중하게 간구하려는 작은 마음에서였다.

무령왕릉이 발굴된 후 9년이 흐른 봄날이었다. 무령왕릉이 발굴되었을 때 중학생이었던 나는 성년의 대학생이 되어 있었다. 그때 나는 친구인 노원욱(졸업 후 대한항공 근무)과 더불어 국문학과 개설 과목을 탐색하고 있었다. 합격자 발표판처럼 대형 판대기에 학과 과목과 시간표가 주욱 붙어 있었다. 먼저 '신라가요강독'이 눈에 들어 왔다. 그러나 사학과 과목과 겹치는 바람에 수강을 신청할 수 없었다. 몇 번 휘익 살피는 과정에서 홍기삼 교수의 '현대소설강독'이 눈에 잡혔다. "이거다!" 나와 노원욱은 두 말 없이 이 과목을 수강하게 되었다.

'현대소설강독' 수업은 국문학과와 국어교육과 학생들까지 한꺼번에 수업을 듣는 바람에 교실이 꽉 찼다. 이 수업은 학생들이 각자 중편 정도의 소설을 집필해 와서 발표하면 토론하는 식으로 진행되었다. 나는 "소재를 뭘로 잡아야할까?" 암묵적으로 고심하지 않을 수 없었다. 아버지 친구의 삶을 소재로 할까 생각도 하였다. 그러다가 내가 사학과 학생이니까 역사소설을 쓰는 게 낫겠다 싶었다. 역시 소재에 대해 고심하지 않을 수 없었다. 그때 상기되는 장면이 있었다. 국민학교 6학년 가을 무렵이었다. 4학년 때 담임이셨던 은사께서 중학교 입시가 있었던 관계로 나를 특별히 사랑해 주셨기에 불러서 공부를 가르쳐 주시곤 하였다. 물론 대가 없이 나 혼자만 가르치신 과외 아닌 과외였다. 그때 은사께서 역사책 한 권을 빌려 주셨다. 시중에서 판매하는 책이 아니었다. 교사들만 참고하는 책이었다. 그랬었기에 "혼자만 보라!"는 엄명을 받고 읽었다.

이 책에서 지금도 기억에 남은 장면이 고구려 안원왕 때 추군과 세군의 싸움이었다. 삽화까지 곁들여져 있는 이 책은 내가 알지 못한 역사도 제법 수록되어 있었다. 추군과 세군의 싸움은 뒷날 대학 다닐 때『일본서기』를 읽다가 이 책에 수록된 내용이라는 것을 알게 되었다. 그리고 또 한 장면이 백제 성왕의 최후에 관한 내용이었다. 물론 이 내용도

『일본서기』에 적힌 것임은 역시 대학 때 알게 되었다.

『일본서기』에 의하면 성왕의 최후를 비록 설화적이기는 하지만 보다 구체적으로 전하고 있다. 즉 성왕이 출진하였다는 말을 들은 신라측에서는 말먹이꾼인 고도苦都에게 "그대는 천한 종이지만 성왕은 훌륭한 임금이다. 지금 천한 종이 훌륭한 임금을 살해하게 된다면 후세에 전하여져 입에서 잊혀지지 않을 것이다"라고 말하면서 부추겼다. 이 말에 고무된 고도가 분전하여 결국 성왕을 붙잡아 왔다. 고도는 이때 임금에 대한 예우로서 성왕에게 두번 절한 후 "왕의 머리를 베게 하여 주십시요"라고 말하자 성왕은 늠연한 자세로 "왕의 머리는 종의 손에 맡길 수 없다"라며 거절하였다. 고도가 그 말을 받아 "우리나라 국법에는 맹세한 바를 어기면 비록 국왕이라 하더라도 마땅히 종의 손에 죽습니다"라고 되받았다. 그러자 성왕은 체념한 듯 걸터 앉아 있던 의자에서 차고 있던 칼을 풀어주면서 하늘을 우러러 크게 탄식하고는 만감이 오가는 듯 눈물을 연신 흘렸다. 잠시 후 성왕은 비장한 어조로 "과인은 매양 뼈에 사무치는 고통을 참고 살아 왔지만, 구차하게 살고 싶지 않다"라고 말하고는 머리를 늘여 베임을 당하였다. 같은『일본서기』에 의하면 신라인들은 성왕의 시신 가운데 몸은 백제측에 돌려주고 머리는 북청北廳이라는 관청의 계단 밑에 묻었다고 한다.

이와 같은 내용이『일본서기』에 전하는 성왕의 최후가 된다. 그런데 성왕이 전사할 때 나이를 가늠해 볼 필요가 있었다. 그러기 위해서는 성왕의 아버지인 무녕왕의 연령 확인이 필요했다. 매지권에서 무녕왕은 계묘년인 523년에 사망할 때 62세라고 하였다. 이것을 역산하면 무녕왕은 462년에 출생한 게 된다. 성왕이 순국할 때가 554년이었다. 이러한 절대 연대를 단서로 해서 무녕왕을 전후한 백제 왕계를 살펴 보았다. 그랬더니 놀랄만한 사실이 확인되었다.

「무령왕릉 매지권」은 무녕왕의 계보에 관한 언급은 없으나, 523년에 그가 62세로 사망한 것으로 적혀 있다. 이를 토대로 할 때 무녕왕은 462년에 출생하여 40세인 501년에 즉위한 것이다. 그런데 무녕왕의 계보에 관해서는 몇 가지 이설이 제기되고 있다. 이와 관련해 우선 한성 말기에서 웅진성 시기에 이르는『삼국사기』백제본기 본문의 왕계에 문제가 있음을 직시할 필요가 있다. 19대 구이신왕은 405년에 출생하여 427년에 사망한 것으로 밝혀졌다. 23대 삼근왕은 465년에 출생하여 479년에 사망하였다. 25대 무녕왕은 「무령왕릉 매지권」을 통하여 462년에 출생하여 523년에 사망한 것으로 밝혀졌다.

<〈『삼국사기』에 수록된 한성말~웅진성 도읍기 백제 왕계〉>

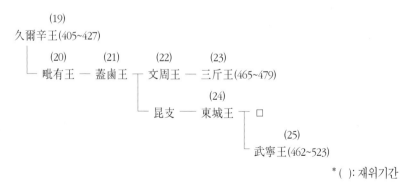

* ( ): 재위기간

그렇다고 할 때 19대 구이신왕과 25대 무녕왕까지의 5세대 사이에 즉위한 국왕들의 출생연령을 놓고 볼 때, 57년이 소요되었고, 각 왕들은 세대 평균 11년마다 즉위 국왕들을 출생시킨 격이 된다. 이러한 수치는 매 국왕들 간의 연령차가 고구려나 신라의 경우 27~31세 정도인 점과는 현저한 차이를 보이고 있다. 가령 구이신왕과 그의 고손자인 삼근왕 사이에 2세대 차이인 60년밖에 연령 차이가 나지 않고 있는데, 과연 그럴 수 있을까? 이는 말할 나위 없이 『삼국사기』 백제본기 본문의 왕계에 문제점이 도사리고 있음을 느끼게 한다. 이러한 점을 염두에 두면서 무녕왕의 계보를 살펴 보았다.

『삼국사기』와 『삼국유사』는 무녕왕의 계보에 관하여 모두 동성왕의 둘째 아들로 기록하고 있다. 그러나 『일본서기』 웅략 5년(461) 조에는 무녕왕은 곤지昆支의 아들이지만 기실은 개로왕의 아들인 것처럼 서술하였다. 즉 개로왕은 아우인 곤지를 왜倭에 사신으로 보낼 때, 곤지의 간청에 따라 자신의 임신한 부인을 곤지의 아내로 삼아 함께 보냈다고 한다. 그런데 임신한 부인이 산기를 느끼자 지금의 후쿠오카 서쪽의 가카라시마各羅島라는 섬에 정박하여 몸을 풀어 무녕왕을 출산했는데, 이로써 무녕왕은 '섬왕島王' 즉 '사마왕斯麻王'이라는 이름을 얻게 되었다고 하였다. 백제인들이 왜로 항진할 때 지나치는 가카라시마를 일컬어 니리무세마主嶋로 불렀다고 한다. 곧 '임금의 섬'이라는 뜻이다.

사진 13 가카라시마 원경

『일본서기』에 적혀 있는 형제공처兄弟共妻 이야기는 곤지가 왜로 건너간 시기나, 무녕왕의 출생 연대와 출생 장소에 관해서는 수긍되는 바있다. 일단 무녕왕의 출생 연령이「무령왕릉 매지권」과 비교할 때 1년차이밖에 없기 때문이다. 그리고 무녕왕이 출생했다는 가카라시마는이키시마壹岐島와 후쿠오카 현福岡縣 서쪽 바다에 소재한 가라쓰 시唐津市를 직선 거리로 잇는 바다 위에 소재한 가카라시마加唐島로 비정된다.한국에서 건너온 여인이 허리띠를 풀고 아이를 낳았다는 전설이 남아있기 때문이다. 그러나 이러한 형제공처 이야기는 형사취수제도 아니다. 그리고 한국사에서는 전례가 없는 너무나 괴기하다. 다만 이 설화가 지닌 의미는 존중해야 될 것 같다. 아마도 무녕왕의 혈통을 한성 도읍기 마지막 왕으로서 대단한 권위를 지니고 있었지만 직계 혈통이 단절된 개로왕과 연결시킴으로써, 여러 차례의 정변을 거친 후 연만한 나이에 즉위한 무녕왕의 왕위 계승을 정당화하려는 의도가 숨어 있을 수 있다. 이와 관련해 『일본서기』 무열 4년 조에 인용된 백제 역사책인 『백제신찬』에는 무녕왕을 개로왕의 아우인 곤지의 아들로 기록하였다. 이 기록에 의하면 무녕왕은 동성왕의 이복형이 된다. 여러 가지 논증을 통해 볼 때 타당함이 입증되고 있다. 가령 479년 왜에서 귀국하여 즉위하는 동성왕의 연령을 '유년幼年'이라고 하였다(『일본서기』 雄略 23년 조). 그러므로 유년의 최대 상한 연령인 15세를 기준으로 할 때, 적어도 그는 465년 이후에 출생한 게 된다. 이는 462년에 출생한 무녕왕보다 적어도 동성왕이 3세 정도 연령이 더 어렸음과 더불어, 『백제신찬』에 기록된 무녕왕의 계보가 타당함을 알려주었다. 요컨대 무녕왕은 곤지의 아들로서 동성왕의 형이었다. 그러나 그는 동성왕의 사망 후인 40세의 나이에 즉위한 것이다.

백제 제25대 무녕왕은 동성왕의 아들이 아니었다. 무녕왕은 오히려 동성왕의 배다른 형이었다. 소설을 집필하다가 우연히 발견하게 된 것이다. 나로서는 경이적인 발견이었다. 학과 스터디에서도 이 사실을 알렸다. 그리고 고등학교 역사 교사인 아버지에게 노트에다가 계보 관계를 그려서 보여주면서 『삼국사기』 왕계가 잘못되었음을 역설하였다. 실로 그때 나는 득의에 차 있었다. 이후 나는 혹 기성 학자들이 이러한 주장을 이미 한 게 아닐까 염려하였다. 찾아 보았지만 그런 흔적은 없었다. 이제는 일본 학자들이 동일한 논거로서 같은 결론을 내리지 않았을까 걱정이 되었다. 만약 그렇게 된다면 헛수고에 불과한 것이기 때문이었다.

국문학과 과목인 '현대소설강독'을 우연히 수강하게 된 것도 기이한 인연이었다. 그 때 집필했던 소설은 제목인 '통천의 곡哭'이라는 무협지 소설같은 제목이었다. 200자 원고지로 60매 분량이었는데, 발표는 할 수가 없었다. 도둑처럼 닥친 5.17 조치로 인해 일제히 휴교하였기 때문이었다. 그러나 이 원고 사본은 한동안 내 방 케비넷에 다른 원고 뭉치와 뒤섞여서 보관되었다.

백제 역사상 정치적 격변기였던 한성말~웅진성 도읍기의 왕실 계보를 구명하였다. 왕계는 혼란기의 권력 관계의 축인 왕위계승 문제를 규명하는 데 빼놓을 수 없는 사안이었다. 이로써 무녕왕의 계보를 밝힐 수 있는 단서를 얻었다. 나아가 정치적 급변기였던 웅진성 도읍기의 왕위계승을 둘러싼 정치적 권력 구조와 그 추이에 관한 보다 정확한 지견을 얻을 수 있었다.

무녕왕의 계보 문제는 대학 졸업논문인 「한성말·웅진시대 백제 왕계에 대한 이설의 검토」의 핵심 내용이었다. 또 이 논문은 뜻하지 않게 교지에 게재되게 되었다. 책자는 내가 졸업하는 이듬해에 간행되기 때문에 원고료를 학교 신문사에서 미리 지급해 주었다. 그 돈으로 구입하고 싶었던 책자를 기분 좋게 서가에 꽂아 두게 되었다. 학교 신문사로부터 받은 두 번째 원고료였다. 또 이 논문은 은사의 권유로 계명대학교에서 주최한 전국 대학생 논문 경시대회에 내놓을 뻔 하였다. 그러나 본 논문을 읽어준 조광 교수님으로부터 소탐대실 이야기를 들었다. 해서 논문 제출을 접었다. 그때 이 논문을 경시대회에 제출하지 않은 게 천만다행이었다. 지나고 나니 그런 생각이 절로 들었다. 나아가 이 논문은 내가 석사학위논문을 제출할 때 역시 핵심적인 주제로 자리 잡았다. 이후 나는 무녕왕에 대한 근접 조사를 많이 하였다. 또 이런저런 인연으로 계속 무녕왕을 만나는 일들이 생겼다. 훗날에야 내가 무녕왕에 대한 추적을 하게 되는 긴 여정에 일찌감치 들어섰음을 깨닫게 되었다.

2. 무녕왕시대로의 긴 여행

1) 만들어진 개로왕의 바보 이미지

462년이었다. 무녕왕이 출생하는 해였다. 백제 제21대 개로왕이 집권하고 있었다. 개로왕은 무능과 어리석음의 대명사처럼 회자되기도 한다. 고구려 장수왕이 보낸 간첩 승 도림道琳의 꾀임에 빠져 대규모 토목공사를 단행한 결과 국가 재정을 파탄에 빠뜨리게 했다는 것이다. 『삼국사기』에서 관련 내용을 인용하면 다음과 같다.

a-1. 21년 가을 9월에 고구려 왕 거련巨璉이 군사 3만 명을 거느리고 와서 수도 한성漢城을 포위했다. 왕이 싸울 수가 없어 성문을 닫고 있었다. 고구려 사람들이 군사를 네 방면으로 나누어 협공하고, 또한 바람을 이용해서 불을 질러 성문을 태웠다. 백성들 중에는 두려워하여 성 밖으로 나가 항복하려는 자들도 있었다. 상황이 어렵게 되자 왕은 어찌할 바

를 모르고, 기병 수십 명을 거느리고 성문을 나가 서쪽으로 도주하려 하였으나 고구려 군사가 추격하여 왕을 죽였다.

a-2. 이에 앞서 고구려 장수왕이 몰래 백제를 도모하려 하여 그곳에서 간첩할만한 자를 구하였다. 이 때에 승려 도림이 응모하여 말하였다. "어리석은 이 중은 아직 도道는 알지 못하지만 국은에 보답하고자 생각합니다. 바라옵건대 대왕은 신臣을 불초하다 하지 마시고 지시하여 그것을 하도록 한다면 기필코 왕명을 욕되게 하지 않겠습니다." 왕이 기뻐하여 몰래 보내 백제를 속이게 하였다. 이에 도림은 거짓으로 죄를 짓고 도망하여 온 것 같이 하여 달아나서 백제로 들어왔다.

a-3 이 때 백제왕 근개루近蓋婁가 장기와 바둑을 좋아하였다. 도림이 대궐 문에 나아가 고하였다. "신은 어려서 바둑을 배워 자못 신묘한 경지에 들었습니다. 바라옵건대 좌우에서 알려 드리고자 합니다"고 했다. 왕이 불러들여 바둑을 두어 보니 과연 국수國手였다. 드디어 그를 높여 상객上客으로 삼고 매우 친근히 지내면서 서로 만난 게 늦은 것을 한탄하였다.

a-4 도림이 하루는 (왕을) 모시고 앉아 있다가 조용히 말하였다. "신은 다른 나라 사람인데 상께서 저를 멀리하지 않으시고 은총을 매우 두터이 해주셨습니다. 그러나 (저는) 오직 한가지 기술로써 보답하였을 뿐 일찍이 털끝만한 이익을 드린 일이 없었습니다. 지금 바라옵건대 한 말씀을 올리려 하는 데 주상의 뜻이 어떠실 지 알지 못할 뿐입니다." 왕이 말하

기를 "말해 보라. 만일 나라에 이로움이 있다면 이는 대사大師에게 바라는 바이다"고 했다. 도림은 "대왕의 나라는 사방이 모두 산과 언덕과 강과 바다입니다. 이는 하늘이 베푼 험함이요 사람이 만든 형국은 아닙니다. 그러므로 사방의 이웃 나라들이 감히 엿볼 마음을 먹지 못합니다. 단지 받들어 섬기기를 원하느라 겨를이 없습니다. 그런즉 왕께서는 마땅히 존귀하고 고상한 위세와 부유한 업적으로써 남의 이목을 두렵게 해야 할 것입니다. (그러나) 성곽은 수선되지 않았고 궁실도 수리되지 않았으며, 선왕의 해골은 맨 땅에 임시로 매장되어 있습니다. 백성의 집은 자주 강물에 허물어지고 있으니 신은 가만히 대왕을 위해 좋게 여기지 않습니다"고 했다. 왕이 "좋다. 내가 장차 그렇게 하리라"고 말하였다.

a-5 이에 나라 사람들을 모두 징발하여 흙을 쪄서 성을 쌓고 그 안에는 궁실과 누각樓閣과 사대臺榭 등을 지었는데 웅장하고 화려하지 않음이 없었다. 또 욱리하郁里河에서 큰 돌을 취하여 곽槨을 만들어 부왕의 뼈를 장사하고, 강을 따라 둑을 쌓았는 데 사성蛇城의 동쪽에서 숭산崇山의 북쪽까지 이르렀다. 이로써 창고가 텅비고 백성들이 곤궁해지니 나라의 위태로움은 알을 쌓아 놓은 것보다 심하였다. 이에 도림이 도망쳐 돌아가서 이것을 보고하였다. 장수왕이 기뻐하여 장차 (백제를) 치려고 군사를 장수에게 내주었다.

위에서 인용한 도림 기사에 대한 검토가 필요하다. 우선 도림이 간첩으로 발탁되는 배경이 a-2에 보이고 있다. 이 이야기대로 한다면 일종의 공모公募에 의한 간첩 선발이 된다. 비밀을 생명으로 하는 간첩 임무와 관련해 공모는 물론이고 장수왕과 도림이 주고받은 대화 등은 사실성을 의심하기에 충분하다. 마치 이는 신라 왕제인 미사흔을 구출하기 위해 인재를 구하는 박제상 설화와 유사한 분위기를 자아낸다. 그러나 후자와는 달리 전자는 비밀리에 추진되어야 할 사안이다. 특히 개로왕이 바둑과 같은 오락에 능하다는 것을 알고서 그러한 잡기에 능한 도림을 접근시킨 것이라든가, 또 백제 왕성 궁문으로 찾아가서 두 사람이 만나게 되는 과정 등은 너무나 극적인 요소들이다. 물론 이러한 이야기는 충분히 재미와 흥미를 유발할 수 있는 소재이기는 하다. 그러나 간첩의 선발과 적국 왕에 대한 접근 방법으로서는 너무나 비약이요 낭만적이다. 그런 관계로 이 기사는 설화적인 구성임을 부인하기 어렵다.

1916년도 조사에서 개로왕대에 "흙을 쪄서 성을 쌓은烝土築城" 궁터로서 풍납동토성을 조심스럽게 지목한 바 있는[1] 이마니시류(今西龍. 1875~1932)는 "개로왕은 이상의 시세를 염두에 두지 않고 국력의 피폐도 생각하지 않고 궁성을 보수하여 토목공사를 일으켜 창고를 비우게 되었다.『삼국사기』에는 이것을 고구려 장수왕의 간첩이었던 승僧 도림이 백제를 빈약하게 하려는 흉계譎計에 빠진 것으로 기록하고 있지만,『삼국사기』의 이 기사는 하나의 소설문을 그대로 끼워넣은 것이기 때문에 반드시 믿기에는 부족하다. 백제도 지나支那 문화의 다대한 수입과 함께 도성의 수식修飾을 일삼은 것에 지나지 않은 것이다. 이 궁성은 지금 광주군

1 朝鮮總督府,『大正五年度朝鮮古蹟調査報告』1917, 72쪽.

내廣州郡內 한강에 연沿한 유적인 풍납리토성이라고 생각된다"[2]고 했다. 이마니시류는 '소설문'이라는 표현을 빌어 도림 기사의 허구성을 지적하면서, 그와 결부된 궁성을 풍납동토성으로 정확하게 지목했다.

사진 14 KBS 헬기에서 내려다 본 풍납동토성

그리고 a-4에서 도림이 개로왕에게 건의했다는 대규모 토목공사는 국력 소진의 배경으로 운위되고 있다. 패망과 관련해 흔히 붙여지는 사치와 방탕의 상징물인 토목공사는 개로왕에게는 적절치 않은 것 같다. 왜냐하면 개로왕은 집권 초기에 강력한 왕권을 구축하여 왕 중의 왕인

---

2 今西龍, 『百濟史研究』, 近澤書店, 1934, 118~119쪽.

대왕권 체제를 확립하였다. 이와 짝을 이루면서 왕권의 표상으로서 대규모 토목공사를 단행했을 수 있다. 그러므로 개로왕의 토목공사는 국정 파탄을 초래했다기 보다는 왕권 확립 차원에서, 그것도 즉위 전반기에 단행되었던 것으로 보아야 한다.

일사불란한 대규모 노동력 동원이 요구되는 역사役事는 실추된 왕실의 권위 회복을 위한 외형의 분식粉飾이라는 측면이 고려된 것이다. 그런데 개로왕이 시행한 역사의 형태는 구체적으로 왕성의 수리나 궁실의 조영, 왕릉의 개수와 제방堤防의 축조 및 여타 변방 지역 축성 등으로 나타나고 있다. 그런데 이 같은 유형의 역사는 곧 권력 집중의 전형적인 형태인 동방적 전제주의의 한 특징에 속한다고 한다. 전제적인 제왕은 역사를 통해 자신의 힘을 과시하고 싶은 속성이 있기 때문이다. 어쨌든 이 같은 대규모 역사는 성장된 왕권의 기반 없이는 불가능하다고 생각된다. 따라서 개로왕이 강력한 왕권을 구축한 것은 사실로 보인다. 동성왕이나 무왕 모두 왕권 강화의 지표로서 왕궁 중수나 사찰 조영과 같은 대규모 역사를 시행한 바 있다. 그리고 이들은 한결같이 전시대 왕권의 약화상을 극복해 가는 위치에 있었다. 이러한 점은 개로왕대 역사 성격과 무리없이 연결된다.

더욱이 사성(삼성동토성)의 동쪽에서부터 숭산(하남시 검단산)에 이르기까지 제방을 쌓은 게 도림의 꾀임에 빠진 실정의 산물이 될 수는 없다. 즉 "백성의 집은 자주 강물에 허물어지고 있으니(a-4)"라고 한 구절에서 제방 축조의 목적과 그로 인해 가장 혜택을 입는 계층이 '백성'임을 말하고 있다. 따라서 제방 축조는 한강변에 소재한 관계로 상습 침

수 구역인 강변 일대의 민가들을 보호하는 데 일차적 목적을 두었다. 개로왕이 도림의 꾀임에 빠져 나온 사치 성격의 토목공사와는 무관하다. 마찬 가지로 왕릉 개수와 궁실 중수는 왕권 확립 차원에서 추진된 사업이라고 해야 자연스럽다. 더욱이 도림이 건의했다는 문면대로 한다면 "선왕의 해골은 맨땅에 임시로 매장되어 있습니다"고 했다. 이러한 선왕의 능을 개수하는 게 사치일 수는 없지 않은가? 선왕의 능이 실제 이러한 상태로 존재함에도 개수하지 않았다면 그건 무능 차원을 넘어 무기력한 모습이 아닐 수 없다.

물론 개로왕의 강력한 왕권 구축의 그늘이라고 할 수 있는 귀족 세력의 이탈이 발생했을 수 있다. 그리고 대규모 토목공사로 인한 재정 고갈과 민심 이반의 촉진은 예견된다. 그러나 이러한 부정적인 요소들은 개로왕 뿐 아니라 어느 왕에게나 잠재해 있다. 그럼에도 결과를 놓고서 원인을 찾는 경향이 많다. 개로왕은 한성 함락과 패사로 인해 무능과 어리석음의 표상으로 규정 짓기에는 충분하였다. 여기에 극적인 요소로서 일종의 조역助役인 도림이라는 간첩승의 존재를 설정한 것으로 보여진다.

백제를 망치게 했다는 도림의 간첩 이야기는 전고典故가 있다. 중국 전국시대의 유명한 세객說客이었던 소진蘇秦이 연燕에 죄를 지은 것처럼하여 제齊로 망명한 이야기와 모티브가 동일하다. 그 내용은 다음과 같다.

(연왕과의 묵계 후) 소진은 연燕에서 죄를 범했다고 거짓말하여 제齊에

망명하였다. 제 선왕宣王은 그를 객경客卿으로 삼았다. 제 선왕이 죽고 민왕湣王이 즉위하였다. (소진은) 민왕에게 말하여 후장厚葬을 함으로써 효도를 밝히고, 궁실을 높이고 원유苑囿를 크게 함으로써 득의得意를 밝히고 제를 파폐破敝하게 하여 연을 위하고자 하였다.[3]

위의 기사에서 보듯이 소진은 궁실을 높이 짓고 새와 짐승을 기르는 동산을 넓혀 제가 발전했음을 선전하게 했다. 그럼으로써 소진은 연을 위해 제를 피폐시켰던 것이다. 이러한 전고를 놓고 볼 때 도림이 부추겨서 단행했다는 개로왕의 토목공사는 탁상에서 나온 허구일 가능성이 높다. 『동국통감』에서도 소진의 고사故事를 도림의 간첩 행위와 결부지어 소개한 바 있다.

도림이 백제에 침투한 시점을 개로왕대 말기로 간주하기도 한다. 구체적으로 470년대 이후로 그 시점을 지목하는 견해가 많다. 이 점을 보더라도 도림 이야기의 사실성은 희박해진다. 지목하고 있는 470년 전후한 무렵 고구려 내정은 지극히 혼미한 상황이었다. 장수왕은 귀족들과의 분규가 극심하였다. 472년에 개로왕이 북위에 보낸 국서에 따르면 고구려 내정을 "지금 연(璉: 장수왕)은 죄罪가 있어 나라 전체가 어육魚肉이 되고 대신강족大臣彊族을 살육하기를 그치지 않아 죄가 차고 악惡이 쌓여 백성들이 무너져 떠나가고 있으니, 이는 멸망의 시기요 손을

---

3 『史記』권59, 蘇秦傳. "於是蘇秦詳為得罪於燕而亡走齊 齊宣王以為客卿 齊宣王卒 湣王即位 說湣王厚葬以明孝 高宮室大苑囿以明得意 欲破敝齊而為燕"

빌려서라도 칠 때입니다"라며 고구려의 암담한 실정을 폭로했다. 실제 국서에 적혀 있는 장수왕의 숙청과 관련해 고구려 귀족들의 이탈은 목격되고 있다. 우선 북위로 망명하는 일이 포착되었다. 이와 연동하여 고구려 귀족들이 백제로도 이탈해 올 수 있었다. 일본 나니와難坡 약사藥師의 비조가 된 덕래德來도 고구려에서 백제를 거쳐 왜로 들어갔다. 이러한 정황은 도림이 죄를 짓고 도망했다는 명분으로 그지없이 적합하다. 그러나 장수왕이 백제에 간첩을 보낼만한 정황은 되지 못한다. 왕권이 요동을 치고 대對귀족 숙청에 진력하는 상황이었다. 장수왕으로서는 귀족들의 이탈을 막는 게 급선무였다. 장수왕에게는 민심 수습이 요체였다. 그럴 정도로 대내 문제 수습이 발등에 떨어진 불이었다. 따라서 장수왕이 대백제 전략 차원에서 간첩을 직접 선발하여 파견할 수 있는 객관적인 정황은 되지 못한다. 물론 475년에 장수왕이 몸소 백제 한성 공략을 단행했다. 그러니 도림과 같은 첩자를 사전에 침투시켰을 가능성은 존재하더라도 다른 곳도 아닌 적국의 궁중 침투는 생각처럼 용이하지 않다.

그리고 개로왕대 말기에 도림이 침투했다면 다음과 같은 문제점이 제기된다. 즉 개로왕대 집권 말기에 토목공사가 단행된 것이다. 그러나 대규모 토목공사는 개로왕의 왕족 중심 지배체제 구축과 맞물려서 일련의 역사가 단행되었다고 보아야 한다. 홍선대원군도 집권 초기에 경복궁 중건을 단행했으며, 유년에 즉위한 동성왕도 재위 8년에 궁실 중수를 단행하였다. 그런 만큼 대규모 토목공사는 개로왕 집권 전반기가 적절한 시점이다. 그 말기는 적합하지 않다. 이와 관련해 개로왕이

472년에 북위에 보낸 국서가 시사점이 된다. 여기서 개로왕은 "(고구려와) 원한을 맺고 화禍를 연속함이 30여 년, 재물이 다하고 힘이 다하여 점차 저절로 쇠약해졌습니다"고 실토하였다. 고구려와의 전쟁으로 백제 국력이 피폐해졌음을 언급했다. 백제의 절박한 상황은 "만일 황제의 인자仁慈와 간절한 긍휼이 멀리 미치지 않는 곳이 없다면 속히 장수를 보내어 우리나라를 와서 구해 주소서. 마땅히 제 딸을 보내어 후궁을 소제하게 하고 아울러 아들과 아우를 보내어 외양간에서 말을 치게 하며, 한 척尺의 땅, 한 사람의 지아비라도 감히 스스로 갖지 않겠습니다"라는 말에 응결되어 있다. 이러한 형편이었던 만큼 백제는 대규모 토목공사를 단행할 여력이 전무했다고 해도 과언이 아닐 것이다. 한 세대에 걸친 전쟁이 지속되는 상황에서 막대한 인력과 재정이 투입되는 토목공사는 불요불급한 일에 속한다. 그런 만큼 도림의 건의에 따른 대규모 토목공사는 적어도 개로왕 후반기에는 가능할 수 없다.

지금까지의 검토를 통해 도림 이야기는 사실성이 희박하다는 결론에 이르게 되었다. 따라서 이에 기초한 논리 전개라는 것은 대단히 취약하다고 단언할 수 있다. 요컨대 도림 이야기는 전국시대 소진의 고사에서 모티브를 얻었고, 바둑에 일가견을 가진 지둔도림支遁道林의 '도림道林'에서 주인공 이름과 개로왕에게 접근하는 수단을 연상해서 만든 이야기로 보인다. 그게 아니더라도 양梁의 사문沙門으로서 도림道琳의 존재가 보이는 등 비교적 인지도가 높은 승려 이름이었다. 이처럼 여러 가지 맥락에서 짚어 볼 때 도림 이야기는 사실성이 희박하다는 결론에 이르게 된다. 따라서 이에 기초한 논리 전개라는 것은 대단히 취약하다고 단언할 수 있다. 물론 삼국시대에 승려가 간첩으로 파견되는 경우가 왕왕 등장한다. 이러한 점에 비추어 볼 때 도림 기사는 신뢰성이 높다는 주장도 있다. 그러나 소설도 시대적 분위기와 잘 맞물려서 구성하게 마련이다. 그렇더라도 소설 속의 내용이 사실일 수는 없다. 아무리 그럴싸하게 있음직한 이야기처럼 구성되었더라도 소설은 소설일 뿐이다.

개로왕과 결부 지어 도미 아내 이야기가 등장한다. 물론『삼국사기』에서는 개루왕 때로 적어 놓았지만, 개로왕을 가리킴은 명확히 밝혀진 바 있다. 관련 기사를 옮겨 보면 다음과 같다.

b-1. 도미都彌는 백제인이다. 비록 편호소민編戶小民이지만 자못 의리를 알았다. 그의 아내는 아름답고 예뻤다. 또한 절조 있는 행실을 하여 그때 사람들로부터 칭송을 받았다. 개루왕蓋婁王이 이를 듣고 도미를 불러 더불어 말하기를 "무릇 부인婦人의 덕은 비록 정결貞潔을 우선으로 삼지만 만약 그윽하며 어둡고 사람이 없는 곳에서 교묘한 말로 유혹하면 마음이 움직이지 않는 사람은 드물다"고 하자 대답하였다. "사람의 정情이란 헤아릴 수 없습니다. 그러나 저의 아내와 같은 사람은 비록 죽더라도 두 마음을 갖지 않을 것입니다."

b-2. 왕이 이를 시험하여 보기 위하여 도미에게 일을 시켜 머무르게 하고는 한 명의 가까운 신하로 하여금 거짓으로 왕의 의복을 입고 말을 타고 밤에 그 집에 가게 하였다. 사람을 시켜 왕이 오셨다고 먼저 알렸다.

그 부인에게 일러 말하였다. "나는 오래 전부터 네가 예쁘다는 소리를 들었는데 도미와 내기를 걸어서博 이겼다. 내일 (너를) 들여 궁인宮人으로 삼기로 하였다. 이후부터 네 몸은 내 것이다!" 드디어 그녀를 난행하려 하자 부인이 말하였다. "국왕께서는 헛말을 하지 않으실 것이니 내가 감히 따르지 않으리요! 청컨대 대왕께서 먼저 방에 들어가시면 제가 옷을 갈아 입고 곧 들어오겠습니다"고 했다. 물러나 한 계집 종을 번거롭게 치장시키고는 그녀를 바쳤다. 왕이 뒤에 속임을 당한 것을 알고는 크게 노하였다. 도미를 거짓말한 죄를 물어 그 두 눈알을 빼었다. 사람을 시켜 강제로 끌어 내어 작은 배에 태워 강에 띄웠다. 드디어 그 부인을 끌어다가 강제로 그녀를 간음하고자 하였다. 부인이 말하기를 "지금 낭군을 이미 잃었으니 홀로 남은 이 한 몸을 스스로 지킬 수가 없습니다. 하물며 왕을 모시는 일이라면 어찌 감히 어길 수 있겠습니까? 지금 월경 중이라서 몸이 더러우니 청컨대 다른 날을 기다려서 목욕한 후에 오는 게 좋겠습니다." 왕이 믿고 이것을 허락하였다.

b-3. 부인이 곧바로 도망쳐 강어귀에 이르렀으나 건널 수가 없었다. 하늘을 부르며 통곡하자 홀연히 배 한 척이 보였는데, 물결을 따라 이르렀다. 타고 천성도泉城島에 이르러서 그 남편을 만났는데 아직 죽지 않았었다. 풀뿌리를 캐 씹어 먹으며 드디어 함께 배를 타고 고구려의 산산蒜山 아래에 이르니 고구려인들이 그들을 불쌍히 여겼다. 옷과 음식을 구걸하며 구차하게 살아가며 나그네로 일생을 마쳤다.

도미전의 내용을 검토해 보자. 여기서 개로왕이 도미의 처의 미색을 탐내어 도박을 걸어 빼앗으려고 하였다는 모티브는 보카치오의『데카메론』에도 보인다. 즉 자기의 아내만큼 성실하고 정숙한 여자는 이 세상에 절대로 없다고 믿는 사내가 있었는데, 자기가 10년 아니 평생 동안 집을 비워 놓더라도 정부를 끌어들일 여자가 아니라고 자신하였다. 그러한 장담을 듣던 젊은 상인이 말하기를, 정결하기 짝이 없는 여성이라도 욕망의 유혹에서 헤어나오기는 쉽지 않노라고 단언하였고, 결국 두 사람은 내기를 하였다. 젊은 상인이 유혹에 성공한다면 자신의 목을 걸고 그렇지 못한다면 상인에게서 금화 천닢을 받겠다고 약속하였다. 결국 궁리 끝에 상인이 사술邪術을 써서 내기에 이겼지만 세월이 흘러 탄로나고 벌을 받는 이야기였다.

또 하나는 젊고 매력 있는 귀족 미망인에게 정신을 빼앗긴 사제가 집요하게 추군대었다. 여기에 지친 미망인은 손을 들어 밤에 만나기로 하였지만, 구애의 번거로움을 보기 좋게 잘라 버릴 꾀를 생각해 냈던 것

사진 15 무령왕릉 부장 금제 귀고리.
16세기 말에 금지령이 내려지기 전까지 한국 남성들은 귀고리를 하였다.

이다. 약속한 날 밤 발소리를 죽여 가며 어둠 속을 더듬어 사제가 침실로 찾아 오자 미망인은, 밉고 추하게 생긴 하녀를 침실로 밀어 넣었지만 속은 줄도 모르고 사제는 욕정의 늪에 빠졌다가 망신을 당한 이야기이다. 총명한 미망인은 염치 없는 구애를 간단히 퇴치시켰고 하녀는 그로서는 좀처럼 얻기 힘든 즐거운 하룻밤을 보냈던 것이다.

이러한 『데카메론』의 이야기는 14세기 이탈리아의 중부 지방을 배경으로 한 사회상을 반영하고 있다. 절대 권력을 쥐었던 중세 사제의 폭력을 슬기롭게 물리친 이야기는, 개로왕의 정욕을 기지로써 뿌리치는 도미 아내의 줄거리와 흡사한 느낌을 준다. 그러니 도미전 내용은 동서고금을 통해 쉽게 만날 수 있는 소재였다.

지금까지의 검토를 통해 a-2~a-5까지가 도림 기사인 것으로 간주되었다. 이 기사는 b의 도미전과 동일한 문헌에서 채록한 것으로 추정할 수 있다. 그러한 근거는 다음과 같이 찾을 수 있다. 첫째 시대적 배경이 개로왕대이고, 둘째 공간적 배경이 한성 일원이라는 점, 셋째 개로왕이 꾐에 빠져 실정失政을 했다는 사실은 어리석음과 무능을 위한 전제로서 이야기할 수 있는 소재라는 점, 넷째 문체가 동일하고, 다섯째 설화적 내용이라는 점을 꼽을 수 있다. 이처럼 양자의 설화적 내용이 동일한 문헌에서 출원한 것이라면 원전은 무엇이었을까? 그것은 『한산기漢山記』로 지목할 수 있다. 한산주도독漢山州都督으로 부임해 온 김대문金大問이 지은 『한산기』는 한산漢山 지역에 전해오는 역사와 풍물·지리·전설 등을 수록한 책으로 짐작되고 있다. 이 같은 『한산기』의 내용은 그 주치州治가 백제의 과거 왕성이었던 한성과 가까운 관계로 백제

이야기 특히 한성 도읍기의 마지막 왕인 개로왕과 관련한 이야기들이 구전의 형태로도 많이 전승되었을 것이다. 그러한 선상에서 자연스럽게 채록된 것으로 보인다.

2) 『한산기』 속의 도림 · 도미 아내 · 온달 그리고 개로왕

백제 수도였던 한산을 무대로 한 도미전과 도림 이야기는, 704년(성덕왕 3)에 한산주도독으로 부임하여 저술한 김대문의 『한산기』가 원전일 것으로 추정되었다.[4] 『한산기』의 한산은 백제 수도이기도 했지만 고구려의 별도別都였던 남평양성南平壤城이 소재한 북한산 일원을 가리킨다. 신라가 한강유역을 점령한 이후에는 경기도 하남시의 이성산성을 신주新州의 거점으로 삼았던 것 같다.[5] 남한산 일원이 되는 것이다. 이러한 배경으로 인해 한산에는 백제나 고구려 관련 설화가 많이 전해졌을 수 있다. 또 그러한 전승과 풍물 등이 김대문이 지은 『한산기』의 소재가 되었을 법하다. 따라서 다음과 같은 성격의 책으로 추정되었다.

한산기: 한산 지방의 지리지地理誌였을 것임은 그 서명書名으로 보아서 짐작할 수가 있다. 그러나 그 내용을 알 수 있는 재료는 하나도 발견되지가 않는다. 김대문 자신이 한산주도독으로 있었던 인연으로 해서 이루어

---

4 李道學, 「漢城末 熊津時代 百濟 王位繼承과 王權의 性格」, 『韓國史研究』 50 · 51合輯, 1985, 7쪽.
5 李道學, 「漢城 後期의 百濟王權과 支配體制의 整備」, 『百濟論叢』 2, 백제문화개발연구원, 1990, 287쪽, 註 26.

진 책으로 생각된다.[6]

김부식은 『삼국사기』를 편찬할 때 『한산기』를 참고하였다. 이는 다음의 기사를 통해 알 수 있다.

김대문은 본래 신라 귀문貴門의 자제子弟이다. 성덕왕 3년에 한산주도독이 되었다. 전기 몇 권을 지었는데 그가 지은 『고승전高僧傳』·『화랑세기花郎世記』·『악본樂本』·『한산기』는 아직도 남아 있다.[7]

『삼국사기』에는 『한산기』의 내용이 수록된 부분이 있었을 것이다. 앞에서 한번 언급했지만 논지를 보강한다는 차원에서 재론해 본다. 『삼국사기』 개로왕 21년 조 기사를 살펴 보면 백제 수도였던 한성의 함락에 따른 개로왕 패사 기사에 이어 고구려 승려 도림의 간첩활동에 관한 또 다른 기사가 소급해서 나타나고 있다. 도림 기사는 내용 구성이나 문체로 보아 계통을 달리하는 사료에서 뽑아 개로왕 21년 조 기사에 끼워 넣은 것이다. 이 기사는 『삼국사기』에서 계백·흑치상지와 더불어 단 세 명뿐인 백제인 전기 가운데 하나인 도미전과 상통된 점이 발견된다. 도미전에 보이는 개루왕은 음황하게 묘사되었다. 그런데 반해 제4대 왕인 개루왕을 『삼국사기』에서 "성품이 공순하고 품행이 방정하였

6 李基白, 「金大問과 그의 史學」, 『歷史學報』 77, 1978, 1~16쪽.
7 『三國史記』 권46, 金大問傳.

다"고 했다. 도미전의 개루왕과는 서로 성격이 부합되지 않는다. 따라서 도미전에 보이는 개루왕은 근개루왕이라고도 했던 제21대 개로왕으로 지목하는 게 온당하다.

백제를 망치게 했다는 도림의 간첩 이야기는 전국시대의 유명한 세객이었던 소진이 연에 죄를 지은 것처럼하여 제로 망명한 이야기와 모티브가 동일하다. 제 선왕은 소진을 객경으로 삼아 대우해 주었는데, 선왕이 죽고 민왕이 즉위하였다. 소진은 민왕을 설득하여 선왕을 후히 장례지내게 하여 효도를 밝힘과 동시에 궁실을 높이 짓고 새와 짐승을 기르는 동산을 넓혀 제가 발전했음을 선전케 했다. 그럼으로써 소진은 연을 위해 제를 피폐시켰다. 이러한 전고典故를 놓고 볼 때 도림의 간첩 이야기는, 탁상에서 나온 창작일 가능성을 배제하기 어렵다.[8]

도미전도 『한산기』에 수록된 내용으로 보인다. 일단 『한산기』에 등장하는 개로왕의 이미지는 심히 왜곡되었다는 인상을 받게 된다. 왜냐하면 손에 피를 묻히고 즉위한 것으로 알려진 개로왕이 승려와 일개 아녀자의 꾀임에나 넘어갈 정도로 어리숙하고 호락호락한 인물이 아니라는 점을 상기할 때, 이야기의 속성상 과장되고 도식화된 인물로 그려졌다고 판단되기 때문이다. 사실 개로왕 집권기는 고구려와의 명운을 건 처절한 전쟁기간이었다. 그런 만큼 바둑이나 두며 소일하고 여색이나 밝힐 정도로 한가한 태평성대는 절대 아니었다. 설령 그러한 측면이 있

---

8 李道學, 「『三國史記』道琳記事 檢討를 통해 본 百濟 蓋鹵王代의 政治 狀況」, 『先史와 古代』 27, 2007, 37쪽.

었다고 하더라도 개로왕의 전체 이미지로 자리잡기는 어렵다.

강력한 왕권을 확립했던 개로왕은 고구려와의 싸움에서 패사하고 수도를 빼앗겼다. 그럼에 따라 왕권강화의 차원에서 진행된 대규모 토목공사를 간첩 승려의 꾀임에 빠진 실정으로서 치부되었다. 게다가 패망의 요인으로 흔히 등장하는 호색 문제까지 삽입하였던 것이다. 결국 개로왕이 패사한 후 고구려 땅이 되었고 신라 땅이 된지 2백여 년이 흐르는 동안 한산 지역에서는 야심 많은 개로왕은 무능하고 향락적인 인물로 구전되어 왔다. 그리고 이곳의 장관으로 부임한 김대문의 붓끝에 실리게 되었을 것이다.

이러한 추정은 도미전과 도림 이야기에 공통점이 보인다는 점에서 찾았다. 먼저 도미전과 도림 이야기에 보이는 백제 왕은 시대적 배경이 근개루왕 혹은 개루왕으로도 표기되는 개로왕대일 뿐만 아니라 한산 일대를 지리적 배경으로 했다. 아울러 한결같이 개로왕의 실정을 소재로 삼았다. 게다가 도림 기사는 도미전과 연결되고 있다. 가령 개로왕蓋鹵王을 도림 기사와 도미전에서는 '근개루近蓋婁'와 '개루蓋婁'로 각각 표기하였다. 여기서 '근近' 자는 『일본서기』에서 근초고왕이나 근구수왕 표기에서 보듯이 생략하는 경우도 있다. 그러므로 '근개루'와 '개루'는 본질적으로 동일한 표기였다. 개로왕에 대한 표기는 이 밖에도 '경사慶司'·'가수리加須利'·'개로蓋鹵'가 보이기 때문이다. 그리고 개로왕이 좋아했던 오락과 관련해 두 기록에는 모두 '박博'이 등장한다. 그 밖에 어리석은 개로왕이 간첩 승과 여인네에게 농락당했다는 동일한 모티브이다.[9] 따라서 두 기록은 동일한 사료에서 출원했다고 볼 수 있다. 그 사료는 필시 김대문이 한산주도독 당시 집필한 『한산기』에서 인용했을 것이다. 그리고 극적인 효과와 재미를 더하기 위해 어리석은 개로왕을 만드는 식의 극화劇化가 가미된 것으로 보인다.

『삼국사기』에는 소설문 형식의 글이 2편 있다. 앞서 언급했던 도미전과 고구려 간첩승 도림 이야기이다. 이 2편의 글은 원전이 한산주도독이었던 김대문의 『한산기』로 추정한 바 있다. 그리고 '바보 온달愚溫達'의 '愚' 이미지는 도미 아내나 간첩승 도림에게 속은 개로왕에게도 적용되었다. 이 점 『한산기』를 관류하는 중요한 모티브로 파악된다.

『한산기』를 지은 김대문의 글귀는 『삼국사기』에서 "현명하게 보좌하는 사람과 충신이 이로부터 솟아났고, 훌륭한 장수와 용감한 사졸이 이로 말미암아 나왔다賢佐忠臣從此而秀良將勇卒由是而生"라고 한 일문逸文이 전한다. 이 글귀는 미문美文으로 정평이 나 있다. 그렇다고 할 때 명문인 온달전도 김대문의 『한산기』에서 연유했을 가능성이다. 온달전의 메시지는 종결부의 한수유역 회복 문제가 대미를 장식한다. 한수유역은 본디 고구려 영역으로 인식되어 왔다. 그리고 한수유역은 통일신라의 한산주를 구성하는 핵심 지역이었다. 바로 그러한 한산주의 연원을 밝혀주는 차원에서 저술된 글이 온달전으로 보인다.

온달전에는 온달 노모老母의 발언 가운데 "芬馥異常 接子之手 柔滑

---

9 李道學, 「『三國史記』道琳記事 檢討를 통해 본 百濟 蓋鹵王代의 政治 狀況」, 『先史와 古代』 27, 2007, 34~35쪽.

如綿"라는 구절과 공주가 전사한 온달의 관을 운구하기 위해 위로하면 서 "死生決矣 於乎歸矣 遂擧而窆"라고 한 말 역시 4구체이다. 앞서 인용한 김대문의 화랑 관련 글귀 역시 4구체였다. 게다가 모두 미문일 뿐 아니라 빼어난 문장으로 정평이 나 있다. 그리고 온달전의 절정을 이루는 한수유역 회복이라는 고구려인들의 숙원은 한산주를 배경으로 하였다. 이러한 맥락에서 온달전의 원형 또한 김대문의 『한산기』로 추정할 수 있다.[10]

3) 개로왕의 본디 모습

『삼국사기』 개로왕본기는 즉위년부터 13년까지가 공백으로 되어 있다. 그렇다고 이 기간 동안 어떤 사건이 발생하지 않았다는 말은 아니다. 무슨 이유인지는 모르겠지만 이 기간 동안의 역사가 모조리 누락되었다는 말이다. 그러나 상황을 엿볼 수 있는 단서가 있다. 다음의 『삼국사기』 기사이다.

가을 9월 흑룡이 한강에 나타났는데 잠깐 동안 운무가 끼어 캄캄하더니 날아가 버렸다. 왕이 돌아 가셨다(비유왕 29년 조).

위의 인용에서 보듯이 흑룡의 출현과 비유왕의 사망을 관련지을 수 있다. 그런데 비유왕 29년의 흑룡 출현 기사를 단순히 초고왕 직계 왕계의

---

10 李道學,「『三國史記』온달전의 出典 摸索」,『東아시아古代學』45, 2017, 23~32쪽.

상징으로 간주하는 견해도 있지만 변고를 동반한 흉조에 대한 조짐으로 보아야만 할 것 같다. 이와 관련해『삼국사기』문주왕 3년 5월 조의 흑룡 출현 기사가 이해를 돕는다. 이 기사는 여러 정황을 놓고 볼 때 해구의 반란에 의한 내신좌평 곤지와 문주왕이 피살되는 정변과 무관하지 않기 때문이다. 이처럼 왕의 사망과 용이 관련 있음은「광개토왕릉비문」에 적혀 있는 추모왕의 사망 문구에도 나타난다. 이 경우는 추모왕이 정변에 의해 피살된 상황이 아니므로 상서의 상징인 황룡과 관련짓고 있다.

　비유왕이 정변에 의해 희생되었다면 비유왕을 이은 개로왕의 즉위 과정 역시 순탄하지만은 않았을 것이다. 그러했을 가능성은『삼국사기』개로왕기는 수상하게도 14년 이전의 기록이 공백이라는 점에서 찾

사진 16 유송의 초대 황제 유유(劉裕)의 능묘인 초영릉 석각

아 볼 수 있다. 이 공백 기간의 정치적 상황을 알 길이 없으나 어느 정도 유추는 가능하다. 즉 한성 함락 후 개로왕을 포살한 고구려 장수 재증걸루와 고이만년은 본시 백제인이었으나 죄를 얻고 고구려로 도망했다고 한다. 이 두 사람이 고구려로 망명한 구체적인 사정은 알 수 없으나 개로왕 즉위 초 정변과 관련 있을 수 있다. 선왕의 능묘가 제대로 조영되지 못한 채 개로왕 재위 상당 기간 동안 방치된 사실도 무언가의 큰 변동을 지닌 급박한 상황에서 개로왕이 즉위했음을 생각하게 한다. 그리고 『삼국유사』와 『일본서기』에는 이례적으로 비유왕과 개로왕 간의 혈연관계가 명시되어 있지 않다. 이 점도 양자 사이에 어떤 문제가 게재된 것으로 의심을 갖게 해준다.

개로왕이 정변을 통해 즉위하였다면 지배 세력 내의 서열이나 세력 균형에도 일정한 변화가 수반되었을 법하다. 이는 『송서宋書』의 기록을 통해 어느 정도 유추가 가능하다. 『송서』에 의하면 개로왕은 즉위 3년인 457년에 유송劉宋으로부터 진동대장군鎭東大將軍을 제수받고 있다. 이듬해에 개로왕은 그 신하 11명에 대한 관작을 요청하여 장군호將軍號를 제수받았다. 장군호를 제수받은 11명의 귀족 가운데 8명이 부여씨 왕족이고 나머지 3명은 이와는 성씨가 다른 귀족이다.

관군장군 우현왕 여기冠軍將軍右賢王餘紀　　정로장군 좌현왕 여곤征虜將軍左賢王餘昆

정로장군 여휘征虜將軍餘暉　　　　　　　보국장군 여도 · 여예輔國將軍餘都 · 餘乂

용양장군 목금 · 여작龍讓將軍沐衿 · 餘爵　영삭장군 여류 · 미귀寧朔將軍餘流 · 麋貴

건무장군 우서 · 여루建武將軍于西 · 餘婁

위에 보이는 8명의 왕족 가운데 정로장군 좌현왕 여곤과 보국장군 여도는 모두 왕의 아우인 곤지昆支와 문주文周로 각각 밝혀진 바 있다. 근친 왕족들이 고위급 장군호를 대거 제수 받았지만, 실제적인 의미가 없는 의례적인 작호에 불과한 것은 아니다. 왜냐하면 여도 즉, 문주가 보국장군의 장군호를 제수 받았음은, 개로왕이 즉위하자 국정을 보좌했으며 벼슬이 상좌평까지 올랐다는『삼국사기』기록을 뒷받침해 주기 때문이다. 물론 "문주가 그를 보필하여 벼슬이 상좌평에 이르렀다文周輔之 位至上佐平"는 문구는 문주의 관직이 처음부터 상좌평이었다는 뜻은 아닐 것이다. 문주는 비유왕대부터 관직에 진출해 있었지만, 개로왕의 집권과 이에 연동한 왕권 강화책의 선상에서 관련 지어야 한다. 즉 개로왕 즉위 초에 곤지가 상좌평이 되었다는 의미로 해석할 수 있다. 이는 왕족 중심의 강력한 왕권 강화책의 소산으로 해석된다.

이와 관련해 458년 당시 서열 4위에 불과한 문주가 개로왕 집권 초기에 최상급 직책인 상좌평이 될 수는 없다는 견해가 제기되었다. 그러나 이러한 주장은 상좌평보다 높은 직책이 그 위에 존재한다는 사실을 간과한 데서 나왔다. 이는 백제의 지배 구조와 관련 있는 사안인데, 명색이 '왕'인 동시에 왕족, 특히 왕제가 임명된 좌현왕과 우현왕이 상좌평보다는 높았을 것이다. 따라서 상좌평직은 백제 지배체제상 최상위급이 될 수 없는 것으로 드러난다. 아울러 개로왕 집권 초기 문주의 상좌평 취임은 지난한 일이 될 수 없다.

그리고『송서』의 장군호 제수 기록은 권력 구조가 왕족 중심으로 개편된 사실을 가리킨다. 왕족을 제외한 이성異姓 귀족 3명 중에는 비유왕대까지 실권을 쥐었던 해씨나 진씨 세력이 단 1명도 보이지 않고 있다. 이는 결코 우연한 일은 아니라고 본다. 왕족인 여신이 사망하자 상좌평을 승계한 이는 해수解須였다. 그럴 정도로 정치나 군사권이 해씨에게 집중된 것이 비유왕대였다. 이에 반해 개로왕의 즉위로 해씨가 장악했던 상좌평직이 왕제인 문주에게 돌아가고 있다. 이 사실은 권력 구조의 중대한 변화를 뜻한다.

개로왕의 즉위로 인한 권력 구조의 변화는 병권兵權의 행방을 확인함에 따라 그 일면이 드러나게 된다. 종래 왕권이 약화되었을 때마다 왕비족이 장악해 왔던 요직은, 권력 분담의 산물인 병권이었다. 그러므로 병권의 행방은, 실질적인 권력의 소재를 가리켜 주는 일종의 나침반 같았다. 그런데 개로왕대는 병권마저도 왕족이 장악하였다. 이와 관련해 유송으로부터 곤지가 제수받은 '정로장군 좌현왕' 직이 주목된다. 흉노나 돌궐의 직제에 나타나는 좌현왕은, 군왕의 후계자로서의 자격을 지닌 동시에 병권을 장악한 위치에 있었다. 게다가 『일본서기』에서 곤지를 '군군軍君'으로도 표기하였다. 군군은 그 자의상字義上 병권의 장악과 관련 있는 좌현왕이라는 곤지의 직책과 잘 부합한다. 그러므로 이는 곤지의 병권 장악을 웅변해 주고 있다. 더구나 좌현왕은 전통적으로 영역의 동방을 관장하는 직책이었다. 요는 곤지가 대왜 관계를 통섭하는 위치에 있었음을 생각하게 한다. 그랬기에 곤지는 고구려의 남진 압박에 공동 대처하기 위한 군사적 목적을 띠고 왜로 건너 갈 수 있었을 것이다. 요컨대 이러한 사실들은 곤지가 병권의 장악과 무관하지 않았음을 알려준다.

이때 11명의 귀족 명단 가운데 맨 앞에 적혀 있는 인물은 관군장군 우현왕 여기餘紀였다. 여기는 정로장군 좌현왕 여곤보다 앞에 적혀 있다. 그로 인해 흉노와 같은 유목국가에서는 좌현왕이 우현왕보다 높지만 백제에서는 우현왕이 좌현왕보다 높은 특수한 사례로 간주하기도 했다. 과연 그럴까? 이 경우는 일반적인 사례에 비추어 해석할 문제라고 본다. 좌현왕은 동방을 관장하고, 우현왕은 서방을 관장하고 있다. 조선시대에도 좌의정이 우의정보다 우위에 있었다. 서쪽이 동쪽보다 앞설 수 없었다. 고구려의 경우도 마찬 가지였다. 고구려의 축제 이름인 동맹東盟의 '동'과 수신隧神을 맞이하는 국동대혈國東大穴의 '동' 쪽을 비롯해서 일상에서 동쪽을 우월하게 여기는 인식이 자리잡았다. 『한원翰苑』에 보면 "그 나라에서 일을 할 때는 동쪽을 수위로 삼았다其國從事以東爲首"라고 하였듯이 풍속에서도 동쪽을 중시했다. 동쪽은 '좌측'을 가리킨다. 따라서 우현왕이 좌현왕보다 높다는 근거를 찾기도 어렵다. 또 이것을 백제에 적용할 수 있는 논거도 발견되지 않는다. 더욱이 곤지가 제수받은 정로장군은 여기가 제수받은 관군장군보다 앞선 군호軍號이다. 그런 만큼 458년 당시 유송으로부터 제수받은 11명의 귀족 가운데 곤지가 최고관임은 의심이 없다.

그런데 개로왕이 유송에 올린 표表에서 관작을 요청한 구절은 "행관군장군 우현왕 여기 등 11인行冠軍將軍 右賢王 餘紀 等 十一人"라고 쓰여 있다. 이 문구를 토대로 백제에서는 우현왕이 좌현왕보다 높다는 주장이 제기되었다. 그런데 여기가 제일 앞에 적혀 있는 이유는 우현왕이 관장한 영역이 서방인 사실과 관련 있을 법하다. 즉 우현왕 소관이 중국 곧 유송인 관계로 특별히 제수 요청 귀족 가운데 맨 앞에 적었을 가능성이다. 여기는 관군장군인 만큼 정로장군인 여곤 보다 군호도 낮고 좌현왕뒷 서열인 우현왕이었다. 그럼에도 불구하고 11명의 귀족 가운데 대표격으로 적혀 있는 근본적인 이유는 태자였기 때문이었을 것이다. 이때 우현왕인 여기의 관군장군 호를 비롯한 11명의 귀족들은 유송의 장군호를 제수받고자 한 것이다. 그런 만큼 백제에서 제수를 요청한 관작은 '행行' 직에 국한된 것이다. 이러한 '행' 직은 유송의 관작 체계에 존재하고 있다. 그러나 좌·우현왕의 경우는 유송의 관작 체계에서 존재하지도 않았다. 더구나 '행' 직도 아니다. 그런 만큼 좌·우현왕제는 이미 백제에서 시행하고 있는 직제로 보아야 한다. 따라서 유송에 제수를 요구한 관작 대상에 속하지 않았다.

개로왕의 즉위로 정치와 병권을 왕족이 모두 장악하게 되었다. 한편 유송으로부터 제수받은 11명의 귀족 가운데 해씨나 진씨와 같은 유력 귀족들이 보이지 않는 것도 눈길을 끄는 현상이다. 이 사실은 곧 지배체제 내의 서열이나 세력 균형에 중대한 변화가 발생했음을 알려 준다. 의례적인 표현으로 돌릴 수도 있겠지만 그 제수 요청의 명분을 '충근忠勤의 현진顯進'[11]에 둔 사실은 개로왕의 지배체제 확립과 무관하지 않다. 그런데 개로왕이 지배체제를 확립하고자 하는 노력은 지배 세력 간의 갈등을 격화시킬 수 있었다. 왕권과의 대결에서 패배하거나 숙청 혹은 반감을 지닌 세력 가운데는 고구려로 이탈하는 자들도 생겼다. 이는 한

---

11 『宋書』권97, 蠻夷, 東夷, 백제국 조.

성이 함락된 후 백제에서 망명한 고구려 장수들이 개로왕을 포획하여 가혹하게 복수한 데서 짐작되어진다. 요컨대 개로왕 재위 초기에 왕 또는 장군호를 제수받고 있는 왕족과 이성異姓 귀족이 다수 출현하고 있음은 개로왕의 친위체제의 구축을 뜻한다. 이 점은 남제南齊로부터 그 신하들이 왕·후·태수 등의 작호를 제수받고 있는 동성왕대와 마찬가지 상황에서 나왔다고 볼 수 있다.

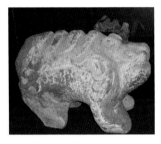 

사진 17 무령왕릉 진묘수　　　**사진 18** 난징시 박물관에 전시된 남조의 진묘수

그러면 백제 왕 이외에 왕·후 등의 칭호를 갖는 세력이 다수 나타났음은 무엇을 의미할까? 어떤 논자가 당초 주장했듯이 왕권의 귀족 세력에 대한 통제력의 약화를 의미하지는 않는다. 오히려 백제 왕의 지위가 왕·후들 위에 군림하는 이른바 '대왕大王'으로 격상된 사실을 나타내 준다. 대왕권이 개로왕대에 확립된 사실은 대왕의 정치적 지위의 확립을 전제로 한 왕족 간의 신분적 서열의 정비를 뜻하는 '대후大后'의 존재를 통해서도 확인된다. 한성 함락에 관한 『일본서기』 기록 가운데 『백제기百濟記』를 인용한 "국왕 및 대후와 왕자 등은 모두 적의 손에 몰살당했다"라는 문구에서 대후의 존재가 보인다. 이처럼 개로왕대에 확

립된 대왕권은 백제 말기까지 유지되었다. 의자왕대에 '소왕小王' 또는 '외왕外王'의 존재가 금석문이나 문헌에서 보이기 때문이다.

왕족 중심의 지배체제를 통하여 개로왕은 대왕권을 확립시켰다. 대왕권은 왕권이 귀족권을 압도함으로써 확립될 수 있었다. 그 확립 과정에서 국왕이 모든 귀족 세력을 상대로 대립할 수도 없는 노릇일 뿐 아니라 가능하지도 않은 일이었다. 게다가 전대前代 왕권이 실추되어 있는 상황에서 갑자기 개로왕이 부상하여 힘을 쓸 수는 없었다고 하겠다. 개로왕은 왕권 강화를 위해 누대의 귀족인 해씨나 진씨가 아닌 특정 세력의 힘을 빌었다고 보인다. 이와 관련해 유송으로부터의 제수귀족 가운데 이성귀족異姓貴族 중 제1위로 부상된 용양장군 목금沐衿이 주목된다. 목금의 '목'씨는 다름 아닌 문주왕을 보필하여 웅진성 천도에 공을 세운 목려만치의 그 목씨로 간주되어진다. 그러므로 구이신왕대부터 두각을 나타낸 목씨가 개로왕 즉위와도 관련 되었을지도 모른다. 목씨 세력이 해씨나 진씨에 대한 견제 세력으로 내세워졌을 가능성을 배제하기 어렵다.

이와 맞물린 11명의 귀족 명단은 '여餘' 씨나 '목' 씨에서 짐작되듯이 분명히 씨와 이름이 함께 기재되어 있다. 그러므로 부여씨가 아닌 이성귀족 가운데 우서와 미귀의 경우도 앞 글자를 씨로 보아야 한다. 그렇다면 개로왕은 목씨 외에 신진 세력을 기용했음을 뜻하는 것이다. 여기서 우서의 우씨 경우는 무왕대의 장군으로 우소于召와 관련 지을 수 있다. 우씨나 미씨 모두 중국계 성씨인 만큼 대방고지帶方故地에서 확보했거나 아니면 이곳에서 남래南來한 세력들로 보인다. 그러한 중국계 세력을 개로왕이 기용했다는 뜻이 된다.[12] 이 사실은 개로왕이 전통적인 왕비족으로서 유력 가문인 진씨나 해씨 세력을 제압하고 왕족 중심의 친위체제를 구축하는 과정에서 기반이 약한 중국계 세력을 대안으로 내세웠음을 뜻한다.

개로왕은 지배체제의 쇄신을 통해 대왕을 정점으로 하는 강력한 왕족 중심의 지배체제를 구축하였다. 이와 관련해 472년에 북위에 파견된 관군장군 · 부마도위 · 불사후 · 장사 여례冠軍將軍駙馬都尉弗斯侯長史餘禮를 주목할 필요가 있다. 여례는 부마도위 즉, 왕의 사위임에도 여씨 다시 말해 부여씨를 칭하고 있다. 얼핏 이는 부여씨 간의 근친혼을 연상하기 쉽다. 그러나 부여씨 백제 왕족은 갈래가 다양한 관계로 여례는 그 하나의 부여씨로 보겠다. 개로왕은 근친왕족들 뿐 아니라 범부여씨 왕족 간의 혼인과 요직에의 중용을 통해 친위체제를 구축하였다. 그럼에도 불구하고 지배 세력 간의 갈등이 내연內燃할 소지는 여전히 잠복하였다. 때문에 개로왕은 그것에 대한 해소 방안을 적극적으로 강구하지 않을 수 없었다. 그러한 노력은 권력 집중의 한 전형일 뿐만 아니라 왕권 확립의 가시적 효과도 기대할 수 있는 대규모 토목공사로 표출되었다.

---

12 李道學, 「漢城末 · 熊津時代 百濟 王位繼承과 王權의 性格」, 『韓國史研究』 50 · 51合輯, 1985, 25쪽.

3. 무녕왕, 출생의 비밀 그리고 아버지 곤지

1) 무녕왕의 출생담

『일본서기』에는 무녕왕의 계보에 관해 2가지 전승을 수록하였다. 첫째는 『백제신찬』이라는 백제측 문헌을 인용했다. 이 기록에 따르면 무녕왕은 곤지의 아들인 것이다. 동성왕이 피살되고 무녕왕이 즉위하는 과정을 수록하면서 무녕왕의 계보를 소개하였다. 관련 기사를 인용하면 다음과 같다.

이 해에 백제 말다왕未多王이 백성에게 무도하고 포학하여 국인國人이
드디어 제거하고는 사마왕嶋王을 세웠다. 그가 무녕왕이 된다[『백제신찬
百濟新撰』에 이르기를 말다왕이 백성에게 무도하고 포학해서 국인이 공
히 제거하고 무녕왕을 세웠다. 이름은 사마왕인데, 그는 곤지琨支 왕자의
아들인 즉, 말다왕의 배다른 형이다. 곤지가 왜로 향하다가 그때 쓰쿠시
시마筑紫嶋에 이르러 사마왕斯麻王을 낳았다. 섬에서 돌려 보냈는데 서울
에 이르지 못하고 섬에서 낳은 까닭에 (그러한) 이름이 생겨났다. 지금 가
카라各羅 바다에는 니리무세마主嶋가 있다. 왕이 태어난 섬인 까닭에 백
제인들이 이름지어 주도主嶋라고 하였다. 지금 생각해 보니 사마왕 그는
개로왕의 아들이다. 말다왕 그는 곤지왕의 아들이다. 이를 배다른 형이
라고도 하는데, 미상이다].[13]

---

13 『日本書紀』 권16, 武烈 4년 조. "是歲 百濟末多王無道 暴虐百姓 國人遂除 而立嶋王

둘째는 개로왕의 아들이라는 기록이다. 이 기록은 백제에서 지진원 池津媛이라는 미녀를 왜왕에게 보냈는데, 다른 이와 눈이 맞은 것을 안 왜왕이 격노하여 두 사람을 불태워 죽였다는 것이다. 이 사건과 관련한 이야기가 다음과 같이 적혀 있다.

여름 4월, 백제의 가수리군[개로왕이다]이 지진원을 태워죽임을 당했다는 소문을 듣고[적계여랑이다], 협의하여 말하기를 "여인을 바쳐 채녀采女로 삼았다. 그런데 무례하여 우리나라 이름을 실추시켰다. 지금부터 이후로는 여인을 바치지 말라"고 하였다. 그리고는 그 아우인 군군軍君[곤지이다]에게 고하여 말하기를 "너는 의당 일본에 가서 천황을 섬겨라!" 군군이 대답하여 말하기를 "상군上君의 명을 받드는데 어김이 있을 수는 없습니다. 바라옵건대 군君의 부인婦人을 내려주시면 그런 후에 (명령을) 받들어 가겠습니다"고 말했다. 가수리군이 즉시 임신한 부인을 군군에게 시집 보내어 말하기를 "나의 임신한 부인은 이미 산월産月이 되었다. 만약 가는 도중에 출산하면 바라건대 한 척의 배에 태워 따라가다가 어느 곳에 이르더라도 속히 나라로 보내도록 하여라!" 드디어 말을 하고는 헤어지고는 받들어 조정으로 보냈다.

6월 병술일이 초하루인 날에 임신한 부인은 과연 가수리군의 말대로 쓰

是爲 武寧王百濟新撰云 末多王無道 暴虐百姓 國人共除 武寧王立 諱 斯麻王 是琨支
王子之子 則 末多王異母兄也 琨支向倭 時至筑紫嶋 生 斯麻王 自嶋還送 不至於京 産
於嶋 故因名焉 今各羅海中有主嶋 王所産嶋 故百濟人號爲主嶋 今案 嶋王是 蓋鹵王之
子也 末多王 是琨支王之子也 此曰異母兄 未詳也"

쿠시의 각라도에서 아이를 낳았다. 이 아이를 이름하여 사마군[嶋君]이라 했다. 이에 군군은 즉시 한 척의 배로 사마군을 나라로 보냈다. 그가 무녕왕이다. 백제인들은 이 섬을 부르기를 니리무세마主嶋라고 하였다.

가을 7월에 군군이 서울에 들어왔다. 이미 다섯 명의 아들이 있었다[『백제신찬』에서 이르기를 신축년에 개로왕이 아우인 곤지군을 보내어 대왜大倭에 가서 천왕天王을 모시게 함으로써 형왕兄王의 우호를 닦게 하였다].[14]

위에서 인용한 구절이 사마의 출생 과정이다. 여기서 몇 가지 사실을 정리할 필요가 있다. 먼저 채녀가 등장한다. 채녀는 궁중에서 복무하는 여인을 가리킨다. 궁녀에 해당한다. 그런데 채녀를 에워싸고 심심찮게 사랑 행각이 빚어진 것 같다. 일본에서는 전통적으로 왕궁에 환관이 없었다. 『일본서기』 서명 8년 3월 조에도 채녀를 범한 자를 조사하여 모두 조사하였다. 이때 조사받는 것이 고통스럽고 모멸감을 느꼈는지 목을 찔러 자결하는 경우도 나왔다. 그리고 간음한 남녀는 태워 죽인다는 것이다. 이러한 경우는 김춘추와 문희의 경우도 해당이 된다.

---

14 『日本書紀』권14, 雄略 5년 조. "夏四月 百濟加須利君 蓋鹵王也 飛聞 池津媛之所燔殺 適稽女郎也 而籌議曰 昔貢女人爲釆女 而旣無禮 失我國名 自今以後 不合貢女 乃告其 弟 軍君昆支也 曰 汝宜往日本以事天皇 軍君對曰 上君之命不可奉違 願賜君婦 而後奉 遣 加須利君則以孕婦 嫁與 軍君曰 我之孕婦 旣當産月 若於路産 冀載一船 隨至何處 速令送國 逯與辭訣 奉遣於朝 六月丙戌朔 孕婦果如加須利君言 於筑紫 各羅嶋産兒 仍 名此兒曰 嶋君 於是 軍君卽以一船 送 嶋君於國 是爲 武寧王 百濟人呼此嶋曰主嶋也 秋七月 軍君入京 旣而有五子百濟新撰云 辛丑年 蓋鹵王遣弟昆支君 向大倭 侍天王 以 脩兄王之好也"

김유신이 여동생인 문희를 태워죽이려고 한 바 있었다. 간음한 남녀에 대해서는 화형에 처하는 법속이 존재했음을 알 수 있다.

그리고 곤지가 왜로 가게 된 목적이다. 『일본서기』에서는 개로왕이 곤지에게 "너는 의당 일본에 가서 천황을 섬겨라!"고 했다. 그러나 곤지는 개로왕의 지시를 곧바로 수용하지 않고 조건을 달았다. 그는 "군의 부인을 내려주시면 그런 후에 (명령을) 받들어 가겠습니다"라고 했다. 곤지는 형인 개로왕의 부인을 자신에게 내려 달라고 요구한 것이다. 그러면 왕명을 받들어 왜로 가겠다고 하였다. 이 구절은 개로왕이 곤지를 왜로 보내려고 하는데 그가 순순히 응하지 않았음을 뜻한다. 어떻게 보면 개로왕이 싫다는 곤지를 왜로 추방하는 것이 된다. 그러자 곤지는

사진 19 백마강의 황포돛배

개로왕의 여자를 취한 연후에야 지시를 따르고 있다. 그러면 곤지는 왜 하필 개로왕의 부인 가운데 임신한 여성을 요구한 것일까?

이와 관련해 혹자는 곤지가 형인 개로왕의 잉부孕婦를 요구한 이유를 자신의 추방을 막기 위한 어긋장을 놓는 차원에서 제시한 조건이라고 했다. 그러자 개로왕은 자신을 위협할 정도로 권력이 강성해진 곤지를 추방시킬 심산에 자신의 잉부까지 선선히 내려줬다는 것이다. 그러나 곤지의 위세가 왕권을 위협했다는 아무런 근거도 나타나지 않았다. 그리고 근거를 제시하지도 못하였다. 그럼에도 이 기사를 믿어야한다는 강박관념에서 부회시킨 주장에 불과하다는 인상을 준다. 실제 이런 일은 대단히 모욕적인 요구이자 지극히 무례하기 이를 데 없다. 형인 왕을 그것도 대왕인 개로왕을 아우인 곤지가 가지고 놀지 않고서야 나올 수 없는 발상이었다. 이는 형사취수제도 아닐뿐 더러 형왕兄王이 시퍼렇게 눈을 뜨고 있는 상황에서 감히 나올 수 없는 발상인 것이다. 더구나 곤지를 왜로 보내는 일이 시각을 다투는 국가 존망에 관한 시급한 사안도 아니었다. 그렇다면 산월이 닥친 잉부가 해산하고 가면 간단히 문제가 풀린다. 그럼에도 군이 곤지가 잉부의 생명을 담보로 하면서까지 도왜渡倭를 강행했다. 이 자체가 출생담의 현실성을 떨어뜨리는 요인이 된다.

곤지의 힘이 세진 관계로 위협을 느낀 개로왕이 그를 추방시킬 목적으로 무리한 요구를 들어주었다는 것이다. 왕권을 위협할 정도로 곤지의 힘에 강대했다고 하자. 그러면 곤지가 왕명을 수용하지 않으면 된다. 곤지가 개로왕에게 상식을 벗어난 이상한 조건을 걸 필요조차 없다. 그러니까 곤지가 왜로 가지 않으면 되는 것이요, 가더라도 해산하고 가면 그만이다. 이렇게 복잡한 이야기를 만들 필요가 없다. 이와 관련해 위사좌평 백가를 가림성으로 전출시키자 병을 핑계로 가지 않으려고 한 사실이 상기된다. 백제 조정의 제2인자였던 곤지는 백가 보다 권력이 월등한 사람인데다가 왕족이다. 개로왕이 그러한 곤지에게 위협을 느껴 왜로 추방시키려했다고 하자. 그러면 곤지가 칭병하고 거부하면 어쩌겠는가?

게다가 곤지가 왜경倭京에 들어 간 사실과 곧바로 잇대어진 기록에서 "이미 5명의 아들이 있었다"고 했다. 이 기록은 곤지가 자유롭게 왜를 왕래했음을 시사해 준다. 그가 추방되었다면 왜에 자식들이 거주했던 기록이 남겨지기 어려웠을 것이다. 곤지의 아들인 동성왕이 왜에서 귀국하여 즉위한 사례도 있다. 그러한 무녕왕 보다 연령이 어린 동성왕이 왜에서 출생하지 않았다면 곤지 역시 461년 이후 어느 때 귀국했음을 뜻한다. 이러한 사안들은 곤지가 추방되었다면 생겨나기 힘든 일이다.

그러면 무녕왕 출생담의 현실성 여부를 타진해 보다. 위의 인용대로 한다면 461년에 곤지가 왜로 갈 때였다. 이때 개로왕은 자신의 임신한 부인을 곤지에게 보내 데리고 가게 하였다고 한다. 곤지는 자신의 처妻가 된 잉부가 산기를 느꼈으므로, 지금의 후쿠오카 서쪽 바다에 소재한 가카라시마에 정박하였다. 이리하여 섬에서 출생한 관계로 섬왕島王 즉 사마왕斯麻王이라는 이름을 가졌고, 훗날 장성하여 백제를 중흥시킨 이가 무녕왕이라는 것이다. 일본어에서 섬을 '시마'라고 부르고 있다. 사마와 시마는 음이 닮았다. 삼을 캐는 이들을 삼마니가 아니고 심마니라고 부른다. 산삼을 발견했을 때 "삼 봤다"가 아니고 "심 봤다"라고 한다.

'삼'을 '심'으로 읽고 있다. 신라를 '사라斯羅'로 표기하기도 한다. 그러나 '사라'가 아니라 '시라'로 읽혀졌을 가능성이다. 그러니 사마는 시마로 읽혀졌을 가능성이 높다.

사진 20 무녕왕이 출생했다는 오비야 동굴

사마가 출생했다는 가카라시마 섬을 답사할 기회가 1998년 여름에 생겼다. 대전문화방송에서 '잃어버린 백제를 찾아서'라는 15부작의 일환으로 일본열도에 소재한 백제관련 유적을 탐방할 때였다. 나는 시종 이 프로를 기획·자문하고 있었다. 일본열도에는 내가 리포터가 되어 탐방하기 시작했다. 사카현의 요부코 항港에서 작은 배를 이용하여 북쪽으로 10분 쯤 항해하였다. 그리고는 현재의 가카라시마 섬에 도착하였다. 작은 섬에서는 초등학생들이 수영복 차림으로 바닷가에서 놀고 있었다.

아이들에게 물어 보니 '오비야' 전설을 한결같이 말하고는 한다. 한국에서 온 여인이 가카라시마에 정박하여 허리 띠를 풀고는 아이를 낳았다는 전설이었다. 그 전설의 주인공이 무녕왕임은 두 말할 나위 없다.

길가에 연접한 숲을 헤치고 내려 갔다. 바닷가에 자리잡은 해변 동굴이 무녕왕이 출생했다고 전해지는 장소였다. 순간 숙연해지면서 감회에 젖기도 하였다. 해변에는 한국에서 떠내려 온 부유물들이 지천으로 깔려 있었다. 쌀 막걸리 팻트 병을 비롯하여 눈에 익은 음료수 병들이 즐비하게 널려 있었다. 해류의 이동이 감지되었다. 사마의 어머니와 곤지 일행은 그 해류를 타고 항해를 하다가 이곳 섬에서 급작스럽게 배를 대고는 해산을 했다는 이야기가 힘을 얻는 장면인 것이다. 무녕왕은 백제를 중흥시킨 영주英主인지라 그 출생도 예사롭지 않다는 느낌을 받았다. 영웅의 탄생에는 흔히 극적인 요소가 붙어 있듯이 말이다.

2006년 6월25일에는 가라츠唐津 시의 '무령왕 교류 카라츠시 실행위원회'와 공주시 '무령왕 국제네트워크협의회'가 공동으로 제5회 백제25대 무녕왕 탄생제 겸 기념비 제막식을 거행할 예정이었다. 이와 관련해 관계 당국에서는 "비문내용에 대해서는 사후에 발생될 문제소지를 없애기 위해 공주시 무령왕 국제네트워크협의회 및 국내 역사학자들이 동비가 설치되기 전에 문제점이 없는지 철저히 연구할 필요가 있을 것으로 사료되는 바 … 관계기관에서 적의 검토토록 조치 요망함"이라고 하였다. 관련 비문의 초안은 다음과 같다.

「백제무령왕 탄생 전승지」의 비

여기 사가현 카라츠시 가카라시마는, 461년(또는 462년) 백제의 왕인 무령왕이 태어났다고 전해지는 섬이다. 무령왕이 태어나고서부터 이 섬은 「왕의 섬」이라고 불리며, 무령왕은 이 섬에서 태어났다는 이유로 「시마」라고 하는 이름을 가지게 되었다. 이러한 역사적 연을 바탕으로 양 지역의 시민이 중심이 되어 무령왕 탄생을 기념하는 비석을 건립, 21세기 양지역관의 교류를 활성화하는 계기로 삼고 싶다.

2006. 6.
무령왕교류 카라츠시 실행위원회
가카라시마 시마왕회
공주시 무령왕 국제네트워크 협력회
공주향토문화연구회

이와 관련해 위의 문건과 관련한 다음과 같은 검토 의견이 제기되었다.

제목 : 제4회 백제25대 무령왕 탄생제 개최(한 · 일 과거사 연구)
1. …
2. 이와관련, 일본측의 자료(일본서기)에 의하면, 다음과 같이 과거 백제와 왜국 간의 관계가 백제가 일본측에 왕자를 질자質子로 파견하는 형식을 취한 것으로 기록되어 있다고 홍보되어 있는바, 공주시청과 공주시 무령왕 국제네트워트워크협의회 및 관련 한국학자들이 이에 대해 철저히 연구 대처할 필요성이 있는 것으로 사료됨.

가. 무령왕의 부친 "곤지昆支왕자"의 방일목적

○ 무령왕의 부친인 곤지왕자가 질자의 자격으로 일본에 파견되었다고 일본서기에 기록되어 있다고 되어 있는 바, 이를 그대로 인정할 것인지 여부를 한국학자들이 철저히 연구, 대처할 필요성이 있음.

나. 무령왕의 모친에 대한 기록

○ 일본서기 기록에 의하면, 무령왕의 모친은 당시국왕이던 상기 "곤지昆支왕자의 형"의 부인 중 한명으로서, 당시 국왕이던 형이 곤지왕자의 요청에 의해 임신중이던 국왕의 부인을 동생 곤지왕자와 함께 동행했다고 하는바, 당시 풍습상 이러한 일이 가능했는지에 대해 학자들의 연구 필요.

다. 탄생비 설치 문제

○ 행사 주최자측은 금년 하반기를 목표로 하여 공주시측과 협조하여 탄생비를 설치할 예정이라고 하는바, 기념비 내용 등 준비에 있어 사전에 한국 관계학자들이 함께 연구한 후 조치가 될 수 있도록 공주시측 또는 관계기관의 적극적인 참여가 필요할 것으로 사료됨.

위의 문건을 통해 무녕왕 출생지에 건립하려는 기념비에 대한 의구심을 감추지 않고 있음을 알 수 있다. 무령왕의 출생지라고 인정하게 되면『일본서기』에 적혀 있는 바처럼 곤지가 천황에게 복무하기 위해 왜로 건너갔다는 기록을 인정하는 게 된다고 했다. 그러니 기념탑 건립은 신중하게 검토해야 한다는 상기한 소견서를 접한 바 있다. 동시에 국가 권력의 힘이라는 게 신경 세포가 인체의 말단까지 미치는 것처럼 틈새없이 작동되고 있음을 감지하였다. 결국 '백제 무녕왕 탄생지'라고 새겨진 기념탑을 가카라시마 해변가에 세워졌다. 이러한 기념탑의 건립과 관련해 약간의 이견도 있었던 것이다.

어쨌든 그럴싸한 이야기와 환경에 에워싸인 '출생' 현장이었다. 만약 이러한 출생담이 사실이라면 영웅 출생담으로서는 적격인 것이다. 기구하고도 미스터리가 많은 출생, 거친 항해 속에서 가까스러히 배를 대고 섬에서 고고의 울음을 터뜨렸다는 한 주먹밖에 되지 않은 사마, 극적으로 출생한 그가 성장하였고, 또 정변을 거친 연후에 즉위한 후 강성한 국가를 만든 중흥의 군주가 된 생애는 소설 이상의 감동을 줄 수 있다.

그렇지만 흥분을 감추고 냉정해질 필요가 있었다. 『일본서기』에 적혀 있는 이러한 형제공처 이야기는 곤지가 왜로 건너간 시기나, 무녕왕의 출생 연대에 관해서는 수긍되는 바 있다. 무녕왕의 출생 연령이 「무령왕릉 매지권」과 비교할 때 1년 차이밖에 없기 때문이다. 섬에서 출생했다는 사마라는 이름의 유래도 그럴싸해 보였다. 그러나 개로왕의 잉부 그것도 만삭의 여인을 곤지가 취娶했다는 일종의 형제공처 이야기는 기괴한 느낌마저 준다. 더구나 극적인 부분이 많다. 그런데 이게 현실에서 가능한 이야기일까? 아는 범위에서 확인된 형제공처제는 다음과 같다.

* 그 풍속은 또 형제가 한 명의 처妻를 함께 취娶한다(『周書』嚈噠國).

* 형제는 한 명의 처를 함께 하여 교대로 잠자리에 드는데, 한 사람이 방에 들 때마다 문밖에 옷을 걸어둠으로써 알린다. 아들이 출생하면 그 형에게 귀속된다(『周書』吐火羅國).

* 형제가 처를 같이 한다. 한 사람의 남편을 갖는 부인은 뿔이 하나 달린 모자를 쓰고, 형제 여러 명을 남편으로 둔 사람은 그 숫자에 따라 뿔을 만든다(『周書』挹怛國).

위의 혼인 풍속은 힌두쿠시 북방의 아프카니스탄 지방인 토화라국의 공처제에 관한 기록이다. 이러한 형제공처제는 루이스 헨리 모건Lewis Henry Morgan(1818~1881)의 연구에 따르면 부처 공유혼夫妻共有婚, 가령 형제나 자매가 집단으로 처와 남편을 공유하는 혼인은 인류사회에서 일찍 등장했다고 한다.[15] 인류의 혼인 발달사에서 일찍 지나쳤던 혼속이 백제에 여전히 남아 있었다고 보기는 어렵다. 그런 만큼 위의 형제공처혼은 5세기대 중엽의 백제 사회에서 수용하기는 어렵다고 하겠다. 소설가들이나 이 설화를 액면대로 받아들이고 있다. 물론 실제 이와 같은 일이 발생할 수 있다는 주장도 만만 찮다. 왕이 자신의 여인을 동생에게 보낼 수 있다는 것이다. 그러나 이러한 일은 역사적으로 볼 때 대단히 찾기 어렵다. 다만 극히 난잡한 저질 행태에서나 가능한 일이다.

중국 남조의 유송劉宋 명제明帝(재위 494~498)의 경우가 이러한 범주에 해당한다. 명제는 자신의 비妃인 진씨陳氏를 신하인 이도아李道兒에게 주었다가 다시 돌려받은 후 후폐제를 낳았다. 사람들은 모두 후폐제를 이씨의 아들이라고 하였다. 후폐제 역시 스스로를 이장군李將軍이라 칭함으로써 이씨의 혈통임을 거리낌 없이 밝혔다. 이는 저질 변태적인

15 루이스 헨리 모건 著 · 최달곤 · 정동호 譯, 『고대사회』, 문화문고, 2000, 67~68쪽.

행태일 뿐 정상적인 상황에서는 도저히 빚어질 수 없는 일이다. 명제는 궁 안에서 잔치를 하면서 부인네들을 발가벗긴 후 그것을 보며 웃고 즐기기를 좋아했다. 곁에 있던 황후가 놀라면서 "어찌 시어머니와 자매가 서로 모여 앉아 아낙의 몸을 벗겨서 이것으로 즐거움을 삼을 수 있겠습니까"라고 항의할 정도였다.[16] 따라서 정상적으로 이해하기 어려운 무녕왕의 출생담을 역사적 사실로 간주하기는 어렵다.

　이 점을 한번 따져 보지 않을 수 없다. 곤지가 형의 여인, 그것도 잉부를 취했다고 하자. 그럼에도 만삭의 여인을 데리고 과연 파고가 거센 대한해협을 건널 생각을 할 수 있었을까? 그럴만한 당위성이나 배경이 엿보이지 않는다. 그럼에도 만삭의 잉부가 쫓기듯이 곤지와 함께 목숨 건 항해를 해야할 배경이 설명되지 않고 있다. 현대의 2만 3천톤급 여객선에 승선하고서도 대한해협을 통과할 때 부대끼곤 한다. 나는 12월에 조선일보사의 '일본 속의 한민족사 탐방'에 참여하면서 돌아 올 때를 상기하고는 한다. 후지마루 호라는 2만 3천 톤급 여객선이 대한해협을 아침에 통과할 때는 심하게 흔들렸다. 이때는 갑판 위를 거닐다 보면 사람 그림자가 갑자기 사라진 것을 목격하게 된다. 방송으로는 식사를 하러 식당으로 내려오라는 안내 멘트가 이어지곤 한다. 대한해협의 파고가 심하기 때문에 그만 쓰러져서 누워 있는 게 편하다는 생각들을 하는 것이다. 바로 그때 나는 곤지가 만삭의 부인과 함께 과연 대한해협

---

16 박한제, 『박한제 교수의 中國 역사 기행 2—강남의 낭만과 비극』, 사계절, 2003, 221~222쪽.

을 넘는 게 가능할 수 있을까? 그런 생각을 해 보곤 하였다. 그럴 때마다 고개를 좌우로 흔들면서 가능하지 않은 이야기라고 다짐하듯이 읊조리곤 한다. 곤지가 탔던 선박은 몇 톤 정도가 될까? 성한 사람도 대한해협을 건널 때면 엄청 부대꼈을 것으로 상상하고는 했다.

과거에 본 소재로 다큐물을 제작하던 KBS 담당 피디도 이 건으로 고심했다. 두 의견이 팽팽하여 결론이 나지 않았기 때문이다. 고심 끝에 피디는 산부인과 의사에게 문의했다. 만삭의 몸으로 항해는 가능하다는 답변이 왔다. 그러나 아이는 죽어서 나오는 사산死產을 각오해야 한다는 말을 덧붙였다. 곤지는 섬에서 출생한 무녕왕을 즉시 귀국시켰지만 그러한 스토리 자체가 허구임을 암시해 준다. 그럴 바에야 곤지와 잉부가 함께 승선하여 대한해협을 건넜어야할 이유가 없기 때문이다. 그리고 무녕왕은 섬에서 출생하지도 않았기에 도서島嶼 출생담은 당초 존재하지도 않았다. 그 뿐 아니라 무녕왕이 왜에 체류한 일 자체도 없었던 것 같다. 그런 관계로 출생과 동시에 즉시 무녕왕을 귀국시켰다는 이야기를 만든 것으로 보인다.

다만 이러한 설화에는 어떤 정치적 복선이 깔렸음이 분명하다. 주지하듯이 사마는 40세의 장년에, 그것도 배다른 동생인 동성왕이 정변으로 피살된 연후에 귀족들의 추대로 즉위하였다. 개로왕과 문주왕을 비롯한 국왕의 잇따른 피살과 그로 인한 거듭된 방계傍系로 이어지는 왕위계승상의 혼란을 말끔히 거두고 즉위한 이가 사마였다. 사마는 사비성 도읍기 백제 왕실의 중시조가 되는 격이 높은 군주였다. 그러나 사마의 즉위 과정은 그가 당초 왕위계승권에서 멀찌감치 떨어져 있었음을 암시해 준다. 그렇지만 사마는 종국적으로 그의 후손들이 통치하는 길을 열었던 최종 승자였다. 사마가 곤지의 아들임은 부정할 수 없는 엄연한 사실이었다. 그러나 사마를 곤지의 형인 동시에 한성 도읍기 마지막 왕인 개로왕과 연결짓는 상징조작으로써 즉위상의 정당한 근거를 마련하고자 했다. 사회적으로 볼 때 사마는 곤지의 아들이지만 기실은 개로왕의 아들이라는 메시지였다.

2) 항해의 수수께끼

곤지는 태어난 사마를 백제로 돌려 보냈다고 한다. 그런 후에 자신은 일본열도로 계속 나아 갔다는 것이다. 물론 사마가 출생 후 귀국하게 된 것은 출발하기 직전 개로왕의 명령이었다고 적혀 있다. 그러나 이렇게 돌려 보낼 바에야 뭣하러 당초 태워 가지고 갔을까? 목적지인 왜에

지도 1 곤지 일해의 항해 노정. 곤지 일행의 항해노정(왼편), 일반적인 항해노정(오른편) 일반적인 항해 노정과 너무나 차이가 난다.
이로써도 무녕왕의 가카라시마 출생설은 공감을 얻기 어렵다.

서 해산할 준비를 하고 무리를 해서라도 데리고 간 것인데, 그만 조산을 하는 바람에 계획이 어긋나서 돌려 보낸 것일까? 백제로 되돌아가는 항해를 하는 일도 보통이 아닌 것이다. 당초부터 왜로 함께 갈 마음이 있었다면 조금만 더 항진하면 풍랑이 잠잠한 세도 내해內海로 들어가게 된다. 대한해협의 거친 파고를 헤치고 백제로 되돌아가는 것보다 계속 항진하는 편이 훨씬 수월하다.

또 하나의 결정적인 의문은 곤지의 최종 목적지와 관련된 사안이다. 곤지의 목적지는 왜 조정이 있는 지금의 오사카 일대이다. 이곳으로 항진하기 위해서는 일단 서남해안을 도는 연안 항해를 해야 한다. 671년 11월에 웅진도독부의 곽무종과 사택손등을 비롯한 무려 2천 명에 이르는 인원이 탑승한 47척의 선단이 일본열도로 가면서 비지도比知嶋에 정박하였다.[17] 비지도는 현재 거제도 서쪽 방면에 소재한 비진도比珍島로 추정된다. 그런 후에 쓰쿠시의 다자이후로 연락을 취하고 있다. 이로 볼 때 서남해안 연안항해를 한 후에 쓰시마와 오키노시마를 지나 다자이후에 이르렀음을 알 수 있다. 곤지의 경우도 쓰시마와 오키노시마를 지나고 현해탄을 통과한 후에 시모노세키에 이르게 된다. 그리고는 세도 내해로 들어와서 동진東進하게 되면 오사카에 이르게 되는 것이다. 그런데 곤지 일행을 태운 선박은 쓰시마에서 이키시마를 지나 가카라시마에 이른 게 된다. 이 항로는 마쓰우라 반도에 이르는 노정이 되는 것이다. 곤지의 목적지와는 방향이 맞지 않다. 물론 갑작스런 산기産氣를 느꼈다고 하자. 그렇더라도 쓰시마

---

17 『日本書紀』권27, 天智 10년 11월 조.

연안에서부터 항진 방향이 틀리기 때문에 가카라시마에 이르기는 어렵다. 세도 내해로 항진할 마음을 먹었다고 하자. 그러면 오키노시마 쪽으로 방향을 잡았을 것이다. 그렇다면 도저히 가카라시마쪽으로는 올 수가 없다. 이러한 점에 비춰 보더라도 사마의 가카라시마 출생설은 사실성이 희박하다. 혹은 야마타이국의 감찰관이 지금의 후쿠오카에 소재한 이토국伊都國에 파견되어 대륙에서 건너오는 선박들을 감찰했다는 기사를 연관지을 수 있다. 야마타이국의 관문격인 출장소가 후쿠오카에 설치된 관계로 곤지도 일차적으로 이곳에 기항하는 목표로 항진하다가 가카라시마에 정박했을 가능성이다. 그러나 이는 3세기대의 일이고, 열도가 정치적으로 통합된 5세기대 중엽경의 상황과는 거리가 있다.

사진 21 가카라시마 해안에 떠 내려온 한국계 부유물. 해류의 이동을 실감할 수 있다.

가카라시마 연안은 백제에서 북규슈에 이르는 양대 해상 교통로 가운데 한 곳이다. 북규슈가 목적지가 아님에도 불구하고 곤지 일행이 가카라시마에 기착했다는 것이다. 존재하지도 않았던 사실을 존재한 양 꾸미려 했던 것 같다. 그러다 보니까 금방 들통 나지 않을 곳을 수배하게 되었다. 백제 조정에서 일상적으로 오사카에 이르는 항로가 아닌 곳을 찾았던 것이다. 결국 북규슈에 이르는 항로상의 섬인 가카라시마에다가 설정했다고 보아야 하지 않을까? 곤지가 갓난아기 사마를 백제로 되돌려 보냈다고 했다. 이 것도 굉장히 어색한 스토리인 것은 분명하다. 그가 왜에서 출생하지 않았다. 또 그런 사실을 당시 백제인들이 모두 알고 있었기 때문에 생겨난 발상으로 보인다. 사마가 다시 돌아와 백제에 있었다는 이야기를 통해서 '진도가 나간' 가카라시마 출생설의 허구성을 재빨리 숨기고자 했던 것으로 보인다.

지금까지 살펴 본 몇 가지 점에서 사마의 가카라시마 출생설은 수긍하기 어려웠다. 물론 이 출생담은 개로왕이 항해 도중 출산하는 즉시 돌려 보내라고 하였다. 또 그러한 명령에 따라 귀국시켰다는 것이다. 개로왕의 입장에서는 자신의 아들이니까 백제로 돌려 보내달라고 하였다는 메시지가 담겨 있다. 그럼으로써 사마가 개로왕의 아들이라는 표징으로 삼고자 한 것이다. 또 그래야만 왜에 간 적이 없는 사마의 출생담이 너무 진도가 나가는 것을 막는 효과도 있었다고 본다. 요컨대 사마의 출생담이 담고 있는 메시지는 그가 개로왕의 아들이기에 귀국시켜서 개로왕에게 귀속시켜다는 것이다. 반면 곤지가 요구했던 개로왕 여인의 경우는 곤지가 데리고 왜로 갔다는 이야기가 되어야 한다. 사마만 보냈지 그 어머니도 보냈다는 구절은 없기 때문이다. 그러니까 만삭의 여인이 품고 있던 일종의 알맹이랄 수 있는 뱃 속의 아이는 그 아버지인 개로왕에게 보내 주었다. 반면 알맹이가 빠진채 껍데기만 남은 여인은 새남편 곤지와 보조를 함께 해서 왜로 갔다는 이야기가 된다. 사마에 대한 소유권과 혈연적 귀속처를 분명히 밝히고 있는 메시지라고 하겠다. 바로 그것을 알리고자 한 것이다. 그러나 현실성 없는 출생담이라고 하겠다. 갓난아이인 사마를 백제로 되돌려 보낼 때 그 어머니와 분리될 수 있을까? 젖을 물려야 할 뿐 아니라 기나긴 고달픈 항해를 해야 하는 상황에서 도저히 가능한 이야기가 될 수는 없다.

혹은 "카카라시마가 위치한 사가현의 히가시마쓰우라東松浦 지역에는 진구神功의 전승이 전해지고, 인근에는 임진왜란 때 일본군의 총본부였던 나고야名護屋 성이 위치하고 있어 이곳이 이키로 가는 최단거리 한반도 항로의 요충인 점에서 개연성이 충분하다. 그리고 무령왕릉의 발굴에 의하여 묘지석이 출토되어 설화의 신빙성이 더욱 높아졌다"는 견해도 있다. 그러나 진구의 한반도 출병은 사실이 아닌 허구로 밝혀졌다. 그러니 진구와 관련된 출항지 전승은 무녕왕 출생과 관련된 논거로서는 부적절하다. 진구 설화가 그러하듯이 현지의 무녕왕 출생설 역시 진실을 담보하는 것은 아니었다.

3) 곤지의 자식들

곤지의 자식들은 어떻게 구성되어 있었을까? 동성왕 말다와 사마는 배다른 형제 간이라고 하자. 또 사마가 말다의 형인 것은 분명하다. 그러면 461년에 곤지가 왜로 갈 때 낳았다는 사마가 맏이였을까? 그럴 가능성은 없다고 판단된다. 곤지가 혼인도 하지 않은 상태로서 왜로 건너갔다고 보이지는 않기 때문이다. 그의 연령은 정확히 판단할 수 있는 자료는 없다. 그렇기는 하지만 458년에 유송으로부터 관작을 받은 11명의 귀족 가운데 가장 격이 높은 정로장군 좌현왕에 있던 이가 곤지였다. 이러한 그의 위상을 놓고 볼 때 곤지는 최소한 458년 이전에는 혼인했다고 보아야 정상일 것이다. 그런 만큼 사마가 곤지의 맏이일 가능성은 상대적으로 적어진다. 실제로 곤지가 왜에 갔을 때였다. 그 때 곤지에게는 이미 다섯 명의 아들이 있었다고 했다. 『일본서기』는 웅략 5년 7월 조에서 "군군軍君이 서울에 들어왔다. 이미 다섯 명의 아들이 있었다"라고 적었다. 왜? 하필 느닷없이 5명의 아들 이야기가 나온 것일까? 문맥을 놓고 볼 때 곤지의 다섯 아들은 왜에 있었다는 것이 된다. 물론 그렇지 않을 수도 있다. 분명한 것은 사마는 곤지의 맏아들이 아니라는 것이다. 곤지가 5명의 아들을 거느렸다는 것은 남녀 동수로 할 때 열 명 가량의 자녀가 있었다는 말이 된다. 나아가 곤지의 아내가 여러 명이 존재했음을 생각하게 한다.

그러면 사마는 곤지에게 어떤 의미를 주는 아들이었을까? 사마의 어머니는 곤지와는 어떤 관계였을까? 꼬리를 무는 의문이 아닐 수 없다. 그런데 "이미 다섯 명의 아들이 있었다"는 기록에 보이는 5명의 아들은 곤지의 총 자식 수로 보아야 마땅하다. 왜냐하면 『일본서기』 웅략 23년 (479) 조에 보면 "곤지왕 다섯 아들 중 두 번째 말다왕昆支王五子中第二末多王"이라는 기사가 있기 때문이다. 여기서 말다왕은 동성왕을 가리킨다.

그런데 앞서 언급했듯이 곤지가 왜에 가는 461년에 '이미 다섯 명의 아들'이 거론되었는데, 479년에 '유년幼年'에 불과한 동성왕을 곤지의 둘째 아들이라고 하였기 때문이다. 특히 무열기에서 무녕왕을 동성왕의 형이라고 하였다. 그렇다면 사마는 장자, 동성왕인 말다는 차자次子로 비정하면 아무런 문제가 없다. 이렇게 본다면 곤지는 461년에 사마를 낳고, 그 몇 년 후에 말다를, 또 여러 해 뒤에 3명의 아들을 낳았음을 알려준다. 그렇다면 사마는 곤지의 장자라는 말이 된다. 이 사실은 461년까지 곤지가 미혼이었든지 아니면 부인과 관련한 어떤 사정이 게재되었음을 뜻한다. 곤지가 왜로 가게 되고, 개로왕의 임신한 부인을 달라고 한 복잡한 스토리 일면에는 새로운 배우자의 영입을 상징하고 있다. 기왕의 혼인 관계에 대한 청산을 뜻하는 일로 받아들일 수 있을까?

이에 대한 실마리가 472년에 북위에 개로왕이 파견한 사신인 여례餘禮의 존재이다. 그의 직함은 '관군장군 부마도위 불사후 장사'로 나타나고 있다. 주목할만한 사실은 여례가 부마도위로 기록되어 있다는 점이다. 부마도위는 왕의 사위를 가리키는 관작이다. 따라서 이는 여례가 개로왕의 사위임을 뜻한다. 그렇다고 할 때 개로왕은 472년 경에는 장성한 딸이 있었다는 것을 알려준다. 나아가 그가 즉위하는 455년 이전에 결혼하여 자녀를 두었음을 시사하고 있다. 이 사실은 개로왕의 아우인 곤지의 경우도 왜로 건너가는 461년 무렵에는 이미 결혼한 상태로 보아야 한다. 그렇다면 사마의 존재를 어떻게 해석해야할까? 여기서 개로왕은 전통적인 왕비족 해씨나 진씨를 요직에 기용하지 않았다는 사실이다. 그는 동씨同氏인 여례의 '여씨' 즉 부여씨를 사위로 맞았다. 이 사실은 개로왕이 근친혼을 단행한 것으로 생각되지는 않는다. 백제 왕실은 다른쪽 부여씨 가문에서 딸의 배우자를 맞이한 것으로 보인다. 개로왕은 왕족 중심의 강력한 지배체제를 구축하고 있는 터였다. 개로왕은 범부여씨 세력의 결속을 강화하는 차원에서 사성賜姓 등을 통한 부여씨 왕족과의 혼인을 추진했던 것으로 보인다. 이러한 배경에서 본다면 곤지도 왕실의 입장을 무시할 수는 없었을 것이다. 결국 그도 '새 출발'하게 된 것으로 보인다. 이러한 맥락에서 볼 때 곤지가 왜에 갔을 때 "이미 다섯 명의 아들이 있었다"는 기록은 전처 소생을 가리킨다고 보아야 한다. 『일본서기』에서 굳이 '이미'라는 표현을 구사한 것은 곤지가 새 여자를 얻어 아들을 낳은 사실과 견주어서 초혼이 아니라는 사실을 일깨우기 위한 기록으로 보인다. 이렇게 해석이 된다면 곤지가 왜로 건너가게 된 배경에는 일종의 도피성 '혼인혁명'과도 관련 지을 수 있다. 그는 기존 처족의 영향력이나 간섭에서 벗어나고자 할 목적으로 왜로 탈출했다고 보는 것이다. 물론 외형상으로는 일본열도 내에 있는 백제 귀족들의 분산적인 경제적 기반의 관리와 몰수도 추진하였다. 그러나 내면적으로는 복잡하게 얽힌 새결혼 문제와 관련 있을 것으로 보인다.

이 점은 개로왕의 아우인 문주의 경우을 통해서도 유추가 가능하다. 문주는 458년 당시 보국장군의 장군호를 받으며 당당하게 등장한 바 있다. 또 그는 개로왕을 보필하여 상좌평에 오르기도 했다. 그러한 문주의 맏아들인 삼근三斤은 465년에 출생하였다. 그렇지만 458년에 관작을 받은 문주가 미혼으로는 생각되지 않는다. 따라서 461~462년 경의 부여씨 왕족들 사이에 일대 혼인 개변이 일어난 것으로 유추할 수 있다. 또 그러한 맥락에서 문주도 재혼한 여성과의 사이에서 삼근을 465년에 낳았던 것 같다.

곤지는 당초 백제 왕실의 인족姻族이었던 진씨나 해씨 여성과 결혼했을 개연성이 높다. 그러한 그는 개로왕 집권 후에 국왕을 보좌하여 강력한 권력 구축에 기여했던 것으로 보인다. 그가 458년에 백제 조정의 2인자인 정로장군 좌현왕인데서 미루어 볼 수 있다. 이때 개로왕이 구축한 권력은 왕족 중심의 친위체제였다. 이와 엮어져 전통적인 가문인 진씨나 해씨 세력이 도태되었다는 것이다. 정치 환경의 변화는 곤지 자신을 옥조이고 있던 기존 혼인 관계의 청산으로까지 이어지게 한다. 461년에 곤지가 왜로 갔을 때 "이미 다섯 명의 아들이 있었다"는 기록은 이러한 '혼인 변혁'을 시사하는 근거라고 하겠다.

4) 왜로 건너 간 곤지

왜로 건너 간 곤지는 무슨 일을 하였을까? 이는 개로왕이 곤지를 파견한 목적과 관련이 있을 것이다. 458년의 상황에서 개로왕은 왕족 중심의 친위체제를 구축한 사실이 확인되었다. 그 가운데 강력한 실력자가 한명 등장하였다. 바로 곤지였다. 11명의 귀족 가운데 가장 직급이 높은 정로장군이었다. 더구나 그는 좌현왕의 직함도 소유하였다. 좌현왕은 우현왕과 마찬 가지로 흉노를 비롯한 유목민목 사회의 직제에 속한다. 좌현왕은 동방을 관장하고 있다. 곤지는 백제의 동방인 왜를 관장했던 직위에 있었다. 그가 왜로 건너가게 된 데는 좌현왕 직함과도 결부되어 있다고 본다. 그러면 곤지가 왜에서 할 수 있었던 일은 무엇이었을까? 곤지가 왜로 건너가 461년의 시점은 왕족 중심의 친위체제가 구축된 458년에서 불과 3년 뒤가 된다. 왕권의 서슬이 퍼렸던 시점이었다. 이러한 배경에서 곤지의 파견이 지닌 의미를 반추해야 될 것 같다.

당시 백제는 2가지 현안에 봉착해 있었다. 첫째는 고구려의 남진 압박을 막아내는 일이었다. 군사적인 문제가 대외적으로는 가장 중요한 사안이었다. 둘째는 왕권의 강력한 구축과 그와 관련해 대규모 토목공사를 통해 왕실의 위엄을 과시하는 일이 시급했다. 그러한 선상에서 개로왕은 귀족들에 대한 통제력을 한층 강화할 필요가 있었다. 이러한 정치적인 통제력과 맞먹는 것이 경제적인 통제였다. 개로왕은 왕권의 영속적인 강화를 위해, 백제 귀족들의 해외 기반까지 장악하고자 했을 가능성이 높다. 왜냐하면 주민들의 일본열도 진출이 현저하였던 백제로서는 유력 귀족들의 경제 기반이 왜에도 분산적으로 존재하여 개별적 교역이 이루어졌다고 생각되기 때문이다. 이 같은 경우는 신라의 김유신과 왜의 나카도미노 카마다리中臣鎌足 간의 사무역에서도 그 일면모를 엿볼 수 있다. 따라서 그 교역 창구를 독점하여야만 권력집중이 가능하였다. 게다가 교역 창구는 상업적인 기능에만 머문 것이 아니었다. 정치적 교류의 수단이기도 하였기 때문이다. 이러한 교역창구를 독점하는 소임은 461년에 왜에 파견된 바 있는 개로왕의 아우인 곤지가 맡게 된 것으로 보인다. 그는 한성 함락(475) 때까지 귀국하지 않고 왜에 체류했는지는 명확하지 않다. 그러나 곤지는 추방된 것은 아니라고 본다. 곤지는 백제와 왜를 왕래했는데, 한성 함락 시에는 왜국에 머물렀던 것 같다.

그러면 무녕왕의 아버지인 곤지는 일본열도 내 어느 곳에 정착해 있었을까? 곤지가 모셔진 오사카 남부인 하비키노 시에 소재한 아스카베 신사飛鳥戶神社와 연관 있을 것 같다. 이곳을 1990년 여름에 밟았다. 그때 고교 교사를 비롯하여 법대 교수·시인·대학원생으로 구성된 모두 6명과 후쿠오카를 시작으로 후나야마 고분 그리고 혼슈로 이동하여 답사를 하고 있었다. 그런데 직업이 서로 다른 '혼성 군단'이 되다 보니까 각자의 관심사가 동일하지 않았다. 이때 나는 다른 탐방 코스를 죄다 양보하고, 단 한 곳, 아스카베 신사만은 찾아가자고 제의했다. 이 유적만은 반드시 보아야한다는 배수진을 쳤다. 결국 탐방하게 되었다.

7월말의 폭양 속에 그것도 정오 무렵에 가미노다이시 역上ノ太子驛에 하차했다. 국철역에는 활짝 핀 무궁화가 반겨주었다. 이와 관련한 일본 텐리 대학天理大學의 조사연구 결과에서, 무궁화는 일본열도에서 자생되지 않았지만 나라奈良시대(710~784)에 일본 귀족들의 '고향 정취용' 관상수로 한반도에서 수입되어 심어졌다는 견해가 주목된다. 그렇다면 일본의 고대 국가를 형성한 주체들이 한반도에서 건너온 주민들이었다는 역사적 증거가 하나 더 늘어나게 된 셈이다. 더구나 이곳은 지형이 아늑하기 그지 없어 마치 우리나라의 어느 시골에 온 듯하였다. 때문에 나는 이곳은 당唐에 설치한 신라인의 집단 거류지인 신라방新羅坊에 필적할만한 실로 '백제방百濟坊'이라는 느낌이 확연하여 한동안 감회에 젖었다.

사진 22 아스카베 신사 본전

반가운 마음을 안고 신사를 향해 골목을 따라 들어갔다. 골목 안 좌우
에 기둥이 내려 있는 도리이鳥居를 통과했다. 신사 구역 안에 들어 섰음
을 뜻한다. 골목을 벗어나 포도밭을 지나자 퇴락한 자그마한 신사가 오
른편에 나타났다. 아스카베 신사였다. 『신찬성씨록』에 수록된 가와치아
스카베노 미야츠코河內飛鳥戶造의 선조先祖와 아스카베 신사의 제신祭神
이 곤지였다. 신사 안 마당의 우물 근처에는 신사의 내력을 적어놓은 안
내판이 세워져 있었다. 안내판의 글을 게재하면 다음과 같다.

　　아스카베 신사飛鳥戶神社는 아스카飛鳥 상의 단段의 일각에 진좌鎭座

한 엔기시키延喜式(927년에 완성된 국가의 規定集: 필자) 내의 메이지 대사名神大社이며 류라쿠 조雄略朝에 도래전승到來傳承을 가진 백제계 아스카베 노미야츠코飛鳥戶造 일족의 조신祖神인 아스카 대신飛鳥大神(百濟 琨伎王)을 제사하고 있다. 헤이안 시대平安時代 초기에는 자손에 해당하는 구다라노쓰쿠네百濟宿禰와 미하루노아손御春朝臣들의 역할에 의해 조겐貞觀 원년(859) 8월에 위位가 없다가 정4위하正四位下를 받아 다음 2년 10월에 '관사官社'에 들어가게 되었고 겐쿄元慶 4년(880) 8월에는 춘추春秋의 제례비祭禮費로써 신령전神領田 1 정町이 지급되었다. 현재의 본전本殿은 남면南面의 1 간사間社인데 히하타후키檜皮葺의 형식으로 아름다운 모습이 남아 있다.

안내문에는 '백제의 곤기왕昆伎王'을 제사지내는 신사라고 적혀 있지 않은가? 곤기왕은 말할 나위없이 곤지를 가리킨다. 그것도 '왕'으로 표기하였다. 곤지의 격이 왕이었음을 뜻한다. 실제 곤지는 458년에 개로왕이 양자강 이남에 근거지를 형성하고 있던 유송劉宋에 올린 11명의 귀족들에 대한 벼슬 요청자 명단 가운데 가장 급이 높은 정로장군 좌현왕이었다. 좌현왕 역시 왕이 아닌가? 당시 백제 왕은 왕 중의 왕인 대왕이었다.

815년에 편찬된 일본 중앙귀족의 족보집인『신찬성씨록』에서도 곤지를 왕으로 기록하고 있다. 곤지를『일본서기』에서는 '코니키시'라고 훈독訓讀하였다. 이는 백제에서 왕을 일컫는 호칭인 '건길지'를 가리킨다. 한편 곤지가 역임했던 좌현왕은 흉노나 돌궐과 같은 유목민 사회에서 출현한 벼슬 이름인데, 동방을 관장하는 왕이었다. 백제의 동방이라면 일본열도였다. 곤지는 일본열도에 소재한 백제의 거점을 축으로 그 영향력을 행사하던 인물이었다. 곤지는 일본열도에 구축한 세력기반과 대왜 교역을 통해 경제적인 부를 착실히 쌓아 나갔다. 이러한 기반을 바탕으로 뒷날 곤지계인 동성왕과 무녕왕이 즉위할 수 있었다고 하겠다. 이런 저런 생각을 하면서 곤지의 위세를 그려 보았다. 그러나 1,500년이 지난 지금은 그것을 복원하기에는 벅찰 정도로 신사의 구역은 축소되어 있었다. 1천 엔을 신전에 봉헌하고는 계단을 내려왔다.

이곳에서 위로 쭉 올라가면 저수지 윗편 산자락에 간논즈카觀音塚 고분이 호젓하게 자리잡고 있다. 백제계의 횡혈식 석실분이다. 그 무덤

사진 23 간논즈카 고분 안에서 바라본 가와치 아스카

안에서 노을이 깔리고 어둠이 언뜻 언뜻 밀려오는 아스카 시가지의 저녁을 굽어 보며 고대왕국의 영화와 꿈을 그려 보았다. 여름날 저녁 때였다.

이렇게하여 나는 무녕왕의 계보를 구명한 이후 그의 출생지로 전하는 곳과 아버지인 곤지를 제사지내는 신사를 죄다 답사하였다. 그렇지만 무녕왕에 관한 의문이 벗겨진 것은 아니었다.

458년에 중국의 남조정권인 유송으로부터 제수받은 11명의 백제 귀족 가운데 가장 높은 정로장군 좌현왕을 제수받은 곤지는, 가와치 아스카노 고호리河內 安宿郡(지금의 大阪 남부인 羽曳野市) 일대를 기반으로 일본열도 내 백제 귀족들의 경제적 기반을 흡수하고 관리하는 역할도 수행한 것으로 보인다.[18] 개로왕의 귀족들에 대한 숙청을 통해 구축된 친위체제 내에서 왕실 씨성을 제외한 이성귀족으로 '목금'의 존재가 주목되는 관계로, 일찍부터 개로왕은 목씨 세력과 제휴하였으리라고 짐작되어졌다. 그렇다고 할 때 개로왕의 곤지 파견은, 앞서 밝혀진 바 있는 친왜적인 목씨 세력을 기반으로 국내에서 숙청된 귀족세력의 일본열도 내 경제적 기반을 일괄 흡수하려는 작업과 관련 있다고 본다. 이 같은 추정이 타당하다면 백제 왕실은 일본열도 내에 구축된 그 귀족들의 경제적 기반을 흡수한 결과, 이들에 대한 근본적인 세력 약화를 어느 정도 가능하게 할 수 있었을 것이다. 이에 따라 왜 정권의 백제에 대한

---

18 李道學, 「百濟의 交易網과 그 體系의 變遷」, 『韓國學報』63, 1991, 87~90쪽.
　　李道學, 「百濟의 交易과 그 性格」, 『STRATEGY21』2-2, 1999, 74~77쪽.

시책도 자연 위축될 수밖에 없었다고 보겠다. 왜냐하면 왜 세력이 개입한 진사왕의 피살에서 시사받을 수 있다. 일본열도 내 백제계 호족 세력은 국내 동계 세력과의 연계 속에서 왜 정권을 백제 내정 문제에까지 이용하였을 개연성이 컸었다. 또 그러한 점에서 상호 이해가 부합되는 면이 적지 않았을 터이다. 요컨대 곤지의 역할이 청병사請兵使에만 국한되었다면 비록 왕래가 빈번했다고 하더라도 적어도 15년 간이나 일본열도에 체류할 수는 없었을 것이다.

이러한 점에서 곤지의 세력 근거지이며 백제계의 횡혈식 석실분이 밀집되어 있는 가와치 아스카노 고호리 일대는 주목되어 마땅하다. 고대 사적史籍에 나타난 아스카노 고호리安宿郡의 전체 씨족수氏族數를 통해 볼 때 한국계가 36%를 점하고 있다. 이 가운데 고구려계 5씨, 신라계가 7씨인데 반해 백제계는 무려 23씨에 이른다. 여기서 짐작할 수 있듯이 백제계 주민의 비중은 지대하였다. 가와치 아스카를 중심으로 한 나라와 그 주변 지역에 백제계 세력들이 진출했음은 고고학적 유물로써도 뒷받침된다.

백제계 주민들의 나라 지역 거주와 더불어 백제와의 관련성을 시사받을 수 있다. 특히 백제계 토기가 왜 정권의 거점 지역에서 반출되었다. 백제계 주민들의 활동반경이 왜 정권 내에 깊숙이 미쳤음을 암시해 준다. 그러한 역할은 백제계 주민과 고분의 밀집지대로서 그 비중을 제고시켜주는 가와치 아스카 지역을 축軸으로 했다고 간주된다. 따라서 이곳에는 대왜출장소격對倭出張所格인 교역창구가 설치되었으리라고 단정된다. 최근 가와치 아스카 지역인 가시하라柏原 다카이다야마高井

田山 고분에서 확인된 일본 최고最古의 횡혈식 석실분의 구조는 가락동 백제고분과 동일하다. 게다가 무령왕릉에서 출토된 청동제 울두熨斗와 거의 동일한 제품이 출토되어, 피장자가 백제계인으로 추정된 데서도 뒷받침된다. 그 뿐 아니라 가시하라 오카다大縣 유적에서는 백제계 토기를 가리키는 한식토기韓式土器가 집락유적集落遺蹟에서 조밀하게 출토되는 경향을 보인다. 말할 나위없이 이곳에 정착한 백제인들과의 관계를 강하게 반영해 준다. 더욱이 5세기 후반 이후의 이 유적에서는 백제에서 전파된 게 분명한 단야鍛冶 관련 유구와 유물이 현저히 나타나고 있다. 이렇듯 가와치 아스카 일대는 백제인들이 집결되어 거주한 상황이었다.

사진 24 나라 현 덴리 시의 호시즈카星塚 고분 주호周濠에서 출토된 백제 조족문 토기

가와치 아스카의 아스카베 신사에 봉안된 백제계 아스카베노 미야츠코 일족의 제신祭神인 '아스카 대신飛鳥大神'이 곧 곤지인 점도 앞서 제

기한 추정의 타당성을 굳혀주고 있다.

곤지가 왜로 파견되는 목적이랄까 동기로서 개로왕은 "천황을 시중들라"고 하였다. 이러한 기록은 곤지가 한성 함락 때까지도 귀국하지 않은 사실, 즉 결과에 비추어 이렇게 말한 것처럼 서술했다. 실제 곤지는 461년에 왜로 건너간 후 줄곧 왜에 거점을 유지했던 것으로 보아야한다.

곤지의 왜 체류와 관련해 『만요슈萬葉集』에 수록된 '사네키노쿠니讚岐國 아야노고호리安益郡에 행차했을 때 이쿠사노오호사미軍王가 산을 보고 지은 노래'가 주목된다. 노랫말은 다음과 같다.

> 노을낀 긴 봄날이
> 언제 저문줄도 모르고
> (마누라 그리워) 마음 아피 느끼고 있노라니
> 우리 대군大君 납시온 산넘어 오는 바람이
> 혼자 있는 내 옷소매에 아침 저녁 불어오고 불어가는데
> 대장부라 자처하는 나라도
> 나그네 길이라 마음 풀 수 없어
> 아미우라網浦의 해녀들이 굽는 소금처럼
> 타는도다
> 내 마음 속은

위의 노래에 딸린 짧은 노래인 한카反歌는 다음과 같이 노래하고 있다.

산너머 불어오는 바람은 노상 그치지 않아

밤마다 마누라를 마음에 두고서 그리워하네[19]

위의 노래는 다케치오카모도노미야교우 천황대高市岡本宮御宇天皇代
즉 죠메이 천황대라고 하는 제목 밑에 수록된『만요슈』가운데서도 가
장 오래된 시대의 작품의 하나로 헤아려지고 있다. 그리고 작가인 이쿠
사노오호사미軍王는 천황의 행차에 수레를 따라가면서 고향에 대한 그
리움을 떠 올리고 있다. 이쿠사노오호사미가 지은 노래는 그 직전에 적
힌 죠메이 천황의 노래에 접속되어 있다. 그런데 죠메이 천황이 사네
키노쿠니 아야노고호리에 행차한 기록은『일본서기』에 보이지 않는다.
그리고 이쿠사노오호사미의 존재도 분명하지 않다. 다만 천황이 행차
한 아야노고호리는 지금의 가가와 현 아이우타 군香川縣 綾歌郡 동부東部
를 가리킨다.[20]

그런데 위의 노래에서 처럼 죠메이 천황이 이곳에 행차한 기록은
없다. 침사枕詞로 지목된 '원신遠神'의 신해석에 따라 이 노래가 죠메
이 천황대의 것이 아니라는 사실이 밝혀졌다.[21] 그리고 내용상 작자인
군왕은 아내와 멀리 떨어져 있고, 고향을 그리워하고 있다는 점이다.
이와 관련해 '군왕'을 곤지의 별칭인 '군군軍君'과 결부 짓는 견해가 있

19 위의『萬葉集』해석은 金思燁,『韓譯 萬葉集 一』, 成甲書房, 1984, 48~50쪽에 의하
    였다.
20 伊藤博 · 稻岡耕二 編,『万葉集を學ぶ』第一集, 有斐閣, 1977, 50~51쪽.
21 伊藤博 · 稻岡耕二 編,『万葉集を學ぶ』第一集, 有斐閣, 1977, 56쪽.

다.[22] 군군이라는 작가의 정체를 몰랐지만, 군왕은 458년에 유송으로부터 '정로장군 좌현왕' 직을 제수받았던 곤지의 직함 약자일 수 있다. 그리고 군왕이 이역에서 고향을 그리워하는 정서는 461년에서 475년까지 왜에 체류했던 곤지의 행적과도 부합한다. 작법에 비추어 볼 때 후지와라 시대藤原時代(10~11세기) 이후에 정리된 것으로 간주하는 견해도 있다. 이러한 점에 비추어 곤지가 지은 노래는 그 후손들에 의해 죠메이 시대와 후지와라 시대 이후에 정리된 것으로 판단하고자 한다.

4. 개로왕의 고뇌

1) 북위에 sos를 치다!

개로왕은 강력한 대왕권체제를 구축하였다. 그러나 안팎으로 그는 고민이 많았다. 반감을 가진 귀족 세력의 이탈과 거세어지는 고구려의 남진 압박 때문이었다. 또 그가 집권 초기에 무리하게 추진했던 대규모 토목공사로 인한 재정 고갈도 보통 문제가 아니었다. 끊임없이 소모되는 전쟁 비용과 국고의 충원을 위해 비상한 결단을 내리지 않을 수 없었다. 길은 하나였다. 근초고왕대에 간접 지배인 공납적 지배의 대상으로 남겨 두었던 영산강유역으로의 진출이었다. 개로왕은 토목공사와 전비戰費에 소요되는 막대한 재원 마련 일환으로 영산강유역에 대한

---

22 生田周史, 「軍王再考」, 『萬葉』 106號, 萬葉學會, 1981, 21~33쪽.

적극적인 경영을 단행했다. 그러한 경영은 가혹한 수취로 이어지게 되었다.[23]

그럼에도 백제의 국력만으로는 고구려의 남진을 저지하는 일이 역부족이었다. 결국 개로왕은 현실적으로 고구려에 가장 영향력을 행사할 수 있는 세력으로 북위를 지목하였다. 472년에 개로왕은 용단을 내려 자신의 사위를 수석으로 하는 사절단을 북위에 보냈다. 처음이자 마지막인 북위 파견 사절이었다.

사진 25 개로왕이 구원을 요청한 북위 효문제의 장릉(오른쪽)

---

23 李道學, 「漢城 後期의 百濟王權과 支配體制의 整備」, 『百濟論叢』 2, 백제문화개발연구원, 1990; 『백제 한성 · 웅진성시대연구』, 일지사, 2010, 89쪽.

이때 개로왕이 북위에 보낸 국서國書는 대략 다음과 같은 줄거리였다. 백제는 일차적으로 남조와의 우호 관계를 유지하다가 다급한 상황에서 북위에 처음 사신을 보낸 것에 대한 변명을 하였다. 즉 시랑豺狼에 빗댈 정도로 거칠게 표현한 고구려가 길을 막고 있었기 때문이라면서 고구려 탓으로 돌렸다. 그러면서 고구려와 백제는 모두 부여에서 기원한 동원同源임을 거론하였다. 양국이 서로 대등한 입장임을 환기시켰다. 또 당초에는 양국이 우호 관계를 유지하였는데 그것을 고구려가 파기했음을 명시하였다. 백제는 그러한 우호의 파기자인 고구려 고국원왕을 응징하여 그 수급을 베어 효시했음을 밝혔다. 이렇듯 고구려는 백제보다 약세였다는 것이다. 그런데 고구려는 자국으로 망명해 온 북연北燕의 풍씨馮氏 세력을 받아들였기 때문에 갑자기 강성해져 지금 백제가 핍박을 받고 있다고 했다. 이것은 북위에게 쫓겨 고구려로 달아난 북연 풍씨 세력을 송환하라는 북위측의 요구를 거절한 고구려에 책임을 전가한 것이다. 당초에는 우세했던 백제가 북연 세력을 받아들여 힘을 키운 고구려로 인해 고전苦戰하고 있다는 게다. 백제는 작금에 자국이 고전하고 있는 책임의 일단을 북연을 박멸하지 못했고 또 고구려를 응징하지도 못한 북위로 넌즈시 넘기고 있다. 그럼으로써 고구려 정벌에 북위가 개입하도록 유인하고 있는 것이다. 요컨대 백제는 북위로 하여금 고구려에 몰려 있는 풍씨 잔당들에 대한 경각심을 촉발시켰다. 이와 병행하여 개로왕은 북위에 간절하게 매달렸다. 고구려를 공격하면 반드시 이길 수 있다는 확신을 심어주려고 했다. 고구려 장수왕의 대신 강족大臣彊族의 살륙으로 인한 민심 이반을 거론했다. 즉 "지금 연(璉, 장

수왕: 필자)이 대신강족을 마구 죽이는 등 나라 전체가 어육魚肉이 되고 죄악이 천지에 가득차게 되었고, 백성들은 이리 저리 흩어지고 있습니다. 이는 멸망의 시기입니다"라고 했다. 그리고 고구려 내의 중국계 세력의 호응과 백제의 군사적 협력이 뒷받침되므로, 고구려를 치면 반드시 승리한다는 것이다. 게다가 고구려는 북위에 조공하면서 충성하는 척 하지만 기실은 남조의 유송과도 통하고, 북으로는 연연蠕蠕과도 맹약盟約하여 북위를 침공하려는 이중성을 띠고 있음을 환기시켰다. 그러니 조속히 고구려를 정벌하는 게 북위에게도 후환을 없애는 길이라며 절박하게 호소하였다. 그러나 현실적으로 강성한 고구려와의 사단을 우려한 북위의 소극적인 자세로 인해 개로왕은 목적을 이룰 수 없었다.

2) 한성 최후의 날

475년 초겨울 사마의 나이 14세였다. 그가 태어나서 처음 겪는 끔찍하고도 처참한 사건이 발생했다. 이 사건을 『삼국사기』와 『일본서기』는 각각 다음과 같이 기록하였다.

> * 21년 가을 9월에 고구려 왕 거련巨璉이 군사 3만 명을 거느리고 와서 왕도 한성을 포위하였다. 왕은 성문을 닫고 능히 나가 싸우지 못하였다. 고구려인이 군사를 네 길로 나누어 협공하였고, 또 바람을 이용하여 불을 놓으니 성문이 불 탔다. (이에) 인심이 대단히 두려워해서 혹 나가서 항복하려는 자도 있었다. 왕이 군색하여 어찌할 바를 몰라 수십 기騎를

거느리고 성문을 나가 서쪽으로 달아났다. 고구려인이 쫓아와 그를 살해하였다.

… 이에 이르러 고구려의 대로對盧인 제우齊于·재증걸루再曾桀婁·고이만년古尒萬年[再曾과 古尒는 모두 복성이었다] 등이 군사를 거느리고 와서 북성北城을 공격하여 7일만에 빼앗고, 남성南城으로 옮겨 공격하였다. 성안은 위태롭고 두려움에 떨었다. 왕이 나가 도망가자 고구려 장수 걸루 등이 왕을 보고는 말에서 내려 절한 다음에 왕의 얼굴을 향하여 세 번 침을 뱉고는 그 죄를 헤아리고는 묶어서 아단성阿旦城 아래로 보내어 그를 죽였다. 걸루와 만년은 본국인이었는데 죄를 짓고는 고구려로 도망하였었다.[24]

*『백제기』에서 이르기를 "개로왕 을묘년 겨울에 박狛의 대군이 와서 대성大城을 7일 낮과 7일 밤을 공격했다. 왕성이 함락하여 드디어 위례慰禮를 잃고, 국왕 및 대후大后와 왕자 등이 모두 적의 손에 몰살당했다"고 하였다.[25]

---

24 『三國史記』권25, 개로왕 21년 조. "秋九月 麗王巨璉帥兵三萬 來圍王都 漢城 王閉城門 不能出戰 麗人分兵爲四道夾攻 又乘風縱火 焚燒城門 人心危懼 或有欲出降者 王窘不知所圖 領數十騎 出門西走 麗人追而害之 … 至是 高句麗對盧 齊于·再曾桀婁·古尒萬年再曾·古尒皆複姓.等帥兵 來攻北城 七日而拔之 移攻南城 城中危恐 王出逃 麗將 桀婁等見王 下馬拜已 向王面三唾之 乃數其罪 縛送於阿旦城下 戕之 桀婁·萬年夲國人也 獲罪逃竄高句麗"

25 『日本書紀』권14, 雄略 20년 조. "百濟記云 蓋鹵王乙卯年冬 狛大軍來 攻大城七日七夜 王城降陷 遂失尉禮 國王及大后 王子等 皆沒敵手"

475년 초겨울 고구려 장수왕은 3만 명의 병력을 이끌고 백제를 침공하였다. 고구려군의 침공루트는 확인된 바 없지만 백제의 왕성인 북성과 남성 가운데 북성을 먼저 공격한 후 남성을 함락시켰다는 점을 고려해야 한다. 여기서 북성과 남성은 동급의 성을 소재지에 따라 가리킨다는 것을 알 수 있다. 그러니 북성과 남성은 왕성이 분명하다. 이와 관련해 북한산성은 백제 때 북한성이었다.[26] 한성은 북한성과 남한성 2곳임을 가리킨다. 남한성은 자연히 한수 남쪽에 소재했을 것이다. 남한성 곧 남성은 풍납동토성과 더불어 연접한 별궁인 몽촌토성을 아우른다.

북한성을 함락한 만큼 고구려 군대는 지금의 천호대교를 건너면 우측편에 위치한 풍납동토성을 공격했다고 본다. 그런데 풍납동토성에 대한 공격은 수군에 의한 기습공격을 제외하고는, 한강 북안에 자리잡은 아차산성 곧 아단성에 대한 점령 없이는 어렵다. 그러므로 고구려 군대는 아차산의 동편인 지금의 구리시쪽에서 아차산성의 측면과 한강쪽에 면하여 성벽이 낮은 전면으로 우회하여 공격을 시도한 것으로 보인다. 아차산 북쪽 능선과 용마산 능선에는 보루가 있는데, 백제 군대가 주둔하는 상황이었다고 보이므로 공격이 용이하지 않기 때문이다.

사진 26 아차산 고구려 보루에서 내려다 본 아차산성과 한강 건너편 풍납동토성

26 『三國史記』권24, 비류왕 24년 조. "九月 內臣佐平優福 據北漢城叛 王發兵討之"

아차산성을 점령한 고구려 군대의 도하를 저지하기 위해 백제 군대는 한강변을 따라 길게 축조된 제방 위에 목책과 같은 방어시설을 세워 놓고 저항했겠지만, 결국 고구려 군대는 저지선을 뚫고 강변에 붙어 있는 풍납동토성과 몽촌토성을 동시에 공격하였다. 고구려 군대의 기세가 원체 강한 터라 풍납동토성 안의 백제 군대는 성문을 닫아 걸고 감히 나가 대적하지 못하였다. 고구려 군대는 네 길로 나누어 양쪽으로 끼고 공격하면서 바람을 타고 불을 놓으니 성문이 활활 타기 시작하였다. 구원군이 도착할 기미도 보이지 않았다. 성안에서는 인심이 흉흉하여 어찌할 바를 모르고 허둥대는 형편이었다. 성을 나와 항복하려는 자들도 있었다. 개로왕은 형세가 곤란하여 수십명의 기병을 거느리고 성문을 나와 서쪽으로 달아 났지만 고구려 군대의 맹렬한 추격을 받았다. 고구려 장수 재중걸루 등은 개로왕을 알아 보고는 말에서 내려 절을 하고는 왕의 얼굴을 향하여 침을 세번 뱉었다. 이는 개로왕의 얼굴을 알아본 상황에서 표출된 분노의 표출이겠다. 개로왕을 생포하였던 재중걸루와 고이만년은 본시 백제인이었는데 죄를 짓고 고구려로 달아난 사람들이었다. 때문에 개로왕과는 면식이 있었다.

재중걸루가 개로왕의 얼굴에 침을 세번씩이나 뱉었고 그의 죄를 따졌다고 하는 것을 볼 때 개로왕에 대한 사감私感이 깊었음을 생각하게 한다. 이들은 개로왕의 왕권강화를 위한 숙청에 어떠한 형태로든 연루되었던 인물들로서 고구려 군대의 향도鄕導가 되어 백제를 공격했던 것이다. 백제인에 의한 백제 왕의 포박이 단행되었다.

개로왕은 묶이어 지금의 아차산성인 아단성 밑으로 보내져서 죽었다고 한다. 그의 죽임은 간단하지 않았다고 본다. 백제 왕성이 한눈에 잡히는 아차산성에는 고구려 군대의 총본영이 설치되어 있었을 것이다. 장수왕이 직접 내려와 있는 상황이었다. 묶인 개로왕은 장수왕의 면전에 끌려 갔을 터인데, 많은 군사들이 운집할 수 있는 공간에서 개로왕의 죄를 묻는 성토가 이루어진 것으로 보겠다. 명분이 중시되는 당시의 사회 기류에서 단상에 높이 앉았을 장수왕은 무릎을 꿇린 개로왕에게 그 죄를 물었으리라고 생각된다. 다음과 같은 내용이었으리라고 짐작된다.

사진 27 아차산성에서 바라 본 풍납동토성

첫째, 「광개토왕릉비문」에서 잘 드러나고 있는 예의 고구려 중심의 천하관에 입각하여 '천손국天孫國'인 고구려에 복속되기는 커녕 끊임없이 대항하여 왔던 백제를 조목조목 따지면서 성토하였음은 의심할 나위 없다. 백제는 고구려의 예속민이었음에도 불구하고 조공도 하지 않고 오히려 틈만 엿보면서 침입해 왔다는 논리였을 것이다.

둘째, 472년에 북위에 사신을 파견하여 고구려와 장수왕을 비방한 내용을 짚고 넘어 갔으리라고 본다. 개로왕이 북위에 보낸 국서에는 고구려 내정에 대한 비방이 많이 들어 있어 북위측에서 고구려에 사신을 보내 진위를 알아 보도록 하였다. 그런 만큼 국서의 내용은 고구려측에 알려질 수밖에 없었다. 그렇다고 할 때 이 국서에서 부여에서 갈라져 나온 형제의 나라임을 말하면서도 고구려를 '이리와 승냥이' 혹은 '큰뱀' 이라고 하였고, 장수왕을 가리켜 '조그마한 더벅머리 아이小豎'로 일컬었던 부분을, 고구려측에서 넘어가지는 않았을 것이다.

셋째, 상표에서 장수왕의 대신강족에 대한 살륙 행위와 더불어 북위에 쫓긴 북연의 풍씨 세력이 고구려로 대거 몰려가 있다고 말하면서 북위로 하여금 고구려를 침공하게 부추긴 문제를 짚었을 것이다. 즉 북위와 고구려를 이간시키려고 한 글귀를 용납하지 않으려고 하였을 법하다.

그 밖에 인국隣國이요 형제 나라인 고구려와 불목한 개로왕의 죄목을 찾아내어 따진 연후에 그의 처형을 단행했다고 본다. 5세기 중반에 등장하여 왕족 중심의 친위체제를 확립하여 왕권을 강화시켰던 야심적인 백제의 개로왕은 이렇게 죽었다.

개로왕의 피살은 모처럼 구축한 왕족 중심 지배체제의 전면적인 붕괴를 가져왔다. 한성이 함락되면서 개로왕 뿐만 아니라 대후·왕자 등이 몰살되었다. 왕권의 친위 세력이었던 유력 근친 왕족인 우현왕 여기餘紀와 정로장군 여휘餘彙를 위시하여 여예餘乂 · 여작餘爵 · 여류餘流 · 여루餘累 등의 존재가 웅진성 도읍기에 일체 등장하지 않는다. 이로 보아 이들 역시 한성이 함락되면서 개로왕과 운명을 같이 했거나 고구려군의 포로가 되었던 것 같다.

이 같은 국왕의 친위 세력인 왕족 중심 지배체제의 붕괴는 웅진성 초기 백제 왕권의 급속한 약화를 초래한 주된 요인이 되었다. 지배구조 내에서의 갑작스런 힘의 공동空洞 상태는 결과적으로 귀족의 발호에 따른 웅진성 초기 정정의 거듭된 혼미상을 초래하였다. 여하간 한성 함락으로 인해 백제는 한번 망했던 것이나 진배가 없다. 『일본서기』는 "그때 조금 남은 무리들이 창하倉下에 모여 있었다. 군량은 이미 다하여 근심하며 울기를 많이 하였다(雄略 21년 조)"고 참담하게 묘사했다.

5. 웅진성 도읍기의 개막

1) 웅진성

한겨울이었다. 수도인 한성이 함락되고 국왕이 잡혀 죽게되는 등 나라가 한번 엎어졌다. 사춘기 소년 사마는 나라가 망하다시피하는 처참한 상황을 목격했다. 용캐 도성을 탈출했는지, 아니면 인근에 거주하였기에 재빠르게 몸을 뺄 수 있었는지? 일군의 왕족을 위시한 무리들이 차가운 강바람을 맞으며 곰강을 건너 곰나루에 발자욱을 찍었다. 이러한 피난 대열에 장신의 사마도 끼어 있었을 것이다. 신장이 8척이라고 했으니, 14세의 소년이지만 보통의 어른 키를 훌쩍 넘는 훤칠한 체격의 소유자가 아니었을까.

웅진성으로의 천도는 문주와의 관계에서 해석해야 한다. 문주가 남쪽으로 내려 올 때 조미걸취祖彌桀取와 목려만치木劦滿致의 도움을 받아 남하했다고 한다. 조미는 '진모'씨 즉 진씨로 간주하는 견해가 있고, 목려는 목씨로 지목할 수 있다. 개로왕의 아우인 문주의 후견인 두 사람은 웅진성 천도에 결정적인 기여를 한 인물로 보아야 한다. 문주는 남하하면서 고구려에 맞서 싸우면서 항전하기에 안전한 곳을 수도의 후보지로 생각했을 것이다. 그리고 고단孤單한 왕실을 지켜줄 수 있는 든든한 토착 세력이 버티고 있는 게 필요했다. 그러한 토착 세력은 왕실에서 파견한 세력이든 간에, 중요한 것은 왕실과 연결 고리를 가진 세력이어야만 한다. 요컨대 일차적으로 믿을 수 있는 또 믿을만한 세력이어야만 했다. 이러한 맥락에서 볼 때 백제 왕실과 연관 있는 곳이 웅진성이었다. 지금의 공주인 웅진성은 금강 이북의 의당면 수촌리에 왕실과 연관된 세력이 버티고 있었다. 이곳 웅진성은 금강이라는 천연의 해자로 둘러싸여 있어 방어하기에 일차적으

사진 28 곰상

로 유리하였다. 그리고 한성에서 너무 떨어져 있지도 않았기에 적당한 지역이었다. 국가의 심장부가 너무 남쪽으로 내려가면 사기에 끼치는 영향도 고려해야 하는 것이다. 이런 연유로 결국 웅진성으로 거점을 잡기로 했던 것 같다.

그러면 도시 이름인 곰나루 곧 웅진熊津의 유래를 들어 본다. 송산리 백제 왕릉군 맞은 편 산자락에는 웅신사熊神祠가 있었다. 웅진성 이름의 근거가 되었고, 이 도시를 엄호해 주는 동물인 곰을 제사지내는 사당이다. 이 곳에는 돌로 만든 곰상이 봉안되어 있다. 또 금강변의 곰나루에는 이런 전설이 전해 온다. 한 어부가 연미산에 사는 암곰에게 잡혀가 부부의 인연을 맺으면서 두 명의 자식까지 두었다. 그런데 어부는 동굴을 빠져 나와 이 강을 건너 도망하자 암곰이 그것을 비관하여 자식들과 함께 강물에 빠져 죽었다고 한다. 이런 데서 곰나루라는 지명이 유래했다고 전해 온다.

새로 접하게 되는 웅진 땅, 이제 둥지 틀고 정을 붙여야 할 새로운 보금 자리 곰나루였다. 사마는 웅진성의 전설을 이곳 사람들로부터 들었는지는 알 수 없다. 곰나루 전설의 연원을 알 길이 없기 때문이다. 어쨌든 백제 왕실은 필시 금강 이북 수촌리에 터잡은 세력들의 도움을 얻었다고 보아야 하지 않을까. 수촌리 세력은 5세기 전반의 고분에서 금동 관모와 중국제 청자를 부장하는 위용을 과시하였다.『삼국사기』시조 왕본기 13년 조에 보면 백제의 사방 영역 가운데 남쪽 영역으로 웅천熊川이 보인다. 이 웅천을 안성천으로 비정하는 이도 있었다. 그러나 동일한 사서에서 "6월에 웅천의 물이 불어 왕도의 2백여 집이 표몰되었다(동성왕 13년 조)”는 기사에서 알 수 있듯이 웅천은 금강을 가리킨다. 후대 사실이 압축되어 있는 시조왕본기의 웅천은 4세기 전반대까지의 백제 영역을 나타낸다. 맹렬한 정복 사업이 전개된 369년 근초고왕대의 백제 영역은 금강을 넘어 노령산맥에 이르렀다. 그 이전 백제의 남쪽 기본 영역은 금강선이었다. 금강 이북의 공주시 의당면의 수촌리 일대는 백제의 기본 판도에 속하였다. 그랬기에 백제 왕이 하사하는 청자를 비롯한 위세품을 얻게 되었을 것이다. 그러나 금동관모를 착용한 수촌리 세력이 공주의 토착 세력이었는지 여부는 불투명하다. 백제 왕실에서 분봉한 인물일 수도 있기 때문이다. 어쨌든 수촌리 세력의 협조를 얻어 백제 왕실은 새로운 터전을 꾸려나가게 된다.

2) 수촌리 세력

백제 왕실이 웅진성으로 천도하기 전 이곳의 토호 세력은 누구였을까? 이와 관련해 목씨木氏나 백씨苩氏를 지목하기도 한다. 먼저 목씨의 경우는 문주왕의 남천南遷에 함께 하였지만, 그러나 그 가문이 임나 문제에 관여하였다. 그러므로 목씨 가문의 세력 기반을 공주 수촌리와 연관 짓기는 지리적으로 근사점이 보이지 않는다. 한편 백씨를 수촌리 지역과 연관 짓는 입론은 대략 다음에 근거하고 있다. 즉 백씨苩氏는 대성大姓 8족族의 하나인데, ‘백苩’이 웅진의 ‘웅熊’을 표시하는 ‘박狛’ 혹은 웅진을 흐르는 금강錦江의 별명인 백강白江의 ‘백白’과 관계가 있으므로 웅진성 지역을 기반으로 한 세력이라고 보았다. 여기서 백씨의 경우를 웅진熊津 지역과 연관 짓는 근거로서, 백강白江의 ‘백白’을 웅진과 관련시키고, 백씨 가문의 백가가 왕의 최측근인 위사좌평이라는 데 두고 있다.

그런데 백강은 공주 지역 뿐 아니라 부여 지역도 통과하는 지금의 금강을 가리킨다. 공주와 관련된 백제 때 금강 이름은 백강이 아니라 기실 웅수熊水 혹은 『삼국사기』 동성왕 13년 조에 명확하게 적혀 있듯이 웅천熊川이라고 하였다. 즉 "6월에 웅천의 물이 불어서 왕도王都의 200여餘 가家가 표몰漂沒되었다"라고 한 기사가 그것이다. 여기서 백강의 '백白'의 훈독訓讀은 '스비'이다. 그러므로 백강은 곧 사비강을 가리키며 지금의 부여 지역을 통과하는 강을 가리키고 있다. 이러한 사실은 무녕왕이 부여 임천면에 소재한 가림성의 성주 백가의 반란을 진압한 후 그 시신을 백강에 던졌던 데서도 뒷받침된다. 요컨대 백강이 지금의 부여 지역을 통과하는 강을 가리키는 이름임을 명확히 알 수 있다. 따라서 백강의 '백'은 공주와는 아무런 관련이 없다는 사실을 알려준다. 나아가 이것에 근거한 백강과 백씨 그리고 공주 지역과의 연관성을 찾는 견해는 설득력을 잃게 되었다. 일례로 다음의 주장이 그것에 해당될 수 있다. 즉 백가는 웅진성 지역을 근거로 한 세력인데, 백苩이라는 성은 웅진의 웅熊과 관련되며, 이 '웅'은 감·검·곰 등으로 읽혀 감해비리국監奚卑離國의 감監과도 대응된다는 것이다. 그런 까닭에 백씨는 일각에서 공주로 소재지를 추정하는 감해비리국 수장의 성씨이며, 수촌리 고분은 바로 백씨 가문의 분묘로 간주할 수 있다는 주장이다. 이러한 주장은 입론도 잘못되었을 뿐 아니라 무조건 '감' 자字만 나오면 공주와 연관 짓는 식이 되고 말았다. 공주와 연관 있는 지명을 찾는다면 고대사 문헌에서 공주를 가리키는 '구마나리'나 '고마' 등의 음가와 연관 짓는 게 타당했을 것이다. 게다가 『청구도』에서 충청남도 홍성군 금마면을 대감개면大廿介面이라고 하였다. 이를 근거로 감해비리국監奚卑離國의 '감해' 즉 '감개'를 홍성 대감개면의 '감개'에 비정하기도 한다.

사진 29 발굴을 통해 드러나 수촌리 고분   **사진 30** 수촌리 고분에서 출토된 중국제 자기

그리고 위사좌평 백가가 공주 지역 호족 출신이고, 웅진성 천도에 이들 가문의 도움이 지대하였다면 어떠한 형태로든 간에 문주왕과 삼근왕대에 백씨의 존재가 등장하지 않을 수 없었다. 더욱이 백씨가 공주 지역 토착 호족 가문이라면 문주왕 피살과 삼근왕 즉위 과정에서 발생한 해씨와 진씨 가문의 격돌에서 백씨가 아무런 역할을 하지 않았다는 게 납득되지 않는다. 오히려 연씨燕氏 세력이 해씨와 연계되어서 등장하고 있을 따름이다. 그 뿐 아니라 위사좌평은 왕이 신임할 수 있는 최측근을 임명하게 마련인데, 웅진성 지역 토호를 그 직위에 임명한다는 것은 오히려 왕권에 부담이 될 수 있기 때문에 당초부터 기용하기는 어렵지 않을까 싶다. 이와 관련해 『삼국사기』 고이왕 28년 조

에 보면 위사좌평에 고수高壽를 임명하고 있는 사실이 유의된다. 위사좌평 직에 재직했던 인물로서는 백가와 더불어 고수만이『삼국사기』에서 보인다. 그런데 고수는 박사 고흥高興과 동일한 낙랑·대방계 출신으로 추측되고 있다. 그렇다면 위사좌평에는 가문의 토착적 기반이 없는 이들이 기용되었다는 이야기가 된다. 따라서 백가의 공주 지역 토착 호족설은 어느모로 보나 근거가 두텁지는 않다. 그리고 수촌리 지역은 공주의 금강 이북에 소재하였다. 당시 산천山川을 경계로 세력권이나 정치적 범위가 구획되었다. 그렇다고 할 때 공산성 대안對岸의 금강 북안에서 직선거리로 5km 이상 떨어진 수촌리 지역은 백제가 천도한 금강 이남의 공산성 일대와는 세력권에서는 직접 관련이 없다고 보아야 한다.

지금의 공산성인 웅진성은 북으로는 금강이 띠를 두르며 흘러가고 있다. 천험의 해자 역할을 해준다. 동쪽으로는 계룡산이 가로놓여 있다. 동쪽으로의 외침을 막아주는 담장 역할을 한다. 이괄의 난 때 한양을 잃고 내려온 인조가 거처한 곳이 공주 공산성이었다. 공산성에는 쌍수정雙樹亭이라는 정자가 복원되어 있다. 1624년 이괄의 난이 평정되었다는 소식을 들은 인조는 기쁜 나머지 성안에 있는 두 그루의 소나무에

사진 31 공산성

벼슬을 내렸다. 세월이 흘러 소나무는 말라 죽었지만 그 장소에 쌍수정 이라는 정자를 세워 기념하고 있다. 이렇듯 지금의 서울 지역을 상실한 상황에서 문주왕과 인조가 찾아온 곳이 한결같이 공주 땅이었다. 서울 지역을 상실한 상황에서 북쪽의 전황을 빨리 포착할 수 있을 뿐 아니라, 방비하기에 용이한지라 공주 땅을 선호했던 것 같다.

6. 우유부단한 문주왕

1) 사랑하지만 두려워하지 않는 왕

개로왕의 아우인 문주왕은 신라의 지원을 끌어들여 고구려의 남진을 억제하면서 내부 체제정비를 시도하였다. 신라에 파견되어 1만 명의 구원군을 이끌고 왔으나 이미 파국破局을 맞은 후였다. 그러나 국가 최대의 위기를 극복하려는 이 같은 문주의 역할은 빛을 발하였다. 개로왕 정권에서 상좌평까지 올랐던 경력과, 왕의 아우였던 문주가 즉위하는데는 이견이 없었다. 고구려의 외침을 막는데 급급한 실정이 되다 보니까 권력에 대한 욕망은 수면하로 침잠하고 말았다. 문주나 귀족들은 일단 뭉칠 수밖에 없었다. 문주의 즉위에는 동맹관계인 신라의 군사적 배경과 더불어 조미걸취나 목려만치 같은 귀족들의 지원에 힘입은 바였다.

문주왕은 비상한 상황에서 즉위하였다. 그러나 문주왕은 당초 난세 亂世의 군주로는 적합하지 않은 우유부단한 성품이었다. 물론 문주왕은 백성들을 사랑하고 또 사랑받는 군주였지만, 비상시국을 냉혹한 의

지와 이성으로 돌파할 수 있는 지도자로서는 적합하지 않았다.

문주왕은 북에서 내려온 피난 행렬을 몸소 맞아들였다. 백제군 패잔병들도 시간을 두고 꾸역꾸역 모여 들었다. 피난민과 패잔병들을 통해 한성 함락과 고구려군 지배하의 영토에 대한 끔찍한 소식을 연일 들었다. 문주왕에게는 일생일대 가장 악몽같은 기나 긴 겨울을 보내고 있었다. 그런데 고구려군의 남진은 끝을 모르고 이어졌다. 어디까지 밀릴 것인가? 한강 하류 한성에서부터 차령산맥 이북까지는 산다운 산이 없다. 한번 뚫리면 금강 이북까지를 죄다 내 놓아야 할 형편이었다. 고구려군의 기세등등한 남진은 거칠 게 없었다. 문주왕은 기존의 성들을 수리하여 한강유역에서 피난해 온 주민들을 옮겨 살게 했다. 대두산성을 수리하여 한북漢北의 주민들을 옮겨 살게 한 것이 그러한 사례가 된다.

이와 맞물려 왕실의 권위는 실추될대로 실추되었다. 476년 봄, 문주왕은 유송에 사신을 파견하여 외교적 고립에서 벗어나고자 하였다. 유송 정권은 458년에 개로왕이 보낸 관작 요청 문서를 받고 그것을 내려 준 바 있다. 그 11명 가운데 보국장군輔國將軍을 제수받은 여도餘都라는 왕족이 곧 문주왕이었다. 문주왕은 유송에 그 존재가 알려진 바 있다. 그러한 외교적 관계에 힘입어 백제의 국제적 위상을 회복하고자 했다. 그러나 불행히도 연안 항해를 하던 백제 선단은 고구려 수군이 항로를 차단함에 따라 되돌아 오고 말았다. 문주왕은 초조하지 않을 수 없었다. 더구나 북녘의 방어선은 계속 뚫리고 있었다. 고구려군의 남진을 저지할 수 있는 묘수는 없을까? 이들은 어디까지 내려 올 것인가? 백제를 바다에 빠뜨리려고 작정한 것일까? 이 문제로 문주왕은 몇날 며칠 불면의 밤을 지새웠을 게 분명하였다. 결국 참모들과의 협의를 통해 용단을 내리기로 했다. 고구려와 강화하는 일이 급선무였다. 당장 발등의 불을 끄는 일이 급선무였던 것이다. 백제는 강화 조건으로 아산만 이북을 할지割地하기로 한 것이다. 이로 인해 고구려군은 전쟁 없이 아산만까지 영토를 확대시킬 수 있었다. 『삼국사기』 지리지를 보면 전투 기록 없이 고구려는 이곳까지 진출하여 행정 지배를 단행했기 때문이다.[27]

사진 32 중국 장쑤성 딴양 시丹陽市에 소재한 양梁 문제文帝 건릉建陵 석각.
양을 세운 무제의 부친 능묘이다.

27 李道學, 「漢城 陷落 以後 高句麗와 百濟의 關係--耽羅와의 關係를 中心으로」, 『전통문화논총』 3, 2005, 113~134쪽.

이러니 왕실의 위상은 끝없이 추락할 수밖에 없었다. 쫓겨서 내려 온 데다가 영토까지 거저 넘겨주다시피하였다. 왕실의 면모는 궁색하고 초라하기 이를 데 없었다. 이럴 때 일수록 왕자는 강인한 면을 보여야 한다. 주민들을 위로하고 미래에 대한 비전을 꿋꿋이 심어 주어야 마땅했다. 지금은 힘 들지만 힘을 합쳐 이러한 고난을 극복하자며 위로해 주어야 한다. 『삼국사기』에는 문주왕의 성품을 일러 "성품이 우유부단하였으나 백성을 사랑한 까닭에 백성도 그를 사랑하였다"고 했다. 마키아벨리는 군주가 두려움과 사랑을 동시에 받으면 좋겠지만 양립이 어려우므로, 사랑받기 보다는 두려움의 대상이 되는 게 낫다고 했다. 인간의 본성은 이익을 향해 욕망을 따라가므로 통치하려면 공포와 두려움을 주어야 한다. 문주왕은 백성에게 사랑을 주었지만 두려움의 대상이 되지는 못했다.

문주왕은 망연자실하고 엉거주춤한 상태로 국정을 이끌고 있었다. 문주왕에게는 앞길이 난감하기 그지 없었을 것으로 보인다. 앞 일을 어떻게 헤치고 나갈까? 왕실이 추락하니 귀족들마저도 왕을 우습게 보는 것 같았다. 왕의 영이 서지도 않았다. 이럴 때일수록 문주왕에게는 자신을 보좌해 줄 믿을만한 심복이 필요했다.

2) 기세등등한 해구

문주왕은 해구의 위세에 압도되고는 했다. 개로왕 정권 때 납작 엎드려 있던 해씨 가문의 해구가 기세등등하게 군림하였다. 많은 병력을 거느리고 있는 해구는 거침이 없었다. 한성이 함락될 때 국왕 직속 군대의 타격이 가장 컸었다. 해구의 경우는 상대적으로 족병族兵의 손실이 덜 했던 것 같다. 해구는 북방에서 고구려와의 전쟁을 주도하면서 실병력을 장악하고 있었다. 그러한 해구의 존재는 얼음짱같은 현실이었기에 인정하지 않을 수 없었다. 476년 9월에 문주왕은 해구를 병관좌평에 임명하였다. 해구가 거머쥐고 있는 병력의 존재를 인정하지 않을 수 없었기에 나온 조치였다. 이제 해구의 군대 통솔과 운영은 합법한 명분과 권위를 거머쥐게 되었다.

문주왕은 해구의 위협을 절절히 느끼고 있었다. 한성이 함락되면서 왕자 뿐만 아니라 힘깨나 썼던 왕족들은 죄다 몰살당하거나 생포되고 말았다. 문주왕의 뇌리에는 지난 날들이 어제 일처럼 스쳐 갔다. 화려했던 한성 왕궁의 장엄한 위용, 햇살을 받아 눈부시게 일렁이며 흘러가는 아리수의 잔잔한 물결, 그 황홀하고도 꿈결 같은 세월이 삽시간에 흘러 간 것이다. 그리고 458년에 유송으로부터 그 휘황한 관작을 받았을 때였다. 득의만만한 심정으로 자신과 함께 섰던 여휘餘彙를 위시하여 여예餘乂 · 여작餘爵 · 여류餘流 · 여루餘累 등등 왕족들의 모습이 스쳤다. 이제 만날 수도 없고, 다시 볼 수도 없는 그리운 얼굴들이었다. 그러면 왕족 가운데 누가 살아 있나? 순간 왜에 체류하고 있는 곤지가 떠 올랐다. "곤지를 급히 귀국시켜 나를 돕도록해야 겠다"고 생각했다.

문주왕의 전갈을 받고 곤지는 왜국에서의 생활을 정리하고 급거 귀국하였다. 그에게 맡겨진 보임은 내신좌평이었다. 내신좌평은 국정을 총괄하는 위치에 있었다. 개로왕이 왕권 강화를 위해 즉위 초에 자신인 문주를 상좌평에 임명한 것과 비슷한 상황이 되었다. 477년 4월에 문주왕은 아우인 곤지를 내신좌평에 임명하였다. 그와 동시에 문주왕은 맏아들인 13세의 삼근三斤을 태자로 삼았다. 해구의 위협에 직면한 문주왕은 서둘러 후계체계를 확정했던 것이다. 또 하나는 아우인 곤지가 귀국하여 조정의 요직에 있게 되었다. 그러한 곤지는 유력한 왕족인 만큼 왕위에 대한 잠재적 권리를 지녔다. 어떤 면에서는 문주왕 보다 그 아들 삼근에게 곤지가 더 위협적일 수도 있었다. 아마도 이 점을 더욱 절박하게 느낀 관계로 문주왕은 삼근을 서둘러 태자로 임명한 것 같다. 더구나 문주왕 유고 사태가 발생한다면 연유한 삼근을 제끼고 곤지가 즉위할 가능성은 너무도 높았다.

침류왕이 사망했을 때였다. 태자 아화는 나이가 어렸기 때문에 숙부 진사가 왕위를 이었다.[28] 오환의 왕 구력거丘力居가 죽자 아들 루반樓班이 나이가 어려서 조카 답돈蹋頓이 무예와 지략을 갖추었으므로 대신 세워졌다.[29] 즉위할 수 있는 잠재적 권리가 큰 왕족이 곤지였다.

백제 조정에서는 내신좌평 곤지와 병관좌평 해구가 팽팽하게 대립하고 있었다. 해구에게 눈엣 가시 같은 이가 곤지였다. 곤지는 개로왕 정권의 2인자였고, 한성 함락 소식을 재빨리 듣고 일찍 귀국했더라면 정국의 주도권을 장악하고, 나아가 문주를 제끼고 즉위할 수 있는 위치에 있었다. 문주왕의 든든한 버팀목이 되고 있는 이가 곤지였다. 곤지

---

28 『三國史記』 권25, 진사왕 즉위년 조. "枕流之薨也 太子少 故叔父 辰斯即位"
　　『三國史記』 권25, 아화왕 즉위년 조. "王薨時年少 故叔父辰斯繼位"
29 『資治通鑑』 권63, 建安 4년 조.

는 왜 조정과도 긴밀한 관계를 유지하고 있었다. 누구도 무시할 수 없는 당당한 위세를 곤지는 지니고 있었다.

해구는 "곤지가 건재한 상황에서 문주왕을 살해하는 것은 의미가 없다"는 생각을 하고도 남았을 것이다. 성격이 부드러워 일을 잘 결단하지 못한 문주왕은 편한 존재였다. 반면 곤지는 야심만만하였을 뿐 아니라 백제와 왜 양국에 영향력을 행사하고 있었다. 곤지가 내신좌평에 임명된 다음 달에 흑룡이 웅진성에 나타났다. 흑룡이 한강에 나타났다가 사라진 직후에 비유왕이 사망한 바 있다. 황룡도 아닌 흑룡, 확실히 불길한 조짐이었다. 그러고 나서 2달 후인 7월에 곤지가 사망하였다. 곤지의 급사急死는 확실히 의혹의 대상이 아닐 수 없다. 전후 정황을 놓고 볼 때 이는 병관좌평 해구의 소행으로 단정된다.[30] 해구의 입장에서 볼 때 곤지를 먼저 제거하는 일이 급선무였기 때문이다. 해구에게 문주왕은 다루기 쉬운 존재였다.

곤지의 사망은 문주왕에게는 청천벽력이었다. 이때의 해구를 『삼국사기』는 "정권을 전전하고 법도를 문란시키며, 왕을 없애려는 마음을 가졌으나, 왕은 능히 그를 통제하지 못하였다"고 기록하였다. 기세등등하고 거침이 없는 해구의 모습을 상상하는 일은 어렵지 않을 것이다. 문주왕은 해구가 자신을 살해할 마음을 품고 있는 줄 알면서도 대응하지 못하는 무기력한 모습을 보여주었다. 그랬기에 『삼국사기』는 문주

---

30 李道學, 「漢城末·熊津時代 百濟 王位繼承과 王權의 性格」, 『韓國史研究』 50·51合輯, 1985, 14쪽.

왕의 성정을 "우유부단하였다"고 했을 것이다.

그러면 해구는 어떤 심산이었을까? 문주왕을 살해하고 스스로 왕이 되고자 했다. 한성 도읍기의 유력한 양대 가문 가운데 하나인 해씨로 왕실 교체를 단행한다. 권위를 상실한 부여씨 왕실을 대신해서 새로운 백제국을 탄생시킨다. 그럴 심산이었다. 해구는 문주왕을 살해할 기회를 노리고 있었다. 477년 9월이었다. 문주왕은 일군의 신하들을 거느리고 사냥을 나갔다. 문주왕은 환궁하지 않고 밖에서 유숙하였다. 그 틈을 놓치지 않고 해구는 도적으로 하여금 왕을 살해하게 했다. 『삼국사기』는 "9월에 왕이 사냥 나가 바깥에서 묵다가 해구가 도적으로 하여금 그를 해치게 하여 드디어 죽었다"[31]고 적었다. 해구는 사주해서 문주왕을 살해한 것이다.

7. 유년의 삼근왕

1) 해구의 몰락

백제에는 2년 전과 마찬 가지로 왕이 없는 세상이 되었다. 2년 전에는 고구려군에게 붙잡혀서 살해되었고, 지금은 신하가 사주한 도둑에게 살해된 것이다. 백제 조정은 이로 인해 발칵 뒤집혔다. 급선무가 왕의 시신 확보였고, 그 다음은 누가 살해했는지를 확인하는 문제였다.

---

31 『三國史記』권26, 문주왕 3년 조. "九月 王出獵 宿於外 解仇使盜害之 遂薨"

병관좌평 해구는 회심의 미소를 짓고 있었다. "왕이 사냥 나가서 잠들다가 도둑의 칼에 찔렸다고! 이런이런!!"하면서 해구는 짐짓 태연한 척했을 것이다. 그러나 직후 해구는 활기에 차 있었다. 이제 백제 조정은 문주왕을 이을 새왕 문제로 논의가 한창이었다. 그런데 문주왕의 맏아들 삼근은 13세에 불과했다. 이처럼 중차대한 시기에 소년이 왕정을 잘 이끌어 나갈 수 있을까? 그렇다고 대안으로 떠 올릴 수 있는 문주왕의 아우도 없었다. 유력한 아우였던 곤지는 2달 전에 세상을 떴다. 세간에는 해구의 칼에 그가 스러졌다고 말들 한다. 아마 이번 문주왕의 피살에도 의혹이 많다고 수군거리곤 하였다. 해구가 배후 인물이라는 소문도 암암리에 퍼졌을 것이다.

사진 33 복잡다기한 사연을 안고 있는 공산성 안.

『삼국사기』는 삼근왕의 즉위를 다음과 같이 기록하였다. "삼근왕[혹은 임걸왕壬乞王이라고도 함]은 문주왕의 맏아들로 왕이 돌아가자 그 뒤를 이어 즉위했는데, 나이가 13세이므로 군국정사軍國政事의 일체를 좌평 해구에게 맡겼다." 그러나 이 기록은 어디까지나 왕실의 정리된 입장에서 또 결과론으로 기록한 데 지나지 않는다. 좌평 해구가 군국정사 일체를 거머쥐었다는 것은 이미 정권이 넘어 갔음을 뜻한다. 이때 해구는 상좌평을 칭하면서 정권을 장악한 것이다. 삼근왕의 즉위 자체가 불투명하기 이를 데 없다. 그런데 『삼국사기』는 이듬 해 봄에 좌평 해구가 은솔 연신燕信과 함께 무리를 모아 대두성에 웅거하여 모반했다고 한다. 국정을 장악했던 해구가 일 개 산성에 의지해서 궁색하게 항전했다는 것이다. 이는 해구가 국정을 장악한 데 그치지 않고 왕실교체를 시도했을 가능성을 심어준다. 비록 초라한 상황이 되기는 했지만 전통적인 권위와 위광을 지니고 있는 세력이 부여씨 왕실이었다. 언필칭 500년을 내려 온 장구한 내력을 지닌 왕가王家였다. 힘만으로는 왕실교체는 어렵다. 필시 이는 해구의 독주에 제동을 거는 세력이 등장했음을 뜻한다. 해씨와 더불어 한성 도읍기의 유력한 왕비족이었던 진씨眞氏 가문이 용인하지 않았다. 아니 용인할 수가 없었다. 양 가문은 전통적으로 오랜 기간 서로 견제하면서 성장해 온 왕실의 인족이었다. 해씨에게 왕통이 넘어가는 일을 진씨 가문이 결코 묵과할 수는 없었다.

해구는 진씨 세력과의 권력 투쟁에서 결국 밀려났다고 본다. 그랬기에 해구는 연신과 더불어 지방의 대두성을 배경으로 항전한 것으로 보아야 사세에 맞다. 이때 해구의 동지로서 연신이 보인다. 해구가 연씨 세력과 손을 잡았음을 알 수 있다. 충청남도에 연기군燕岐郡을 비롯해서 연씨와 관련 있음직한 지명이 보인다. 백제 멸망 직후 연기 지역 비상碑像에서 확인되는 전씨全氏와 관련 지을 수도 있는 지명이 인근의 전의全義와 전동全東이 아닌가 싶다. 그러니 연씨는 아무래도 연기 부근의 토착 세력 출신으로 보인다. 그러면 해구가 하필 대두성을 근거지로 한 이유는 무엇일까? 대두성은 476년 2월에 한북의 민호를 거주하게 한 곳이었다. 한강유역에 거주했던 주민들이 피란오자 정착시킨 곳이다. 한강유역은 부여에서 내려온 해씨 세력의 오래 근거지였다. 해구는 한성 도읍기의 주민과 일부 토착 세력을 기반으로 왕실 교체를 단행하려고 했으나 실패하였다. 그러자 자신의 인적 기반이 버티고 있는 대두성으로 쫓겨가서 항전한 것으로 보아야 맞다.

진남眞男이 군사 2천 명을 이끌고 대두성을 공격했지만 패퇴하여 돌아왔다. 해구 세력의 군세가 여전히 강성했음을 알 수 있다. 이제는 덕솔 관등의 진로眞老가 정예 병력 5백 명을 이끌고 대두성을 포위하였다. 결국 해구는 격살당하였고, 연신은 간신히 몸을 빼 북쪽의 고구려로 달아났다. 진로는 해구와 연신의 처자를 붙잡아 웅진 저자 거리에서 목을 베었다. 이렇게 하여 '해구의 난'은 평정되었다. 해구 정변을 마무리하는 과정에서 대두성을 두곡斗谷으로 옮겨 쌓았다. 해구를 지원했던 '한북' 주민들을 철저히 재편하기 위한 작업이었다. 행정 구역과 지명의 이동을 읽을 수 있는 사례가 된다.

2) 삼근왕의 사망과 권력 향배

479년 11월에 15세의 삼근왕이 생을 접었다. 일생일대의 위기이자 고비를 넘긴 삼근왕이 무슨 영문인지 청소년으로 생을 마감했다. 465년에 출생하여 11세 되던 겨울에 한성이 함락되는 엄청난 참극을 몸소 겪었던 삼근왕이었다. 아버지 문주왕은 신라에 가서 구원병을 이끌고 오느라 정신이 없었다. 그러한 와중에도 용케 화를 면하고 일군의 왕족들과 함께 웅진 땅에 내려왔던 소년의 삼근왕이었다.

삼근왕의 사망은 어떤 의미와 배경이 깔린 것인가? 해구의 반란을 진압하고 나서 실권을 장악한 세력은 진남과 진로로 대표되는 진씨 세력이었다. 이들은 이번 사건을 계기로 숙적이자 경쟁자였던 해씨 세력을 제거하는 데 성공했다. 이제는 이들에게 거칠 것이 없었다. 진남은 소년인 삼근왕과 자신들의 관계를 어떻게 설정해야 할지에 대해 고심했을 것이다. 무엇보다 15세 소년 삼근왕의 사망 원인이다. 연령으로 볼 때 자연사가 아닐 가능성이 높다고 판단된다. 피살 가능성을 고려하기도 한다. 그렇다면 누가 소년왕을 살해했다는 것인가? 당시의 실권 귀족인 진씨에게 혐의를 두고 있다. 그러나 진씨가 힘도 없는 소년왕을 살해하면서까지 얻으려는 것은 무엇이었을까? 소년왕이 진씨 세력 말을 듣지 않은 이유는 뭘까? 석연치 않은 추측과 의문만 따라 다닐 뿐이다.

삼근왕의 사망은 엄연한 현실이었다. 현안은 누가 왕이 되느냐 하는 문제였다. 아니 누구를 왕으로 삼아야하는가 하는 문제가 따랐다. 이 문제를 둘러싸고 진씨 세력들은 잦은 회합을 가졌을 것으로 보인다. 삼근왕 아우의 존재는 알 길이 없다. 설령 삼근왕 아우가 존재했더라도 유년에 불과했을 것이다. 그런데 『신찬성씨록』에서 문주왕이나 삼근왕계가 절손되었다. 어떤 형태로든 문주왕 직계의 단절을 뜻한다. 진씨 세력으로서는 자신들이 살해한 해구에게 피살된 곤지의 아들이 필요하였다. 이해 관계가 일치되기 때문이었다. 적어도 곤지의 아들은 해씨와는 가까워 질 수 없다고 판단했을 수 있다. 곤지는 461년에 왜에 입국하지 전에 5명의 아들이 있었다. 이들 5명은 곤지와 전부인 사이의 소생으로 보인다. 전부인은 해씨 출신으로 간주된다. 진씨 세력이 보았을 때 당연히 이들은 제외될 수밖에 없다. 461년 이후 곤지는 2명의 여인으로부터 각각 자식을 낳았다. 사마와 말다가 그들이다. 사마는 말다의 배다른 형이었다. 사마는 백제 국내에 거주하고 있었다. 말다는 왜국에 거주하는 중이었다. 곤지와 왜녀倭女 사이에서 낳은 아들이 말다였을 가능성도 있다. 둘 가운데 누구를 택해야 하나? 이 건은 진씨 귀족들의 고민이었다. 사마는 18세로서 국내에 거주하고 있기에 국내 사정에 밝았다. 이 점은 진씨 귀족들에게는 긍정적인 측면이기도 하지만 또 한편으로는 부담이 되기도 했다. 반면 말다는 연령이 사마보다 어린데다가 왜국에 오래 체류한 관계로 국내 실정에 어두웠고, 국내 기반도 약하였다. 이 점은 분명히 통치자로서는 핸디캡이기는 했다. 그러나 진씨 귀족들의 입장에서 말다는 편한 존재였다. 그리고 말다는 왜국에서 오랜 동안 체류한 관계로 왜와의 관계가 깊었다. 말다를 앞세워서 왜 세력을 끌어들여 고구려를 막게 할 수 있을까? 진씨 세력은 이런저런 구상을 하며 저울질하였을 것이

다. 결국 당시 백제의 실권 귀족인 진씨 세력은 말다를 옹립하기로 낙
점했다.

왜국에 가 있는 말다에게 급히 연락을 취하였다. 말다의 소재지는 정
확하게 알려진 바 없다. 그렇지만 가와치 아스카 일대가 말다의 아버지
인 곤지의 거점이었다. 이러한 점에 비추어 볼 때 말다는 아스카베 신
사 일대에 거주한 것으로 보인다. 유년의 말다는 백제로부터 전갈을 받
았다. 말다는 왜 조정에 가서 왜왕을 접견했다. 백제로 귀국하게 되었
음을 알렸다. 그것도 삼근왕이 갑작스럽게 사망하는 통에 즉위하게 됨
을 알리는 것이었다.

삼근왕이 사망할 때 연령이 15세였다. 즉위할 때 말다를 '유년'이라
고 하였다. 그러니까 15세 미만의 소년왕이 다시금 탄생하는 순간이
다. 바야흐로 소년왕에서 소년왕으로 왕위 계승이 이어지려는 상황이
되었다. 진씨 세력이 소년왕을 옹립할 바에야 삼근왕의 아우가 있다면
잇도록 하면 된다. 15세 미만이었을 삼근왕의 아우가 존재했는지는 알
수 없다. 그러나 존재했을 가능성이 더 높았음에도 곤지의 아들이 즉위
하는 것을 볼 때 삼근왕의 사망 자체에 무슨 사단이 발생했을 수 있다.
진씨 세력으로서는 비록 자신들이 삼근왕을 옹립하기는 했다. 그렇지
만 이러한 조치는 문주왕이 해씨 세력에게 피살되는 상황에서 해씨 세
력 제압의 명분적 정당성을 찾는 과정에서 문주왕의 아들인 삼근을 옹
립할 수 밖에 없었다. 당시 진씨 세력은 해씨 세력 제압이 시급한 일이
었다.

삼근을 일단 즉위시켰지만, 진씨 세력은 해구에게 피살된 곤지를 상

기했다. 곤지의 아들 형제들은 삼근왕 이상으로 해씨 세력에 대한 적개감이 심했을 것이다. 그러한 만큼 곤지의 아들을 옹립했다하여 진씨 세력과 이해 관계가 틀어지는 것은 아니었다. 물론 진씨 입장에서 어린 삼근왕이 부담스러운 존재가 되기는 어려웠다. 그럼에도 삼근왕의 사망 원인은 명확하지 않더라도 그 아우가 즉위하지 못한 것을 볼 때 근본적으로 다른 이유가 있었던 것 같다. 진씨 세력과 삼근왕의 아버지인 문주왕과의 관계일 것이다.

문주왕은 이유 여하를 떠나서 웅진성 시기에 해구로 대표되는 해씨 세력을 기용했다. 설령 어쩔 수 없는 상황 속에서 원하지 않았던 자의반 타의반이라고 하더라도 기용한 이는 문주왕이었다. 비록 문주왕은 해구에게 피살되었지만 해씨를 득세하게 만든 장본인은 분명했다. 이때 진씨 세력은 소외되어 있었을 것이다. 이에 대한 앙갚음으로 정국의 주도권을 장악한 진씨 세력은 문주왕의 아들인 삼근왕을 제거하고 곤지의 아들인 말다를 옹립하였다고 본다.

8. 동성왕의 출생과 왜국에서의 환국

1) 왜? 또? 유년왕인가?

『삼국사기』는 내용이 소략한데다가 정확하지도 않다. 분량 면에서는 '절요節要' 정도의 책이 한국 고대사를 대표하는 사서로서 역할을 하고 있다. 한 가지 사례만 언급해 본다. 1971년에 무령왕릉에서 출토된 매지권에서 왕의 사망 시기를 523년 5월 7일로 적어 놓았다. 이 기록이『삼국사기』에서 무녕왕의 '훙薨'으로 기록한 시점인 5월과 부합하였다. 그러자 환호하는 자들이 많았다.『삼국사기』 기사의 신빙성이 입증되었다는 것이다. 이러한 논리라면 동일한 기록을 남긴『일본서기』의 신빙성도 입증되었다고 해야 맞다. 문제는「무령왕릉 매지권」에 대한 검토를 통해『삼국사기』에 적힌 무녕왕의 계보가 잘못되었다는 사실이 드러났다.『삼국사기』에는 무녕왕을 동성왕의 둘째 아들로 적어 놓았다. 그러나 무녕왕은 동성왕의 배다른 형으로 밝혀졌다. 다른 사안도 아니고 왕실 중심의 기록에서 도저히 틀릴 수 없는 왕의 혈통이 잘못된 것이다. 그것도 2~3세기도 아닌 5~6세기대 왕의 혈통에 대한 너무나 심한 오류였다.『삼국사기』의 신빙성이 높아진 게 아니었다. 아주 크게 떨어진다는 사실이 입증된 되었다.『삼국사기』의 한계를 말해 주었다.[32]

『삼국사기』에서 한성 말기부터 웅진성 도읍기 백제 왕계의 오류가 적출되었다. 그리고 구이신왕과 비유왕도 부자 관계가 아니라 형제 관계로 밝혀졌다. 아울러 개로왕과 문주왕, 그리고 곤지라는 3형제의 관계가 선명하게 드러났다. 그럼에 따라 격동의 시기인 한성 말기부터 웅진성 도읍기 백제 정치 세력의 변동 관계가 새롭게 밝혀지게 되는 계기

---

32 李道學,「백제 무녕왕과의 인연」,『한국전통문화학보』56, 2009. 5. 15 ;『누구를 위한 역사인가』, 서경문화사, 2010, 66~67쪽.

가 마련되었다.[33] 참고로 무녕왕을 에워싼 계보상의 오류는 내가 최초로 밝힌 것이었기에 노중국과 양기석 교수 등이 인용들을 하였다. 그런데 작금에는 누구의 지시에 의한 것인지는 모르겠지만, 너도나도『일본서기』원전을 인용하고 있다.『일본서기』를 척 펼치면 누구나 알아보게 되는 사실은 아니었다. 무녕왕 계보의 교정은 내가 대학 때부터 고심해서 정치하게 완성한 결과물이었다.[34]

동성왕의 이름은『삼국사기』에서 "동성왕 이름은 모대牟大이다. 혹은 마모摩牟라고 한다東城王 諱牟大 或作摩牟"고 했다.『일본서기』웅략 23년(479) 조에는 '말다왕末多王'으로 적혀 있다. 동성왕은 '모대'나 '말다'로 불리거나 표기된 것이다. 그러면 동성왕의 아버지는 누구인가?『삼국사기』에 따르면 "문주왕의 아우인 곤지의 아들文周王弟昆支之子"이라고 했다.『일본서기』웅략 23년 조에 보면 "곤지왕 다섯 아들 중 두 번째 말다왕昆支王五子中第二末多王"이라고 하였다. 동성왕은 곤지의 아들이었다. 백제 왕실에서 동성왕의 계보상 지위는 새로 조정된 다음과 같은『삼국사기』왕실 계보를 통해 가늠해 볼 수 있다.

---

33 李道學,「百濟 王系에 對한 異說의 檢討」,『東國』18, 東國大學校 校誌編輯委員會, 1982, 164~178쪽.
    李道學,「漢城末·熊津時代 百濟 王系의 檢討」,『韓國史研究』45, 1984, 1~27쪽.
34 이에 대한 상세한 내용은 다음의 글을 참조하기 바란다.
    李道學,「백제 무녕왕과의 인연」,『한국전통문화학보』, 한국전통문화대학교 학보사, 56, 2009. 5. 15;『누구를 위한 역사인가』, 서경문화사, 2010, 62~68쪽.
    李道學,「동악에서 맺은 인연들」,『동국대학교 사학과 창립 70주년 기념 기억모음집』, 동국대학교 사학과총동문회, 2016, 148~165쪽.

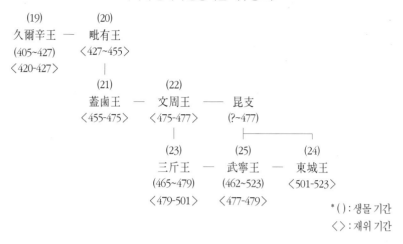

〈백제 왕계의 정상적인 재구성도〉

(19)　　　　　　　(20)
久爾辛王 ― 毗有王
(405~427)　　〈427~455〉
〈420-427〉　　　　|
　　　　　　　(21)　　　　　(22)
　　　　　　蓋鹵王 ― 文周王 ―― 昆支
　　　　　　〈455-475〉　〈475-477〉　(?~477)
　　　　　　　　　|　　　　　　┌――――┐
　　　　　　　(23)　　　　(25)　　　　(24)
　　　　　　三斤王 ― 武寧王 ― 東城王
　　　　　　(465~479)　(462~523)　〈501-523〉
　　　　　　〈479-501〉　〈477-479〉

* ( ) : 생몰 기간
〈 〉 : 재위 기간

　동성왕의 아버지인 곤지에 대해서는 앞에서 언급하였다. 그렇지만 일부 재론한다면 458년에 개로왕이 유송에 보낸 제수 요청 명단에 등장하는 11명의 가운데 가장 직급이 높은 정로장군이었다. 더구나 그는 좌현왕의 직함도 소유하고 있었다. 좌현왕은 우현왕과 마찬 가지로 흉노를 비롯한 유목민목 사회의 직제에 속한다. 좌현왕은 동방을 관장하였다. 곤지는 백제의 동방인 왜를 관장하는 직위에 있었다. 그는 477년 (문주왕 3)에 내신좌평으로 재임 중 사망했다. 곤지는 실권자인 병관좌평 해구에게 피살된 것으로 추정된다.[35]

　그러면 동성왕은 어디에서 출생했을까? 이와 관련한 사실 여부를 떠나 무녕왕은 왜국으로 항진하는 도중 기항한 섬에서 출생한 것으로 적

---

35 李道學,「漢城末・熊津時代 百濟 王位繼承과 王權의 性格」『韓國史研究』50・51合
　輯, 1985, 14쪽.

혀 있다. 『일본서기』 웅략 5년 7월 조는 "군군이 서울에 들어왔다. 이미 다섯 명의 아들이 있었다"라고 적었다. 이 구절은 군군 즉 곤지가 왜의 서울에 들어온 기사이다. 그 직전에 무녕왕을 섬에서 출산한 기록이 적혀 있다. 곤지는 무녕왕을 출산하기 전에 이미 5명의 아들이 존재했음을 알려준다. 물론 이들보다 뒤에 출생한 동성왕을 둘째 아들로 기록하는 등 모순이 보인다. 여기서 분명한 사실은 무녕왕이나 동성왕 출생 이전에 곤지의 아들이 존재했다는 것이다. 그러한 곤지의 다섯 아들이 어디에 거주했는지는 알 수 없다. 이와 관련해 주목되는 사실이 있다. 『신찬성씨록』에 수록된 가와치 아스카 미야츠코의 선조와 아스카베 신사의 제신祭神이 곤지였다. 오사카 남부인 하비키노 시羽曳野市 일대는 가와치 아스카近飛鳥로 불렸던 유서 깊은 곳이었다. 바로 이곳에 백제계 석실분인 간논즈카 고분이 소재하고 있다. 따라서 곤지의 일본열도 거점으로 추정이 가능하다. 그리고 513년에 사망한 무녕왕의 아들인 순타純陀 태자의 존재도 상기된다.[36] 순타 태자의 후손들은 이곳에 내려 거주했다. 간무桓武 천황(737~806)의 어머니인 다카노 니이카사高野新笠는 순타 태자의 후손이었다. 『속일본기』엔랴쿠延曆 8년(789) 12월 조에 다음과 같이 적혀 있다.

… 황태후의 성은 야마토 씨和氏이고, 이름은 니이카사新笠이다. … 황태후의 선조는 백제 무녕왕의 아들인 순타純陀 태자에게서 나왔다. 황후

---

36 『日本書紀』권17, 繼體 7년 8월 조. "秋八月癸未朔戊申 百濟太子淳陀薨"

는 용모가 덕스럽고 정숙하여 일찍이 명성을 드러냈다. 고닌光仁 천황이 아직 즉위하지 않았을 때 혼인하여 맞아들였다. 지금의 임금[桓武天皇: 필자]과 사와라신노우早良親王·노토나이신노우能登內親王를 낳았다. 호우키寶龜 연간(770~780)에 성姓을 다카노아손高野朝臣으로 고쳤다. 지금의 임금이 즉위하여서 높여 황태부인皇太夫人이라 하였는데, 9년에 존호尊號를 높여 황태후皇太后라 하였다. 그 백제의 먼 조상인 도모왕都慕王이라는 사람은 하백河伯의 딸이 태양의 정기에 감응해서 태어난 사람인데, 황태후는 곧 그 후손이다. 이로 인하여 시호를 받았다.[37]

곤지의 후손들은 일본열도의 하비키노 일대에 거주하였다. 동성왕도 이곳에서 성장했을 것이다. 동성왕이 유년시절에 왜국에 거주한 사실이 확인된다. 다음 『일본서기』 웅략 23년 조에서 짐작할 수 있다.

23년 여름 4월에 백제 문근왕이 세상을 떴다. 천왕이 곤지왕의 다섯 아들 가운데 둘째인 말다왕이 유년이지만 총명하였기에 내전으로 불러 친히 머리와 얼굴을 쓰다듬고 진심으로 은근하게 타일렀다. 그 나라의 왕으로 삼아 곧 병기를 내려주는 한편 쓰쿠시의 병사 500인을 딸려서 함

37 『續日本紀』 권40, 延曆 8년 12월 조. "后先出自百濟武寧王之子 純陁太子 皇后容德淑茂 凤著聲譽 天宗高紹天皇龍潛之日 娉而納焉 生今上 早良親王 能登內親王 寶龜年中改姓爲高野朝臣 今上卽位 尊爲皇太夫人 九年追上尊號 曰皇太后 其百濟遠祖 都慕王者 河伯之女感日精而所生 皇太后卽其後也 因以奉諡焉"

께 보내서 그 나라로 가는데 호위하여 보냈다. 그가 동성왕이다.[38]

위의 기사는 과장이 많은 문면이다. 그러나 백제 문근왕 즉 삼근왕이
사망하자 왜왕이 곤지의 다섯 아들 중 둘째 아들인 동성왕이 나이가 어
리지만 총명하기 때문에 불러 격려하고 군사로 호위하여 귀국시켰다
는 것이다. 웅략 5년 조에서 무녕왕이 출생했을 때 곤지에게는 이미 다
섯 명의 아들이 있었다고 한다. 그러니 곤지는 이후 새로운 여인들을

사진 34 교토에 소재한 다카노 니이카사의 능묘

---

38 『日本書紀』권14, 雄略 23년 조. "夏四月 百濟文斤王薨 天王 以昆支王五子中 第二末
多王 幼年聰明 勅喚內裏 親撫頭面 誠勅懃懃 使王其國 仍賜兵器 并遣筑紫國軍士五百
人 衛送於國 是爲東城王"

통해 자식을 낳았다고 본다.

15세의 삼근왕이 사망함에 따라 곤지의 아들인 동성왕이 귀국하여 즉위하였다. 방계인 곤지계의 즉위는 일단 정치적 이유가 아닌 문주왕 직계의 단절에 기인했다. 문주왕이나 삼근왕의 후에 씨족이『신찬성씨록』에 등장하지 않았고, 삼근왕이 15세로 사망한 것을 볼 때 삼근왕 아들의 존재 가능성은 희박하다.[39] 삼근왕 아우의 존재 가능성도 확인되지 않았다.

그런데 삼근왕 사망시 곤지의 아들 중 최연장인 18세의 무녕왕 즉 사마가 가장 유력한 왕위계승권자임에도 불구하고 배다른 동생異母弟인 동성이 즉위한 까닭은 어디에 있을까? 어쩌면『일본서기』의 무녕왕 출생설화에서 느껴지듯 무녕왕은 곤지의 적자가 아니었을 수 있다. 이 같은 가계家系 여건이 동성왕의 즉위 요인이었을 가능성이다. 그러나 비유왕은 서제였지만 즉위했다.[40] 적서嫡庶 여부가 즉위의 1차적 요인은 아니었다.

동성왕의 즉위 과정은 왜에서 귀국하여 왕위계승의 내분을 수습한 후 즉위한 전지왕의 경우와 유사하다. 그러한 만큼 그 즉위 배경은 그

---

39 李道學,「漢城末 · 熊津時代 百濟 王系의 檢討」,『韓國史研究』45, 1984; 李道學,『백제 한성 · 웅진성시대연구』, 일지사, 2010, 265쪽,
　　李道學,「漢城末 · 熊津時代 百濟王位繼承과 王權의 性格」,『韓國史研究』50 · 51合輯, 1985; 李道學,『백제 한성 · 웅진성시대연구』, 일지사, 2010, 300쪽.
40 李道學,「漢城末 · 熊津時代 百濟王位繼承과 王權의 性格」,『韓國史研究』50 · 51合輯, 1985, 3쪽.

리 간단하지만은 않아 보인다. 동성왕 즉위에는 대내외적으로 이해관계가 복잡하게 얽혀있음을 생각하게 한다. 먼저 대외적인 면에서 살펴보자. 백제의 권신으로서 도왜한 목려만치가 동성왕의 즉위에 관련됐다는 견해도 있다. 그리고 보면 왜 조정의 동성왕 후원은 자국의 대백제외교의 득실과 결부되었기 때문일 것이다. 반면 백제 내부의 사정으로는 귀족 세력들의 각자 이해관계에 따라 무녕왕을 옹립하려는 파와 동성왕을 옹립하려는 파로 나누어져 대립했을 가능성도 있다. 그러나 무엇보다도 동성왕의 즉위는 당시 실권을 장악한 진씨를 중심한 남천南遷 귀족들의 계획적인 농간에서 비롯된 게 아닐까 한다. 왜냐하면 앞서 삼근왕에게서 경험했듯이 이들 귀족들은 유년왕의 즉위를 통한 극도의 왕권 약화에 편승해서 세력 만회의 전기로 삼으려 했을 가능성이 컸다. 이와 같았을 당위성은 다음과 같은 요인에서 찾아진다.

웅진성 도읍초기 왕위계승분쟁을 위시한 남천 귀족 세력 간의 거듭된 대결에서 비롯된 자체 분열은, 왕실 뿐만 아니라 귀족 세력 또한 극도로 약화시켰을 것이다. 그러한 만큼 신왕도인 웅진성을 중심한 현지에 구지배 질서를 다시금 구축할 수 있는 시간적 여유가 필요했다. 동시에 남천 귀족 세력의 약화를 틈탄 신흥토착 세력의 성장을 견제해야만 하는 새로운 상황에 직면하였다. 때문에 국내에서 성장한 무녕왕보다 왜에서 장기간 체류한 관계로 국내 정정에 어두운 유년의 동성왕이, 진씨를 위시한 남천귀족권의 세력 신장이라는 의도에 보다 부합될 것으로 판단되었기에 적극 옹립한 듯하다. 진씨 귀족과 동성왕 즉위와의 관련은, 해구란을 토평할 때 덕솔이던 진로가 동성왕 4년에는 병관좌평 겸 지내외병마사를 제수받은 데서 찾아진다. 왕비족의 실체가 뚜렷한 근초고왕 이래 병관좌평직은 대부분 왕권 구축의 분담세력이 장악해 왔었다. 이러한 선례에 비추어 볼 때 진씨 귀족은 동성왕 즉위와 관련 짓는 게 자연스럽다. 그렇다고 하면 동성왕의 진로에 대한 병관좌평 제수도 기실은 진씨가 실질적으로 장악해 온 병권을 인준해 준 데 지나지 않는다.[41]

2) 동성왕의 귀국 시점 문제

삼근왕이 시퍼렇게 살아 있는데, 동성왕이 귀국하여 즉위하려 했다는 견해가 있다. 479년 4월에 귀국한 동성왕이 급기야 11월에 삼근왕을 제거하고 즉위했다는 해석이다. 기존의 왕과 새로 즉위하고자 왜국에서 건너온 새 왕新王 후보자가 무려 7개월이나 대치하다가 결국 동성왕이 기존의 삼근왕을 제거하고 즉위했다는 것이다. 479년 9월에 해씨 세력의 근거지인 대두성에서 두곡으로 사민시킨 직후에 삼근왕이 사망했다. 이것은 곧 삼근왕 제거로 간주할 수 있다는 논리였다. 그러나 동성왕의 귀국과 즉위는 삼근왕의 사망에 기인한 것이다. 앞에서 한 번 인용한 다음의『일본서기』기사에 분명히 보인다.

23년 여름 4월 백제 문근왕文斤王이 세상을 떴다. 천왕天王이 곤지왕의

---

41 李道學,「漢城末 熊津時代 百濟 王位繼承과 王權의 性格」,『韓國史研究』50·51合輯, 1985;『백제 한성·웅진성시대연구』, 일지사, 2010, 301쪽.

다섯 아들 가운데 둘째인 말다왕이 유년이지만 총명하였기에 내전으로 불러 친히 머리와 얼굴을 쓰다듬고, 진심으로 은근하게 타일렀다. 그 나라의 왕으로 삼아 곧 병기를 내려주는 한편 쓰쿠시 국筑紫國 병사 500 인을 딸려서 함께 보내서 그 나라로 가는데 호위하여 보냈다. 그가 동성왕이다.[42]

위의 기사는 과장과 왜곡이 적지 않다. 그러나 수용 가능한 사실은 문근왕 즉 삼근왕이 479년 4월에 사망한 것이다. 『삼국사기』에 적힌 11월과는 달리 삼근왕의 사망은 479년 4월이나 그 이전이었다. 해씨 세력은 478년 봄에 주모자인 해구가 참살되고, 동조자였던 연신이 고구려로 도망함으로써 '해구의 난'은 일단락되었다. 즉 478년 봄에 해구의 반란을 진압한 진씨 세력이 이미 권력을 독점한 상황이었다. 479년 9월에 대두성을 두곡으로 옮긴 것은 다른 사안의 발생을 암시해 줄 수 있다. 가령 삼근왕의 사망에 이은 479년 4월 동성왕의 귀국과 즉위를 둘러싼 갈등이 증폭되었을 가능성이다. 이러한 갈등은 필시 왕위계승 분쟁일 수밖에 없다고 본다. 추측컨대 한강 이북 남천 주민들의 거점인 대두성 세력이 왕위계승에 깊숙이 관여했었다. 그렇지만 동성왕 세력이 이들을 제압한 결과 사민徙民으로 결말이 난 것으로 보인다.

---

42 『日本書紀』권14, 雄略 23년 조.

사진 35 공주 우성면 단지리에 소재한 횡혈묘.
매장 주체인 왜인들은 동성왕의 귀국 때 호종했던 이들로 추정하기도 한다.

문제는 삼근왕의 사망 시점이『삼국사기』에서처럼 479년 11월인 지의 여부이다. 이와 관련해『삼국사기』에서는 즉위년칭원법卽位年稱元法을 따르고 있다는 점이다. 이로 인해 동성왕의 즉위 시점에 맞춰 삼근왕의 사망을 479년 11월로 기재했을 가능성을 홀시할 수 없다. 출가수도出家修道 문제로 공위설空位說까지 제기되었을 뿐 아니라「창왕사리감명문」과도 기년이 맞지 않았던 게 위덕왕의 즉위년이었다. 그러나『삼국사기』에서는 기년에 맞추기 위해 이러한 상황들을 배제하고 일괄적으로 기재했을 가능성이다. 가령『일본서기』에서 위덕왕의 즉위년은 557년으로 적혀 있다. 그러나 사리감 명문을 통해 위덕왕 즉위 원년은 555년으로 밝혀졌다. 그러므로 일부를 혹하게 했던 공위설의 타당성은 일단 희박한 것처럼 보였다. 그런데『삼국사기』에 적용되는 즉위년 칭원법은 금석문 자료와 맞추어 볼 때, 삼국 당시의 칭원법으로 간주하기 어렵다는 점이다. 칭원법과 직접 관련은 없지만 여기에 문제가 있음은,「광개토왕릉비문」에 의해서였다. 광개토왕의 즉위 원년은『삼국사기』에 의거한 392년이 아니라 1년 앞당겨진 391년으로 밝혀졌다. 그런데 사리감 명문을 통해 확인된 사실은 성왕이 전사한 554년 7월의 이듬해인 555년이 위덕왕의 즉위 원년으로 드러났다. 백제는 유년칭원법踰年稱元法을 사용한 사실이 밝혀졌다. 따라서 위덕왕의 즉위에는 공위空位가 존재했지만, 기년법에 따라 역으로 555년을 즉위 원년으로 설정했을 수 있다. 이러한 맥락에서 본다면 시간상의 공백을 없애기 위한 목적으로 동성왕의 즉위 시점인 479년 11월을 아예 삼근왕의 사망 시점으로 맞췄을 수 있다. 이는 역사 조작이라기 보다는 사망과 재위 간의 공백을 없애 동성왕의 즉위 흠결을 없애기 위한 조치로 해석된다.

그런데 혹자의 주장처럼 국왕이 건재한 상황에 왜국에서 귀국한 왕위 계승자는 역사에 없었다. 국왕이 사망한 연후에야 왜국에 체류하던 왕자나 왕제가 귀국하여 즉위하는 일이 상례였다. 이와 관련해 전지 태자가 즉위할 때의 다음과 같은 상황을 연상하면 될 것 같다.

전지왕腆支王[혹은 직지直支라고 하였다]은 양서梁書에는 이름을 앙映이라고 하였다. 아신阿莘의 맏아들이다. 아신이 재위 제3년에 태자로 삼았고, 6년에 왜국에 볼모로 보냈다. 14년에 왕이 죽자 왕의 둘째 동생 훈해訓解가 섭정하면서 태자의 환국을 기다렸는데, 막내 동생 설례碟禮가 훈해를 죽이고 스스로 왕이 되었다. 전지가 왜국에서 부음을 듣고 소리내어 울며 귀국하기를 청하니 왜왕이 병사 100명으로써 호위해 보냈다. (전지가) 국경에 이르자 한성 사람 해충解忠이 와서 고하기를 "대왕이 죽자 왕의 동생 설례가 형을 죽이고 스스로 왕이 되었습니다. 원컨대 태자는 경솔히 들어가지 마십시오"라고 했다. 전지는 왜인을 머물러 두어 자기를 호위하게 하고, 바다의 섬에 의거하여 기다렸더니, 나라 사람들이 설례를 죽이고 전지를 맞아 왕위에 오르게 하였다. 왕비는 팔수부인이니 아들 구이신久尒辛을 낳았다.

위에 보이는 '아신阿莘'은 '아화阿華'를 목판에 잘못 새긴 것이다. 전지왕의 즉위 과정은 『일본서기』에서도 왜국에서 환국한 사실이 다음과 같이 적혀 있다.

이 해에 백제 아화왕阿花王이 세상을 떴다. 천황은 직지왕直支王을 불러 그에게 "너는 본국으로 돌아가 왕위를 이으라"고 했다. 그리고는 또 동한東韓의 땅을 내려주고 그를 보냈다[동한은 감라성甘羅城 고난성高難城 이림성爾林城이다].[43]

왜국에서 귀국한 전지왕의 즉위는 『삼국사기』와 『일본서기』에서 보듯이 모두 아화왕의 사망과 연계되어 있다. 이와 마찬 가지로 삼근왕이

---

43 『日本書紀』 권10, 應神 16년 조.

사망했기에 동성왕은 즉위차 귀국한 것이다. 그러나 삼근왕이 건재한 상황에서 동성왕이 귀국하여 대치했다는 근거는 어디에서도 찾기 어렵다. 그러므로 이 사안을 정리하면 삼근왕은 479년 4월 이전에 사망하고, 4월이나 그 이후에 백제에 귀국한 동성왕은 11월에야 즉위하였다.『삼국사기』는 동성왕의 즉위 시점에 맞춰서 삼근왕의 사망 시점을 설정한 데 불과한 것으로 보인다. 이 사실은 동성왕의 즉위 과정이 간단하지 않았음을 암시해 준다. 앞에서 인용한 전지 태자의 즉위 과정에서 보듯이 동성왕의 즉위에도 반대하는 세력이 엄존했을 수 있다. 그것은 왕위계승권을 가진 왕족 간의 갈등일 가능성이라고 본다. 물론 왕족 간의 갈등에는 귀족 세력들의 이해가 착종하는 만큼, 여타 귀족 세력들이 가세했을 것임은 분명하다.

이와 더불어 479년 9월의 해씨 세력의 거점이었던 대두성을 두곡으로 옮긴 건件은 남천 귀족 세력 일부가 동성왕의 즉위에 반대했기에, 이들을 제거한 후에야 즉위가 가능했음을 암시한다. 사민의 경우는 상대를 토벌한 직후에 단행하기 마련이다. 이는 다음과 같은 사례가 방증한다.

* 가을 7월에 실직悉直이 반란을 일으켰으므로 군사를 보내 토벌하여 평정하고, 그 남은 무리들을 남쪽의 변방으로 옮겼다. [44]
* 13년 봄 2월에 청해진을 폐지하고 그 사람들을 벽골군으로 옮겼다. [45]

---

44 『三國史記』 권1, 파사이사금 25년 조.
45 『三國史記』 권11, 문성왕 13년 조.

해구의 반란이 토평된 이후까지 존속하다가 해구의 거점이었던 대두성을 두곡으로 옮긴 것이다. 이는 해구에 대한 참살이 곧 '해구의 난'을 평정한 것은 아닌 듯하다. 해씨 세력이 여전히 할거하다가 두곡으로 옮기기 직전에 제거되었음을 알 수 있다. 그러한 세력은 여전히 동성왕 즉위의 장애물이었을 게 자명하다. 다시 말해 삼근왕의 사망과 동성왕의 귀국이라는 권력 교체와 공백기를 틈탄 내전의 재연再燃을 상정해 볼 수 있다. 진씨 세력의 동성왕 옹립에 반대하는 해구 잔당을 비롯한 군소 세력 연합이 한강 이북 남천 주민들의 거점인 대두성을 기반으로 곤지의 다른 왕자를 옹립하고 항전했음을 시사해 준다. 사민 기사는 동성왕 즉위에 반대하는 세력이 여전히 온존했음을 뜻하는 징표로 받아들일 수 있다. 요컨대 동성왕의 즉위는 국내의 진씨 세력과 왜 조정과의 공모의 산물이었다.

9. 즉위 후의 동성왕

1) 성정과 특징

동성왕은 유년에 즉위했다. 귀족들이 일종의 로봇으로 그를 옹립한 것이다. 그러나 동성왕은 유년이었지만 호락호락하지 않았다고 본다. 유년의 동성왕이 어른 뺨칠 정도로 총명했음을 알려주는 일화도 존재했을 법하다. 동성왕은 장성하면서 강단 있는 군왕의 면모를 갖추었다. 이를 보고 실권자인 진씨 귀족들이 당초의 의도와는 어긋난다고 생각하여 전전긍긍하는 모습도 연상된다.

동성왕은 왜병 500명의 호위를 받고 환국했다. 이때 어린 동성왕의 당당하고 위엄 있는 모습을 통해 보통내기가 아닐 거라는 예상이 나왔을 법하다. 동성왕을 수행했던 왜병들은 백제에 거주하다가 묻혔다면, 공주 우성면 단지리의 횡혈묘로 지목하고 있다.

백제 조정에는 중국인이나 왜인들을 비롯하여 외국인 출신들이 적지 않았다. 왜국에서 귀국한 동성왕은 왜국 사신들과 대화할 때 유창한 일본어를 구사했을 수 있다. 글로벌 국가 최고의 리더가 갖춰야할 덕목을 말해준다. 가와치 아스카에서 유년 시절을 보낸 꿈 많은 소년왕 동성왕의 야무진 포부는 고구려를 꺾고, 다시 강한 나라를 회복하고, 고토를 회복하여 조상들이 살았던 옛 수도 한성에 입성하겠다는 의지가 아니었을까.

『삼국사기』를 보면 동성왕의 성정과 특징을 단 두 마디로 적어 놓았다. 즉 "담력이 남보다 뛰어 났으며 쏘기를 잘하여 백발백중이었다膽力過人 善射百發百中"고 했다. 담력은 국어사전에서 "겁이 없고 용감한 기운"이라고 하였다. 이러한 성정 기록을 통해 동성왕이 거친 정치적 파고를 헤쳐 나갈 것으로 짐작할 수 있다. 많은 신하들이 반대했지만 자신의 소신을 관철시킨 사례가 적지 않았을 것 같다. 전쟁 터에 나갔을 때 많은 부하 장수들이 위험하다고 만류했지만 단독으로 적진에 뚫고 들어가 적장의 목을 베거나 적진을 흔들어 놓았을 수 있다. 동성왕의 무용담을 보여주는 숱한 사례가 연상된다.

동성왕의 '백발백중' 건도 일화가 많았을 것이다. 가령 『세조실록』에 보면 세조가 왕자시절이었던 1432년(세종 14)에 일화가 보인다. 즉 "임자년 6월에 세조가 금성대군錦城大君 이유李瑜 등 여러 종친과 더불어 회사會射하였는데, 세조가 백발백중하니, 무인 양춘무楊春武가 곁에 있다가 감탄하여 말하기를, '국내 제일가는 명사수입니다'고 하였다. 세조가 또 일찍이 회경루慶會樓 못池 남쪽에 조그마한 과녁을 설치하였는데, 물을 사이에 두고 있어 그 거리를 잴 수 없었으나 종일 쏘았지만 한 개의 화살도 물에 떨어지지 않았다"고 했다.

1458년에 윤사윤尹士昀(1409~1461)이 지은 시에 세조를 일컬어 "군왕의 신무神武는 영웅을 어거馭車하였고, 신속히 군흉群兇을 소탕하니 썩은 것을 부순 것과 같습니다. / 흑우黑羽는 외외巍巍함이 백우白羽보다 지났고, 신궁神弓의 혁혁함은 동궁彤弓보다 낫습니다"[46]고 읊조렸다. 여기서 '어거'는 "바른 길로 나아가게 함"이라는 뜻이다. 동성왕이 지방 세력을 제압하는 데 백발백중의 신무가 위력을 보였을 수 있다.

담력이 다른 이들보다 뛰어난데다가 백발백중의 활 솜씨로 동성왕은 적장을 쏘아 죽였거나 간담을 서늘하게 한 일화를 무수히 생산했을 법하다.

2) 정치 재편의 단행

동성왕은 유년에 즉위하여 백제를 통치했다. 이러한 경우는 부모에 의한 섭정을 상정할 수 있다. 7세의 유년에 즉위한 신라 진흥왕의 경우

---

46 『세조실록』 세조 4년 2월 12일 신축.

도 모태후가 섭정하였다. 동성왕의 경우는 아버지 곤지는 피살되었다. 때문에 모태후가 섭정했을 것으로 본다. 모태후는 진씨 출신으로 추측된다. 동성왕은 재위 4년에 진로를 병관좌평으로 임명하고 내외병마사를 함께 거머쥐게 했다. 진로에게 막중한 직책을 부여한 것은 모태후의 영향력 없이는 상정하기 어렵다. 모태후가 진씨임을 방증하는 사례일 수 있다. 그러나 곤지는 장기간 왜에 체류했던 만큼, 동성왕의 어머니가 왜인일 가능성도 고려할만 하다.

『삼국사기』에서 동성왕 11년까지는 풍년 기사도 등장한다. 그러나 그 이후에는 천재지변 기사가 속출하고 있다. 이로 볼 때 동성왕 12년부터는 친정이 시작한 해로 보여진다. 동성왕은 친정 이후 무서운 속도로 권력을 장악했다. 동성왕은 중앙의 귀족들, 특히 외가 세력을 제압한 후 지방 세력에 대한 제압에 착수하였을 것이다.

동성왕은 신라와 왜국을 기반으로 내부의 정적들을 제압하고 강력한 통치권을 수립한 것으로 보였다.

동성왕대에는 다양한 귀족 세력들이 중앙 정계에 진출하고 있다. 진로(병관좌평), 사약사(내법좌평), 백가(위사좌평), 연돌(병관좌평)과 같은 이들이 중앙의 요직에 임명되었다. 특정 귀족의 독주에서 벗어나 다양한 세력들이 등장하였다. 동성왕은 백제 왕실에 도전하였던 해씨 세력의 요직 진출을 철저히 봉쇄하였을 뿐 아니라, 자신을 옹립하였던 진씨 귀족세력의 권력 독주 또한 허용하지 않았다. 백제가 지금의 서울 지역에 도읍하고 있던 한성기에는 왕실을 축으로 한 양대兩大 귀족 세력이었던 진씨와 해씨 외에는 요직에 기용되지 않았다. 그러나 동성왕대에는 사씨를 비롯하여 백씨·연씨 등 금강을 중심으로 한 충청남도 지역에 기반을 가지고 있던 세력이 대거 등용되었다. 이러한 현상은 동성왕이 특정 귀족의 권력 독주를 막기 위해 여러 세력을 기용한 것으로서, 귀족들 간의 상호 견제와 대립을 통해 왕권을 강화시키려고 한 조치였다.

동성왕은 486년(동성왕 8)에 이르러 국왕의 내적 권력을 공고하게 마련하였다. 동성왕은 지금의 대통령 경호실장에 해당되는 위사좌평에 백가를 임명하였다. 백가는 지금의 공주 땅의 토호土豪로 추정되고 있다. 금강을 백강이라고 불렀는데, 그 백강의 '백'과 인연 깊은 씨성으로 추정되는 백씨라고 한다. 그러나 앞에서 이미 언급했듯이 공주 지역을 통과하는 금강은 웅천이나 웅수 등으로 기록되었다. 백가는 오히려 백강이 통과하는 부여 지역과의 연관성이 깊다. 남제에 사신을 파견하여 국왕의 지위에 대한 국제적인 공인을 확보하는 동시에 궁실을 중수하여 왕실의 위엄을 과시하였다. 동성왕은 그 해 10월, 궁성 남쪽에서 크게 군대를 사열하였는데, 군 통수권의 확립을 의미하는 것이다. 동시에 원정遠征 전야의 어떤 검열을 생각하게 한다.

『삼국사기』에 의하면 488년(동성왕 10)에 "위에서 군대를 보내어 와서 정벌하였으나 우리에게 패하였다"는 기사가 되겠다. 이 기사는 『자치통감』 영명永明 6년 조의 "위가 군대를 보내어 백제를 쳤으나 백제에게 패하였다"라는 구절을 옮겨 온 것이다. 북중국의 왕조인 북위에서 백제를 침공했으나 패하였다는 내용이 되겠다. 우리의 고정 관념을 뛰어넘는 선뜻 믿기지 않는 기사이다. 선비족 계통인 북위가 과연 위험한 항해를 무릅쓰고 백제를 침공할 필요가 있었을까? 그러므로 이 기사에 관해서는 조선시대 학자들도 한 마디씩 하였지만, 수긍하기 어렵다는 게 대세였다. 혹은 백제의 요서진출과 관련하여 이 문구를 해석하기도 했다. 그런데 이와 관련된 전쟁으로 보이는 기사가 『남제서南齊書』에 다음과 같이 적혀 있다.

　　이 해에 위로魏虜가 또다시 기병騎兵 수십만을 동원하여 백제를 공격하여 그 지경地境에 들어가니 모대牟大가 장군 사법명沙法名·찬수류贊首流·해례곤解禮昆·목간나木干那를 파견하여 무리를 거느리고 오랑캐 군대를 기습 공격하여 그들을 크게 무찔렀다.

　　건무建武 2년(495년: 동성왕 17)에 모대가 사신을 보내어 표문을 올려 말하기를 "지난 경오년庚午年(490년)에 험윤獫狁이 잘못을 뉘우치지 않고 군사를 일으켜 깊숙히 쳐들어 왔습니다. 신臣이 사법명沙法名 등을 파견하여 군사를 거느리고 역습케 하여 밤에 번개처럼 기습 공격하니, 흉리匈梨가 당황하여 마치 바닷물이 들끓듯 붕괴되었습니다. 이 기회를 타서 쫓아가 베니 시체가 들을 붉게 했습니다. 이로 말미암아 그 예리한 기세가 꺾이어 고래처럼 사납던 것이 그 흉포함을 감추었습니다.

　　지금 천하가 조용해진 것은 실상 사법명 등의 꾀이오니 그 공훈을 찾아 마땅히 표창해 주어야 할 것입니다. 이제 사법명을 임시로 정로장군征虜將軍 매라왕邁羅王으로, 찬수류贊首流를 임시로 안국장군安國將軍 벽중왕辟中王으로, 해례곤解禮昆을 임시로 무위장군武威將軍 불중후弗中侯로 삼고, 목간나木干那는 과거에 군공軍功이 있는 데다가 또 대臺와 큰 선박[舫]을 때려 부수었으므로 임시로 광위장군廣威將軍 면중후面中侯로 삼았습니다. 엎드려 바라옵건대 천은天恩을 베푸시어 특별히 관작을 제수하여 주십시요"라고 하였다.

위의 전쟁 기록은 과거부터 논란이 많았다. 백제가 북위와 적대 관계인 남제의 비위를 맞추기 위해 조작한 허구로 보는 견해가 있었다. 그러나 외교문서에 그것도 존재하지도 않았던 전쟁을 꾸며 넣었다는 발상 자체가 경이로울 정도이다. 이 전쟁은 사실로 보아야만 한다. 그렇다고 할 때 490년에 백제 수군은 '험윤' 혹은 '흉리'로 표기된 북위의 선단을 크게 격파하였음을 알 수 있다. 물론 이 전쟁은 『삼국사기』에는 전혀 비치지 않는다. 그렇지만 488년에 백제군이 북위 군대를 격파한 기사가 보인다. 그러므로 양자는 동일한 전쟁으로 간주할 수도 있다. 그러나 "목간나는 과거에 군공이 있다"고 한, 군공 또한 북위와의 전쟁과 관련 있음이 분명하다. 그러니 488년의 전쟁을 가리킨다고 보아 무방한 것이다. 바로 건무 2년 조 앞의 '이 해'로부터 시작되는 전쟁 기사가 488년의 전쟁을 뜻한다고 본다. 이로 볼 때 백제는 적어도 488년과 490년의 두 차례 북위와의 전쟁을 승리로 이끌었다. 488년은 육상전을, 490년에는 해전이었다.

그러면 이 전쟁을 승리로 이끈 백제 장군들이 남제로부터 받은 관작을 보자. 사법명부터 목간나에 이르기 까지 4명의 백제 장군들은 남제의 장군호를 제수 받게 된다. 이들은 장군호에 이어 어김없이 왕이나 후侯로 봉해졌다. 그리고 왕과 후 앞에는 지명을 관칭冠稱하였다. 그런데 이들 지명은 중국 대륙에서 찾기는 어렵다. 중국의 역대 지명사전에서 전혀 보이지 않는다. 오히려 백제 영역 내에서 찾기 쉽다. 지명을 관칭한 왕·후호는 『남제서』 백제 조 앞 부분에 다음과 같이 보인다.

공功에 대하여 보답하고 부지런히 힘쓴 것을 위로하는 일은 실로 그 명성과 공업을 보존시키는 것입니다. 임시로 부여한 영삭장군 신臣 저근姐瑾 등 4인은 충성과 힘을 다하여 나라의 환란을 쓸어 없앴으니 그 뜻의 굳셈과 과감함이 명장名將의 등급에 들 만하며 나라의 간성干城이요 사직의 튼튼한 울타리라 할 만 합니다. 그들의 노고를 헤아리고 공을 논하면 환히 드러나는 지위에 있어야 마땅하므로 지금 전례에 따라 외람되이 임시 관직을 주었습니다. 엎드려 바라옵건대 은혜를 베푸시어 임시로 내린 관직을 정식으로 인정하여 주십시요. 영삭장군 면중왕 저근은 정치를 두루 잘 보좌하였고 무공 또한 뛰어났으니 이제 임시로 관군장군冠軍將軍 도장군都將軍 도한왕都漢王이라 하였고, 건위장군建威將軍 팔중후八中侯 여고餘古는 젊었을 때부터 임금을 도와 충성과 공로가 진작 드러났으므로 이제 임시로 영삭장군 아착왕阿錯王이라 하였고, 건위장군 여력餘歷은 천성이 충성되고 정성스러워 문무가 함께 두드러졌으므로 이제 임시로 용양장군 매로왕邁盧王이라 하였으며, 광무장군廣武將軍 여고餘固는 정치에 공로가 있고 국정을 빛내고 드날렸으므로 이제 임시로 건위장군 불사후弗斯侯라 하였습니다. …

위의 기록을 놓고 볼 때 왕과 후에 관칭된 면중·도한·팔중·아

착·매로·불사·매라·벽중·불중 등은 지명인 것이다. 이러한 지명
은 대부분 백제 지역으로 비정되고 있다. 면중은 전라남도 광주로, 도
한은 전라남도 고흥이나 나주 지방으로, 팔중은 전라남도 나주 일원으
로, 아착은 전라남도 여수로, 매로는 전라북도 옥구나 전라남도 보성
혹은 장흥 일원으로, 불사는 전라북도 전주로, 벽중은 전라북도 김제로
비정된다. 이러한 비정이 정곡을 찔렀다고 보기에는 석연치 않은 구석
이 많다. 그러나 일단 중국 대륙에서는 찾기 힘든 지명인데 반해 백제
색채가 강하다. 가령 아착왕의 아착은 "아착현阿錯縣은 본래 원촌猿村이
다"고 한,『삼국사기』지리지와 연결된다. 여기서 '원촌'은 지금의 여수
일대를 가리킨다. 게다가 이들 지명은 대략 전라북도 일부와 전라남도

사진 36 남조 영역인 젠장 시鎭江市에 소재한 금산사金山寺

일원에 몰려 있다는 지명 분포의 경향성을 띠고 있다. 그러므로 지명을 관칭한 왕과 후들은 북위와의 전공이나 국왕을 잘 보좌한 공로로 중국의 장군호를 받는 한편, 백제가 새로 개척한 노령산맥 이남의 각 지역에 봉해졌다고 보겠다. 백제는 근초고왕대에 마한경략을 통해 지금의 노령산맥 이북선까지만 영역화하였다.[47]

그리고 저근은 면중왕에서 도한왕으로, 여고는 팔중후에서 아착왕으로 전봉轉封된 사실을 발견하게 된다. 495년에는 목간나가 면중후에 봉해졌다. 이러한 사실은 동성왕대의 귀족들은 전공 등에 따라 임지를 바꾸어 계속 이동하면서 지방을 통치했음을 알려준다. 이는 지방을 통치하는 주체가 토착 호족이 아니라 중앙에서 파견한 귀족이었음과 더불어, 전봉은 이들의 토착화를 차단하기 위한 조처로 판단된다. 나아가 동성왕 휘하에 왕과 후 그리고 태수들이 포진하였음은, 동성왕 또한 왕 중의 왕인 대왕의 위치였음을 뜻한다.

이렇듯 왕·후를 칭한 귀족들은 저근·여고·여력·여고·사법명·찬수류·해례곤·목간나였다. 이 중 북위와의 전쟁에서 군공을 세운 사법명·찬수류·해례곤·목간나를 제외한 그 앞의 4명은 저근만 제외하고는 부여씨 왕족이다. 저근은 문주왕을 도와 목려만치와 함께 웅진성 천도에 공을 세운 조미걸취祖彌桀取의 조미씨와의 관련을 연상시킨다. 부여씨를 여씨로만 표기한 것처럼, 복성複姓인 조미씨를 단

---

47 李道學, 「百濟의 起源과 國家發展過程에 관한 檢討」, 『韓國學論集』 19, 漢陽大學校 韓國學研究所, 1991, 139~192쪽.

성單姓인 저씨로만
표기한 게 아닐까 한
다.[48] 물론 조미씨를
유력 성씨인 진모씨
眞慕氏로 파악하는 견
해도 있다. 어쨌든
"절부節符와 부월斧鉞
을 받아 모든 변방을
평정하였습니다"고
한 기사에 이어 저근
이 다시금 언급되고

사진 37 나주 반남면 신촌리 9호분에 부장되었던 금동관.
강대한 세력의 존재를 암시해 주는 표징이 된다.

있는 만큼, 지방 세력에 대한 통제와 흡수 그리고 영산강유역으로의 진
출에 공을 세운 인물로 생각된다. 그리고 저근은 면중에 왕으로 파견된
데 반해 목간나는 후로서 이곳에 부임하게 된다. 이로써 볼 때 왕과 후
들이 특정 지역에 파견되면, 그 지역 이름을 취해서 왕이니 후를 칭하
는 것이지 왕과 그 밑의 후가 함께 면중 지역으로 파견된 것은 아니다.
물론 면중의 위치가 지금의 광주광역시가 맞다면 큰 도회였던 만큼, 그
격에 맞게끔 왕과 그 밑의 후가 함께 파견되었을 가능성도 배제하기는
어렵다. 어쩌면 이 가능성이 더 큰지도 모른다.

동성왕은 한성 함락이라는 일대 사변과 웅진성 천도 초기의 내분과

---

48 李道學,『새로 쓰는 백제사』푸른역사, 1997, 177쪽.

같은 정정의 혼란을 틈타 이탈해 간 세력들을 하나 하나 장악해 갔다. 그 정점이 동성왕의 무진주 진출이었다. 498년에 동성왕은 탐라가 공부貢賦를 바치지 않자 무진주까지 행차하여 항복을 받았다. 그런데 이 보다 거의 20년 전인, 동성왕이 즉위하는 해인 479년에 가라국왕加羅國王 하지荷知가 보낸 사신은 검푸른 파도를 헤치고 남제에 도착했다. 하지는 남제로부터 보국장군 본국왕輔國將軍本國王을 제수받았다. 그러면 하지는 임나제국 가운데 어느 나라 국왕이었을까? 여러 견해가 있지만 고령에 소재한 가라의 국왕으로 간주된다. 근초고왕대 이래 예속되어 있던 가라가 백제의 영향력 약화를 틈타 남제로부터 그 정치적인 지위를 인정 받고자 한 것이다. 동성왕이 해결해야 될 문제가 임나제국에 대한 영향력 복원이었다. 그에 앞서 지방 세력에 대한 장악이 급선무였다.

3) 왕권 강화와 국제 결혼

10대의 소년왕은 국제 정세에도 밝았다. 484년(동성왕 6)에 남중국의 남제가 고구려 장수왕에게 표기대장군驃騎大將軍의 벼슬을 내렸다는 소식을 들었다. 이에 질세라 동성왕도 남제에 사신을 보내었다. 그로부터 5개월 후인 7월에 내법좌평 사약사沙若思를 남제에 보냈지만, 서해 해상에서 고구려 선박을 만나 되돌아 오고 말았다. 백제는 다시금 고구려 수군의 연안 항로 봉쇄에 따라 외교적으로 고립되는 위기에 봉착하였다. 그러나 1년 8개월만인 486년 3월에 남제에 사신을 보내어 조공을 했다. 동성왕은 신라에도 사신을 보내어 돈독한 관계를 맺음으로써 자신의 정치적 위상은 물론이고 고구려의 남진에 효과적으로 대처해 나갔다.

동성왕이 왕권을 강화시켰음은 주지의 사실이다. 그러한 요소는『삼국사기』에서도 가시적으로 포착된다.

* 7월에 궁을 수리하였다(동성왕 8년).
* 웅진교를 가설하였다(동성왕 20년).
* 봄에 임류각을 궁 동쪽에 세웠는데, 높이가 5길이나 되고 또 연못을 파고 이상한 새를 기르게 하자 간관諫官이 상소로 항의하였으나 왕은 이를 회답하지 않고 다시 간하는 자가 있을까 하여 궁문을 닫아 버렸다(동성왕 22년).

궁에 대한 수리와 임류각 건설과 같은 토목공사는 왕권의 신장이 전제되지 않고는 생각하기 어렵다. 더욱이 "궁문을 닫아 버렸다"는 구절은 동성왕의 강력한 권력 구축을 가리킨다. 그리고 금강 남북을 가로지르는 웅진교 가설은 웅진성의 도성에 대한 정비 차원에서 고무적인 현상이었다.[49]

동성왕대는 두드러진 점이 많은 시기였다. 그 가운데 대표적인 사건이 국제 결혼이었다.『삼국사기』에 적혀 있는 다음의 기사를 살펴 본다.

15년 봄 3월에 왕이 신라에 사신을 보내 혼인을 요청하니 신라 왕이 이

---

49 李道學,「百濟 熊津城研究에 대한 檢討」,『東아시아古代學』23, 2010, 247~278쪽.

찬 비지의 딸을 시집보냈다. 十五年 春三月 王遣使新羅請婚 羅王以伊湌比智女歸之.

동성왕은 493년(동성왕 15)에 신라에 사신을 보내어 혼인을 청했다. 신라의 소지 마립간은 이에 응하였다. 왕족인 이찬 비지의 딸을 동성왕에게 시집보냈다. 동성왕은 신라 왕실을 처가로 하는 혼인동맹을 맺게 된 것이다. 그러면 동성왕은 무엇 때문에 신라 왕녀와 혼인하게 된 것일까? 동성왕이 신라에 혼인을 요청한 시기는 재위 15년이므로 20대 전반의 연령으로 추정된다. 따라서 동성왕이 혼인하지 않았다고는 생각되지 않는다. 그럼에도 불구하고 동성왕이 신라 왕녀와의 결혼을 시도한 데는 정치적인 의미가 강하였다.

전통적으로 백제 왕실의 처족인 왕비족은 해씨나 진씨였다. 동성왕이 즉위할 무렵에 권력을 장악한 세력은 진씨 귀족이었다. 그러므로 동성왕은 진씨 출신의 여자를 왕비로 삼았을 가능성이 지극히 높다. 그럼에도 불구하고 동성왕은 신라 왕녀를 배우자로 구하였다. 진씨 세력의 수중에서 벗어나 왕권을 강화시키려는 목적이었을 것이다. 이 경우 동성왕은 진씨 귀족들과의 갈등을 각오해야만 하였다. 그러나 신라의 힘을 빌어야 진씨 세력의 힘을 제어할 수 있다고 판단한 만큼 혼인을 단행한 것으로 본다.

동성왕은 혼인동맹을 통해 신라와의 동맹을 강화했다. 그럼으로써 고구려의 남진에 효과적이면서 강력하게 대응할 수 있었다. 내부적으로는 신라를 백제 내정에 끌어들이게 된 것이다. 신라는 백제 내정에 대한 정보를 입수할 수 있게 되었다. 더불어 신라가 개입할 수 있는 계기를 마련해 주었다. 이와 관련해 관심을 끄는 유물이 있다. 즉 송산리 4호분의 대금구帶金具는 경주 금관총에서 출토된 것과 동일하다. 이 대금구는 신라에서 백제로 유입된 것으로 지목되고 있다. 그 유입 배경은 나제동맹과 결부 지을 수도 있고, 좀 더 구체적으로 접근한다면 494년 신라 왕녀와 동성왕과의 혼인이 직접적인 배경이 될 수도 있었다. 그러나 위 2개의 과대銙帶는 진晉 과대와의 연관성이 깊다. 더구나 풍납동토성 인근에서 출토된 과대의 경우는 서진 과대로 간주할 여지도 보인다. 이러한 맥락에서 볼 때 백제 지역에서 출토된 과대는 백제와 서진 및 동진과의 교류의 산물로 지목하는 게 더욱 합당할 수 있다.

동성왕은 혼인동맹으로써 신라와 함께 고구려의 남진을 한층 효과적으로 막아 나갔다. 혼인동맹 이듬해인 494년에 고구려와 신라 군대가 살수薩水 벌판에서 싸우다가 신라가 이기지 못하고 견아성犬牙城으로 퇴각하여 지키고 있었다. 살수는 지금의 충청북도 괴산군 청천면 일대가 되지만, 견아성은 그 위치가 분명하지는 않지만 상주시 화북면 장암리에 소재한 견훤성으로 비정된다. 그런데 신라 군대가 들어 간 견아성은 금새 고구려 군대에 포위되었다. 백제 동부전선에서의 전황을 들은 동성왕은 즉각 군대 3천 명을 출병시켰다. 백제 군대는 견아성을 포위하고 있던 고구려 군대를 축출시켰던 것이다.

495년에 고구려 군대가 백제의 치양성雉壤城을 포위하자, 동성왕은 신라에 사신을 보내어 지원을 요청하였다. 신라에서는 장군 덕지德智가 군대를 이끌고 지원해 오므로 고구려 군대가 물러 갔던 것이다. 이처럼 백제와 신라의 동맹은 잘 운용되고 있었다. 그러나 동성왕은 용의주도한 일면이 있었다. 탄현炭峴에 목책을 설치하여 신라의 침공에 대비하였던 것이다. 탄현은 660년 신라 군대가 넘어 왔던 곳이고, 성충과 흥수가 지키라고 신신 당부하였던 천험의 요충지였다. 요컨대 동성왕은 국제관계의 현실을 누구보다 잘 꿰뚫고 있던 군주로서, 권력의 속성에도 밝았음을 생각하게 한다.

4) 군사적 위업

웅진성에 도읍하던 시기의 동성왕의 현안은 국력을 다져서 잃어버린 한성을 비롯한 북방 영토의 회복이었다. 그러기 위해서는 축성築城 등을 통해 국방을 강화하거나 대열大閱을 통한 군사 점검이 긴요했다. 다음에 보이는 『삼국사기』 기사가 그것을 말한다.

* 9월에 말갈이 침입하여 한산성을 습격하고 300여 호를 사로잡아 가지고 돌아갔다(동성왕 4년).
* 우두성을 축조하였다(동성왕 8년).
* 10월에 궁宮 남쪽에서 크게 사열했다(동성왕 8년).
* 위魏에서 군사를 보내어 침입하였으나 우리 군사에게 패한 바 되었다(동성왕 10년).
* 7월에 북부 사람으로 15세 이상을 징발하여 사현성과 이산성의 2 성을 축조하였다(동성왕 12년).
* 7월에 고구려는 신라와 살수원에서 싸웠는데, 신라가 이기지 못하고

건아성으로 물러서자, 고구려가 이를 포위하므로 왕은 군사 3천 명을 파견하여 이를 구원하여 포위를 풀게 하였다(동성왕 16년).

* 8월에 고구려는 치양성으로 침입하여 포위 공격하므로, 왕은 사신을 신라에 파견하여 구원을 청하자, 신라의 소지왕이 장군 덕지에게 명하여 군사를 거느리고 이를 구원하니 고구려 군사는 곧 퇴각하였다(동성왕 17년).

* 7월에 사정성을 축조하고 한솔 비타로 하여금 이를 진수鎭成하게 하였다. 8월에 왕은 탐라에서 공부貢賦를 닦지 않으므로 친히 공벌하러 무진주에 이르자, 탐라는 이 말을 듣고는 사신을 파견하여 사죄하므로 이를 그만 두었다(동성왕 20년).

* 7월에 탄현에 책柵을 설치하고 신라를 방비하였다. 8월에 가림성을 쌓고 위사좌평 백가로 하여금 이를 진수하게 하였다(동성왕 23년).

위의 기사를 통해 동성왕이 국방에 비상하게 신경을 쏟았음을 알 수 있다. 그가 살해되는 마지막 해인 재위 23년에도 탄현에 책을 설치하고, 가림성을 축조하였다. 군사적으로 공수동맹 관계인 신라와 긴밀하게 협조하면서 고구려에 공동 대응했다. 그럼에도 동성왕은 신라에 대한 경계심을 늦추지는 않았다. 훗날 신라군이 침공해 왔던 요충지인 탄현에 군사 시설을 설치하는 일을 잊지 않았던 것이다.

5) 사냥

동성왕은 사냥을 좋아하였다. 그는 담력이 보통 사람보다 월등히 뛰어났을 뿐 아니라 활을 잘 쏘아 백번 쏘면 백번 맞추는 신궁神弓이었다.

그는 말갈이 습격한 적이 있는 한산성에 나가 사냥을 하면서 군사와 백성들을 위무하고 열흘만에 돌아왔다. 웅진 북쪽에서 사냥하다가 신록神鹿을 잡기도 하였다. 동성왕은 사냥을 통하여 산림과 원야原野에 대한 지배권을 하나 하나 장악하면서 왕정의 물적 기반을 확대시켜 나갔다. 왕이 사냥한 장소는 더 이상 지방 호족의 영유지가 될 수는 없었던 것이다. 그의 사냥 기사는『삼국사기』에서 다음과 같이 보인다.

* 5년 봄에 왕이 사냥하기 위하여 한산성에 이르러 군사와 백성들을 위무하고 열흘 만에 돌아왔다. 五年 春 王以獵出 至漢山城 撫問軍民 浹旬乃還
* 여름 4월에 웅진 북쪽에서 사냥하다가 신록을 잡았다. 夏四月 獵於熊津 北 獲神鹿
* 12년 9월에 왕이 나라 서쪽 사비 벌판에서 사냥하였다. 九月 王田於國西 泗沘原
* 14년 겨울 10월에 왕이 우명곡에서 사냥하면서 직접 사슴을 쏘아 맞혔다. 冬十月 王獵牛鳴谷 親射鹿
* 22년 여름 4월에 왕이 우두성에서 사냥하다가 비와 우박을 만나서 중지하였다. 夏四月田於牛頭城 遇雨雹乃止
* 23년 겨울 10월에 왕이 사비 동쪽 들판에서 사냥했다. 冬十月 王獵於泗 沘東原
* 11월에 웅천 북쪽 벌판에서 사냥했다. 또 사비 서쪽 벌판에서 사냥했다. 十一月 獵於熊川北原 又田於泗沘西原

동성왕이 23년 10월에서 11월에 걸쳐 집중적으로 사냥을 한 이유를 살펴 볼 필요가 있다. 추측컨대 이는 군사권에 대한 통제와 무관하지 않은 것으로 해석된다. 동성왕은 흉년과 토목공사로 인한 하층 주민들의 이탈 현상과 더불어, 군신群臣들이 동성왕의 전횡을 말렸던 데서 알 수 있다.[50] 그는 귀족층의 불만을 감지했던 것 같다. 모반의 가능성을 예견하였기에 동성왕은 도성으로의 진격이 용이한 그 외곽 부대에 대한 검열적 성격을 띤 사냥을 거듭 실시한 것으로 짐작된다. 특히 동성왕은 병을 핑계로 가림성으로의 전출을 가고 싶어하지 않았던 백가를 주시했을 것 같다. 그는 백가의 원망을 포착하였을 가능성이 높다. 이러한 이유로 동성왕은 사비성 벌판의 동쪽과 서쪽에서 사냥을 통하여 그곳 지방관들과 그 관할 부대에 대한 지배권을 확인하려고 했던 것으로 보인다. 동성왕이 사냥 과정에서 가림성주 백가가 보낸 자객의 칼에 찔려서 숨지게 된 것은 전렵의 성격이 사비성 천도 준비 보다는 수도 외곽에 대한 안정적 지배라는 차원에서 이루어졌음을 시사한다.

전렵의 속성에는 지배의 확인이라는 요소가 작용하기 때문이다. 마키아벨리의 『군주론』에서 언급했듯이 국왕은 전렵을 통해 자국의 지형을 숙지해야만 그에 맞는 방어책을 세울 수 있다고 한다.[51] 동성왕의 전렵 역시 수도 주변의 지형을 잘 파악해서 수도의 안정적 운영을 위한 방위망의

---

50 『三國史記』권26, 동성왕 21 · 22년 조.
51 마키아벨리 著 · 권혁 譯, 「제14장 군사와 관련한 군주의 의무」, 『군주론』, 돋을새김, 2005, 126~129쪽.

구축과 관련이 크다고 본다. 그러한 결실이 동성왕대 가림성의 축조였다. 그러나 토목공사는 "백제 말다왕이 무도하고 백성에게 포학하여 국인이 드디어 제거했다"[52]라는 식으로 표출되었을 수 있다. 즉 전횡으로 느껴졌을 동성왕의 권력 행사에 대한 반감과, 그에 대한 방어 차원에서의 사냥을 상정할 수 있지 않을까 한다. 요컨대 양자 간의 이해가 부딪치는 과정에서 결국 동성왕이 해를 입은 것으로 이해하는 게 자연스러워진다.

가림성의 입지적 조건이 사비성 방어에 긴요하다는 측면에서 사비성 천도와 연관지어 해석하기도 한다. 그러나 이는 동성왕대의 지방 지배라는 차원에서 중앙 요직의 인물을 새로 축성한 지역에 파견하여 통제하게 하는 방식의 일환으로 보는 게 온당할 것 같다. 사정성을 축조하여 한솔 비타를 그곳에 파견하여 진수鎭戍하게 한[53] 것과 동일한 맥락에서 살피는 게 오히려 자연스럽다. 따라서 중앙귀족 세력에 대한 재편성 작업의 일환이었다. 그리고 지명을 관칭冠稱한 왕·후들을 대거 영산강유역에 분봉하였다. 국가적 간난기를 틈타 이탈해 간 지방 세력에 대한 지배가 동성왕대의 시대적 현안이었다.[54]

동성왕이 사비성 천도와 관련하여 사비 지역으로 자주 사냥한 사실을 언급한다. 이것이 과연 적절한 근거가 될 수 있을까? 다음의 사례를 통하여 검토해 본다. 동성왕은 재위 22년에 우두성牛頭城에서 사냥을

---

52 『日本書紀』 권16, 武烈 4년 조.
53 『三國史記』 권26, 동성왕 20년 조.
54 李道學, 「漢城末·熊津時代 百濟 王位繼承과 王權의 性格」, 『韓國史研究』 50·51合輯, 1985, 23~29쪽.

하였다. 이곳은 486년(동성왕 8)에 축성한 곳이었다. 만약 동성왕이 우두성 일원에서 사냥을 한 후 우두성을 축조했다고 하자. 그렇다면 우두성 축조와 관련한 지세를 탐지할 목적의 사냥으로 해석이 가능하다. 그러나 그 반대였다. 500년에 동성왕의 사냥 목적은 국가에서 축조한 우두성을 중심한 그 일원에 대한 지배권의 확인에 있었다. 따라서 동성왕의 사냥을 사비성 천도와 연결 짓는 견해는 설득력이 떨어진다.

동성왕대의 사냥은 백발백중 신궁이었던 자질과 기호의 산물로 여기는 게 좋다. 동성왕이 부대를 점검하고 사냥하면서 쏘아 맞히는 장면은 부하들에게 탄성을 자아낼 수 있는 요소였다. 동시에 왕권을 강화시키고 군 부대에 대한 장악력을 높이는 요인이었음은 분명하다. 그럼에도 너무 깊이 고려하여 천도 후보지 물색으로 여겼던 것이다.

6) 폭군으로서의 동성왕

동성왕은 정변으로 피살되었다. 게다가 그의 후손들이 계위하지도 못했다. 물론 『신찬성씨록』에서는 가와치 아스카에서 동성왕 후손의 존재가 확인되지만, 백제에서는 확인할 수 없다.

따라서 그를 옹호해줄 수 있는 매체는 없었다. 이는 백제측 사정에 정통한 일본측 문헌에서 "백제 말다왕이 무도하고 백성에게 포학하여 국인이 드디어 제거했다"[55]라고 한데서도 반증된다. 여기서 '무도'는 인간으로서의 도리를 저버리고 막되게 행동하는 경우를 가리킨다. 방약무

---

55 『日本書紀』권16, 武烈 4년 조.

인한 이미지를 심어주고 있다. 그리고 '포학'은 성질이나 행동이 몹시 사납고 잔악한 경우를 이른다. 동성왕이 포학하게 굴었던 대상을 '백성'이라고 했다. 동성왕은 힘 없는 주민을 괴롭힌 폭군으로 상정되었다. 이같은 무도와 폭학의 끝이 국인에 의한 제거로 마무리 된다. 그러면 사서에서 확인되는 폭군 요소를 굳이 찾는다면 『삼국사기』에서 다음과 같이 보인다. 그리고 동성왕이 주연을 베풀어 음주한 기록도 덧붙였다.

* 봄에 임류각을 궁 동쪽에 세웠는데, 높이가 5길이나 되고 또 연못을 파고 이상한 새를 기르게 하자 간관諫官이 상소로 항의하였으나 왕은 이를 회답하지 않고 다시 간하는 자가 있을까 하여 궁문을 닫아 버렸다 (동성왕 22년).
* 11월에 왕이 남당에서 군신들에게 잔치를 베풀었다(11년).
* 5월에 가물었다. 왕이 측근들과 함께 임류각에서 잔치를 베풀며 밤새도록 실컷 즐겼다(동성왕 22년).

위의 인용에서 보듯이 한발에 밤새 술을 마신 동성왕은 사치와 방탕의 전형으로 나타나고 있다. 그러나 이를 현상만으로 평가하기는 어렵다. 주연은 국왕과 신하 간의 일체감을 조성하고 응집력을 촉발하는 역할을 하였다. 그리고 술은 정치적 긴장 상황에서 해방시켜주는 기능도 했다.[56] 동성왕은 잔치에 참여한 구성원들 간의 일체감을 조성하여 강

---

56 李道學, 「한국 고대사회에서 술의 기능」, 『東아시아古代學』 44, 2016, 34쪽.

력한 왕권을 유지하고자 한 것이다. 그러나 『삼국사기』에는 유독 동성왕대에 기상 이변으로 인한 피해가 속출하였다.

이와 엮어져 동성왕대의 농업경제 상황은 전반적으로 넉넉하지 못했다. 다만 489년(동성왕 11) 가을 대풍을 기록하였고, 남쪽 바닷가 주민이 이삭이 맞붙은 벼를 바쳤다. 그 해 10월 동성왕이 제단을 만들어 하늘과 땅에 제사지낸 것이나, 남당에서 여러 신하들에게 잔치를 베푼 것도 대풍과 무관하지 않았을 것이다. 그러나 기상이변과 자연재해가 많았다. 490년 11월에는 얼음이 얼지 않았을 정도로 따뜻한 겨울이었다. 491년 6월에는 금강 물이 불어 웅진성의 200여 가家가 떠내려가거나 물에 잠겼다. 이러한 홍수는 농작물에 엄청난 피해를 주었든지 그해 7월 600여 호의 주민들이 굶주림을 이기지 못하고 신라로 도망가게 하였다. 그 이듬해 봄철인 3월에 눈이 내렸으며 4월에 나무가 뽑힐 정도의 큰 바람이 불었다. 이러한 기상 이변은 농사가 순조롭지 못하였음을 암시하는 것이다.

497년(동성왕 19) 6월에는 비가 많이 내려 주민들의 가옥이 유실되거나 무너졌다. 2년 후인 499년 여름에는 크게 가물어 주민들이 굶주리다 못해 서로 잡아 먹었으며, 도적들이 창궐하였다. 주민들은 흉년과 과도한 수취를 이기지 못했을 때 무리를 지어 촌락 공동체를 탈출하게 마련이다. 이들이 손에 검을 쥐고 생존을 모색했을 때 도적떼로 변모하게 되는 것이다. 이 지경이 되니 신하들이 창고를 열어 굶주린 주민들을 구제할 것을 요청했지만, 동성왕은 듣지 않았다. 고구려로 도망한 주민이 2,000명을 헤아릴 정도였다. 그 해 10월에는 전염병이 크게 돌기까지했다. 민심이 흉흉하였던 것이다.

500년에도 가물었고, 그 이듬해 3월에는 서리가 내려 보리를 해쳤을 뿐 아니라, 5월부터 가을까지 비가 내리지 않았다. 요컨대 동성왕 재위 23년간 기상 이변으로 인한 흉년과 기아 나아가 신라와 고구려로의 주민 이탈, 그리고 홍수와 같은 재해가 끊이지 않았던 것이다. 주민들의 생활이 각박하였음을 뜻한다.

동성왕 재위 12년부터 기상이변으로 인해 백성들이 피해를 입고 민심이 피폐해진 것으로 볼 수 있다. 이는 하늘의 경고로서 적극 확대 재생산된 듯한 인상마저 준다. 어쨌든 민생이 피폐해졌다면 "백성에게 포학하여"라는 기록이 터무니 없지만 않다.

7) 왕궁과 임류각

동성왕이 거처했던 백제 왕궁은 어디에 위치했을까? 웅진성 왕궁지와 관련해 지목된 쌍수정 광장의 적심석 건물지는 2동棟 밖에 되지 않았다. 그 뿐 아니라 해당 건물지의 공간마저 협소하고 초라한 모습이다. 그런 관계로 이 곳을 왕궁지로 비정하는 데는 일찍부터 의문이 제기되어 왔다. 이러한 문제를 극복하려는 의도에서 적심석 건물지의 선행 구조물인 굴립식 건물지를 웅진성 천도 후의 건물지로 간주했다. 그렇지만 이 곳은 건물이 밀집되어 있을 뿐 아니라 일정한 규제에 의한 정제성도 찾을 수 없었다. 이것을 가리켜 급하게 조성했던 결과라는 주장은 궁색한 해석에 불과하다. 더구나 왕궁 남쪽에서 대열大閲을 했다고 하지만 쌍수정 광장 남쪽은 공간이 전혀 없는 관계로 왕궁이 아님을 역으로 증명해 주었다. 그 밖에 왕궁이라면 반드시 존재했어야 할 담장과 궁전 입실入室과 관련한 계단의 존재도 확인되지 않았다. 결국 왕궁지는 산성과 평지 궁성의 결합 관계를 놓고 볼 때 공산성 남쪽 일원으로 비정할 수밖에 없다. 또 이것이 온당한 해석으로 보인다. 물론 이 곳에 건물이 들어찬 관계로 유물은 확인되지 않았다. 그렇지만 대형 초석의 존재를 비롯한 물증도 이미 확인된 바 있다. 행여 훗날 발굴이 진행된다면 그 윤곽이 드러날 것이다.

사진 38 왕궁터로 비정해 온 쌍수정 광장

동성왕은 500년(동성왕 22) 봄에 궁성 동쪽에 높이가 다섯 길이나 되는 임류각臨流閣이라는 장대한 누각을 세웠다. 또 못을 파고 진기한 새들을 길렀다. 굽이 굽이 흘러 가는 금강을 굽어 볼 수 있는 경관 수려한 자리에 세워진 누각이 임류각이었다.

그러면 임류각지 파악의 단서는 무엇일까? 우선 "궁 동쪽에 임류각을 세웠는데"라고 하였다. 임류각은 '궁'의 동쪽에 소재했음을 알려준다. 여기서 궁의 공간적 범위가 문제가 된다. 주지하듯이 궁은 왕이 거처하는 공간을 가리킨다. "궁문을 닫아 버렸다"고 하였듯이 '궁문'의 존재가 확인된다. 궁문과 담장으로 둘려진 국왕의 거처가 궁임을 알 수 있다. 그렇다고 할 때 '궁 동쪽'은 궁안宮內이 아니라 궁 바깥을 가리키는 것이다. 임류각은 기왕의 주장에서 견지했던 왕궁 내부가 아니라 왕궁의 바깥 동쪽에 소재했다. 여기서 공산성은 왕궁의 소재지로 간주하든 아니면 평지 왕궁성의 배후 산성으로 간주하든 왕궁의 한 부속 시설임은 부인할 수 없다. 그러므로 '궁 동쪽'의 임류각은 공산성 동편에 소재했을 가능성이다.

재차 부연 설명을 덧붙인다. 궁은 건물 한 동棟만 가리키는 게 아니다. 경복궁처럼 담장으로 구획된 공간 전체 개념이다. 궁의 동쪽에 임류각을 지었다고 하여 특정 건물 한 채의 동쪽을 지칭하는 게 아니다. 담장으로 둘러싸인 궁성 밖의 동쪽을 가리키므로 공산성 동쪽이 범위에 해당한다. 과거에 임류각지로 비정했던 건물지는 백제 때 유구가 아니었다. 게다가 '류流' 자 명문 기와는 이곳 뿐 아니라 공산성 안팎에서 모두 출토되었다. 해당 명문와는 공산성 외성外城 위에 축조된 조선시대 건물지인 만아루지挽阿樓址에서도 출토되었다.[57] 결국 '流' 자 명문와

57 沈正輔, 「熊津都城의 構造와 防禦體制에 대하여」, 『백제 도성의 변천과 연구상의 문

의 출토지는 다양하므로 임류각지 파악의 관건이 될 수 없다. 이와 더불어 '流' 자 명문와는 백제가 아니라 통일신라시대 것으로 간주될 뿐아니라 추정 임류각지 역시 백제 때 건축물로 간주하기 어렵다고 한다.[58] 이와 관련해 이남석은 "1980년도에 조사된 건물지가 과연 백제의 임류각인가를 재고할 경우, 긍정 혹은 부정할 적극적 증거는 아직 마련하기가 어렵다. 오히려 후대의 유적 조사 결과에 기초하면 그것이 백제시대의 건물지인가에 대한 검토의 여지가 없지 않다. 그러나 조사가 이루어진 1980년도 당시에는 백제시대의 유적을 확인하였다는 점을 인정한 것만으로 나름의 긍정적 효과를 가져왔고, 이로써 이후 공산성에 대한 지속적 관심을 가져올 수 있는 계기가 되었음은 물론이다"[59]라고하여 임류각지로 추정하는 기왕의 주장에서 한 발 빼는 듯한 서술을 하였다.

아울러 이남석은 동일한 책에서 "유물은 백제시대의 8엽 연화문 숫막새 기와를 비롯한 다수의 평기와가 있고, 통일신라시대의 숫막새 기와를 비롯하여 고려시대의 청자 제품 등이 있지만 전체적으로 매우 빈약한 것이다. 특히 통일신라시대나 고려시대의 유물은 건물의 고려 문제를 비롯하여 건물의 성격에 보다 깊은 검토를 요구한다. 유구는 건축 기법에서 기단의 조성이 복토가 아닌 지반토를 굴착하여 사용한 점,

제점』국립부여문화재연구소, 2002, 81쪽.

58 박순발, 『백제의 도성』충남대학교출판부, 2010, 209~210쪽.
59 이남석, 『공주 공산성』공주시 · 공주대학교 박물관, 2010, 39쪽.

사진 39 임류각지로 비정한 곳

사진 40 위치를 이동하여 복원한 임류각

적심석 시설이 분명하지 않다는 점, 건물의 규모에 비해서 초석이 매우 조밀하게 배치되었다는 점 등의 특징이 발견된다. 그러나 이것이 백제 시대에 어떠한 공간으로 사용되었는지의 문제는 근거 자료인 기와의 명문 자료 해석에 선뜻 동의하기에 어려움이 있으며, 관련 유물의 빈약 상도 문제로 남는다"[60]라고 하였다. 이 문구대로라면 기존의 임류각지 추정에서 그가 손을 떼는 듯한 인상을 강하게 심어준다.

그런데 "봄에 궁 동쪽에 임류각을 세웠는데 높이가 5장丈이었다. 또 못을 파고 진기한 짐승들을 길렀다. 간신諫臣이 반대의 상소를 올렸으나 듣지 아니하였고, 또 간하는 이가 있을까 하여 궁문을 닫아 버렸다"는 기사를 주목한 견해가 제기되었다. 즉 "간신의 상소가 두려워 궁문을 닫는 것으로 보아 임류각 역시 왕궁과 더불어 성곽 안에 있었던 것으로 생각된다"고 했다. 물론 자칫 이와 같은 해석을 내리기 쉽다. 그런데 이 기사에 동성왕이 임류각에서 술을 마시면서 흥청거리자 간신이 현장에서 상소를 올린 내용이 아니다. 임류각 현장에서 간신이 동성왕에게 상소를 올린 내용은 아니었다. 물론 궁문을 닫아걸고 놀았기에 "왕이 좌우와 함께 임류각에서 연회를 베풀고 밤새도록 환락을 다하였다"는 결과를 빚었을 것이다. 그런데 궁문을 닫아 건 기사는 "밤새도록 환락을 다하였다"고 하기 전에 취한 조치였다. 이와 관련해 "간신이 반대의 상소를 올렸으나 듣지 아니하였고, 또 간하는 자가 있을까 하여"라는 기사를 음미해 보자. 여기서 '상소'와 더불어 '또 간하는 이'라고 했

---

60 이남석,『공주 공산성』, 공주시 · 공주대학교 박물관, 2010, 107~108쪽.

으므로, 임류각에서 국왕 연회를 만류하는 일이 잦았음을 알 수 있다. 그런데 간신의 상소나 간하는 일은 '궁문'이라는 특정한 공간에서 했던 같다. 역사적으로 궁문의 역할과 기능은『삼국사기』와『고려사』에서 다음과 같이 보인다.

* 2년 봄 정월에 명령을 내려 말하였다. …… 나라 사람들이 사면의 명령을 듣고, 모두 기뻐 소리지르고 손뼉 치며 "신대왕의 덕이 크다"고 하였다. 이전에 명림답부의 난이 있었을 때 차대왕의 태자 추안이 도망하여 숨어 있었는데, 새 왕의 사면령을 듣고 궁문에 나아와 아뢰었다(『삼국사기』신대왕 2년 조).

* 대나마 이순이 일찍이 왕에게 총애를 입었는데 하루 아침에 벼슬을 버리고 산에 들어가 여러 번 불렀으나 나오지 않았으며 머리를 깎고 승려가 되었다. 뒤에 왕이 풍악을 즐긴다는 말을 듣고 궁문에 나아가 간하기를, "신臣은 들건대, 걸桀·주紂는 주색에 빠져 음탕한 음악을 그치지 않았으므로 정사가 문란하여져 국가가 패멸하였다고 합니다. 엎어진 수레가 앞에 있으면 뒷 수레는 경계함이 마땅하니 바라옵건대 대왕께서는 허물을 고치시고 스스로 새롭게 하여 나라의 명운을 장구하게 하소서" 하니, 왕이 듣고 감탄하여 풍악을 정지하였으며, 그를 정실正室로 불러들여 여러 날 동안 함께 논설論說하였다(『삼국사기』경덕왕 22년 조).

* 태복소경 김선석을 요遼에 보내어 각장権場을 파하기를 요구하였는데,

그 표문에 이르기를 "세 번 앙청하여도 들어주지 않으니 비록 번거롭게 함이 비례非禮임을 두려워 하나 우리의 원하는 바를 어찌 입을 봉하고 침묵을 지켜 말하지 아니 할 수가 있으리요. 더욱이 옛적에는 공물貢物을 드리고 글을 올리면 만성萬姓이 모두 곤란한 호소를 통하게 되고 궁문에 부르짖으며 북을 치면 사총四聰에 등문登聞함을 막지 않았습니다. 다행히 신감宸鑑의 지극히 공정하심을 만나니 어찌 백성의 실정을 다시 주달奏達하지 않으리요(『고려사』 선종 5년 9월 조).

* 을축에 언부의낭 한중희를 궁문에서 매질을 하니 사람들이 그 죄를 알지 못하였는데 이윽고 한중희를 불러 다독였다(『고려사』 충선왕 복위년 9월 조).

* 병신에 녹祿을 반사頒賜하는데 내수內竪가 녹을 지급받지 못해 호소하거늘 왕이 호군 승신을 시켜 제조 곽지보 황화상을 묶어 궁문에서 장형杖刑하고 승신으로 대체하였다(『고려사』 충혜왕 후 3년 5월 조).

위에서 인용한 궁문에 관한 기록을 음미해 본다. 궁문은 삼국시대 이래로 신하들이 왕에게 간하는 장소로 기능했다. 궁문 앞은 여론은 물론이고 국왕의 뜻과 의지가 일반 주민들에게 곧바로 전달되는, 즉 국왕과 백성을 연결시켜주는 장소였다. 『한원翰苑』에 인용된 『고려기高麗記』에 의하면 고구려에서 대대로는 3년마다 선임한다고 했다. 만약 그것이 여의치 않으면 귀족들은 각기 실력으로 대결하였다. 이 때 왕은 궁문을 닫아 걸고 스스로를 지키는데 급급한 것으로 기술되었다.[61] 여기서 대대로직이 언제부터 선임되었는지는 차치하고서라도 대대로 선임과 관련한 분쟁이 발생했을 때 왕은 궁문을 닫아 걸고 자신을 지키기에 급급한 무력한 존재로 나타난다. 왕이 궁문을 닫아 걸었다는 것은 그 앞에서 그러한 논의가 있었음을 반증한다. 동시에 궁문 앞 광장은 국가 의식儀式의 집전을 비롯해서 여론의 결집처이자 왕에게 그것을 전달하는 장소였음을 뜻한다.[62] 따라서 궁문은 역사적으로 민의의 전달 장소였기에 동성왕 22년 조에서 보듯이 간신의 상소 공간으로『삼국사기』에 언급되었을 뿐이다. 다시 말해 위의 상소 기사는 임류각이 왕궁 안에 소재했다는 근거가 될 수 없다.[63]

이와 더불어 임류각이라는 누각이 담고 있는 지형상의 암시를 포착할 수 있다. 임류각은 문자 그대로 '흐르는 것을 내려다 보는 각閣'이다. 현재의 추정 임류각지는 푹 꺼져 있는 지형에 소재한 관계로 금강이 흐르는 것을 관조할 수 없다. 그리고 임류각 건립 기사에 이어 "또 못을 파고 진기한 짐승들을 길렀다"라고 하였으므로, 양자는 연관 있는 시설임을 알 수 있다. 그렇다고 할 때 5장 높이의 임류각은 못을 내

---

61 『翰苑』蕃夷部, 高麗 條.

62 李道學, 「高句麗의 內紛과 內戰」, 『高句麗研究』24, 2006, 22~25쪽.

63 혹자는 정치적 論議의 장소는 正殿으로 지목하였다. 그러나 정전은 국왕이 정무를 보는 공간일 뿐이다. 正殿은 諫臣이 상소를 올리는 공간이 된 적이 없다. 비근한 예로 조선시대에 萬人疏를 비롯한 숱한 上疏가 正殿에서 행하여진 적이 있던가? 임진 왜란 때의 의병장 조헌이나 한말의 의병장 최익현 역시 광화문 앞에서 상소를 올린 것으로 유명하다. 광화문 앞이 궁문 앞이 아니고 무엇이랴?

려다 보는 위치였을 것이다. 아울러 못에는 진기한 짐승들이 서식하
는 상황을 연상할 수 있다. 이와 연관 지어 생각할 수 있는 궁전이 신
라의 임해전이다. 임해전은 『동경잡기』에서 "안압지 서쪽에 임해전臨
海殿이 있다"고 하여 안압지 근처에 소재한 전각殿閣임을 알 수 있다.
그리고 697년에 "임해전에서 군신群臣에게 연회를 베풀었다"[64]라는 기
사가 보인다. 이와 연계된 안압지 즉 월지月池의 조성을 "2월에 궁내에
못을 파고 산을 모으고 화초를 심고 진금珍禽과 기수奇獸를 길렀다"[65]
고 하였다. 월지가 조성되는 674년 무렵에 임해전도 건립되었다고 보
아야 한다. 그런데 여기서 임류각은 임해전과 그 명칭이 연결된다. 그
리고 못을 파고 진기한 짐승들을 길렀다는 점이 정확히 부합한다. 기
능도 임해전에서 연회를 베푼 기록이 자주 보이는 만큼[66] 백제 임류각
과도 일치된다. 그렇다고 할 때 현재 복원된 월지를 통해 임해전과 월
지의 모습을 충분히 상상해 볼 수 있다. 그러면 이와 유사했을 임류각
의 경우는 어디에 소재하였을까? 일단 임류각 자체가 공산성 안에 소
재했을 가능성이 없는 것으로 밝힌 바 있다. 더욱이 공산성 안에는 비
록 원형 저수지가 소재하고는 있지만 직경이 7.3m에 불과한 소규모
인 관계로 진기한 짐승들을 기를만한 공간적 상황을 제공해 주지 못
한다. 따라서 임류각은 공산성 동쪽 바깥에서 그 소재지를 찾는 게 온

---

64 『三國史記』 권8, 孝昭王 6년 조.
65 『三國史記』 권7, 文武王 14년 조.
66 李道學, 「臨海殿」, 『한국민족문화대백과사전』 18, 한국정신문화연구원, 1991, 809~
   810쪽.

사진 41 공산성을 궁으로 볼 때 그 동쪽 구간의 임류각 추정지

사진 42 임류각지로 추정되는 공산성 동편의 공간

당하다.

임류각 조성과 같은 사치스런 이러한 토목공사에 반대하는 귀족들이 적지 않았다. 흉년으로 인한 주민의 이탈과 전염병의 창궐로 민심이 뒤숭숭한 상황이었기 때문이다. 그러나 동성왕은 냉담하였다. 귀족들이 항의하였으나 대꾸도 하지 않았을 정도로 무시하였다. 동성왕은 다시 간諫하는 자가 있을까 봐 궁문을 닫아 걸기까지 하였다. 그 해 5월 동성왕은 가뭄으로 농민들이 하늘만 쳐다보며 애를 태우는 데도 아랑곳 없이 측근들을 거느리고 잔치를 베풀어 놓고 밤새 마음껏 즐겼다. 바로 임류각에서였다. 이러한 사실은 동성왕이 강력한 왕권을 확립하였음을 알려준다.

이듬해인 501년(동성왕 23년) 정월부터 괴이한 일이 일어났다. 도성 안에 거주하는 노파가 여우로 변하여 사라지는 사건이 발생했다. 남산에서는 두 마리의 호랑이가 싸웠는데 놓치고 말았다. 불길한 일에 대한 암시임은 분명하였다. 그 해도 서리가 내려 보리를 해친다거나 5월부터 가을까지 비가 내리지 않아 농사에 먹구름이 좍 끼었다.

8) 웅진교의 위치는?

동성왕대에는 기록상 백제 최초의 다리가 웅진성에 가설된다. 『삼국사기』에 따르면 498년(동성왕 20)에 "웅진교를 세웠다設熊津橋"고 했다. 그러면 웅진교의 소재지는 어디일까?

첫째, 도성 이름을 붙였듯이 '웅진교'는 비중과 상징성이 실로 컸다. 공주 구시가지를 남북으로 관통하여 도심을 동서로 나누는 하천이 제민천이다. 도성 구획에서 비중이 지대한 제민천에 가설된 교량을 웅진교로 일컬었을 법하다. 그러나 이는 막연한 추측에 불과한 것이다. 오히려 당시의 호칭과 결부지어 살펴 보는 게 필요하다. 도성 이름이기도 한 웅진의 범위는 "가을 8월에 왕이 칙사 유인원, 웅진도독 부여융과 함께 웅진 취리산에서 맹약을 맺었다"[67]는 기사에서 실마리를 얻을 수 있다. 여기서 '웅진 취리산'은 금강 북안의 우성면 연미산으로 지목한다. 그렇다면 이 '웅진'은 현재 공산성 이남의 공주 구시가지뿐 아니라 금강 대안에도 미치고 있다. 웅진은 "5월에 흑룡이 웅진에 나타났다"[68]고 했듯이 금강을 끼고 있는 나루 이름으로 등장한다. 이와 관련해 "가을 9월에 흑룡이 한강에 나타났는데, 잠깐 동안 운무가 끼어 캄캄하더니 날아가 버렸다"[69]고 했듯이 용은 강에 나타난다. 그런 만큼 흑룡이 나타난 '웅진' 역시 금강을 끼고 있는 곰나루에서 목격한 일로 보인다. 물론 '개천에서 용 난다'는 말은 있지만 흑룡이 나타난 곳은 제민천이라는 개천이 아니라 금강이었다. 그런 만큼 웅진교 역시 웅진도성과 그 북쪽을 연결하는 곧 남북의 연결 통로로서 가설된 것으로 보는 게 합당하다. 게다가 '웅진 취리산'도 곰나루 대안의 연미산을 가리킨다. 그러므로 웅진교는 곰나루에 가설된 교량으로 추정할 수 있다.

---

67 『三國史記』권6, 文武王 5년 조.
68 『三國史記』권26, 文周王 3년 조.
69 『三國史記』권25, 毘有王 29년 조.

사진 43 제민천과 그 뒤로 공산성이 보인다.

동성왕은 웅진교를 가설하기에 앞서 그 8년에 우두성을, 12년에 사현성과 이산성을 축조하였다. 웅진교를 가설하던 해에도 동성왕은 사정성을 축조하는[70] 등 웅진성 방어체제에 심혈을 기울였다. 게다가 웅진성을 수즙修葺하면서 역시 사정책을 세웠다.[71] 따라서 웅진교 가설은 왕도를 정비하여 통치에 효율을 꾀하려는 조치로 파악이 된다.

둘째, 498년에 웅진교를 가설한 이후에는 도성 공간이 제민천 서쪽으로 확대되었을 것으로 간주했다. 물론 공산성이 소재한 반경이 웅진도성의 중심 권부가 되는 만큼, 제민천 동쪽이 중심지였음은 재언할 필

---

70 『三國史記』권26, 東城王 20년 조.
71 『三國史記』권26, 聖王 4년 조.

요도 없다. 그렇지만 이 견해는 수긍하기 어려운 점이 많다. 일단 478년(삼근왕 2)에 '웅진 저자熊津市'의 존재가 확인된다. 저자 즉 시장은 물자와 군중이 운집하는 공간이었다. 그러니 주민들의 유입과 통행에 필요한 교량을 제민천에 가설하지 않고서는 저자 운영이 어렵다. 여느 도성과는 달리 가뜩이나 협소한 웅진도성에서 물류의 소통은 크나 큰 장애에 봉착하기 때문이다. 무엇 보다도 왕릉 구역인 송산리에 분묘를 조성하려면 일단 제민천 서쪽을 건너가야 한다. 이 때 제민천에 교량이 없다면 운구 행렬은 불편하기 짝이 없다. 제민천 폭은 너무 협소한 관계로 선박에 의존할 수 있는 것도 아니다. 다음에서 보듯이 현재 제민천 서쪽 구역에는 묘역이 왕릉 구역인 송산리 고분군과 교촌리 고분군·웅진동 고분군 등 무려 10곳에 이른다. 그런데 반해 제민천 동편은 묘역이 6곳에 불과하다.[72] 더구나 다음에서 보듯이 가장 비중이 큰 묘역인 송산리를 비롯한 왕릉군이 소재한 지역은 제민천 서쪽에 소재하였다. 이 곳에는 477년과 479년에 각각 사망한 문주왕과 삼근왕의 능묘가 소재했을 공산이 크다. 따라서 498년에 웅진교 가설 이후에야 도성 구간이 서쪽으로 확대되었다는 주장은 성립이 어렵다. 498년 훨씬 이전에 이미 제민천 동서를 연결하는 교량이 가설되었다고 보아야 한다.

---

72 박순발, 『백제의 도성』, 충남대학교출판부, 2010, 203쪽. '웅진도성 묘역 분포도' 참조.

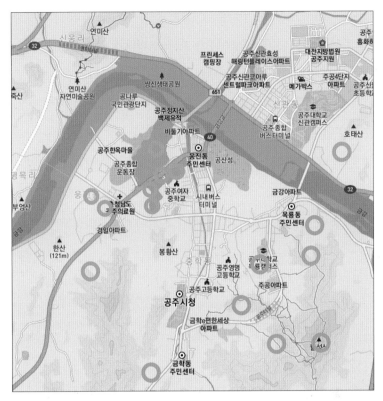

지도 2 제민천을 경계로 좌우에 분포한 백제 고분군

 이러한 맥락에서 볼 때 웅진교는 금강 남북을 연결하는 대교大橋로 간주된다. 고구려의 경우를 보면 평양성에 대교를 설치했다는[73] 기록과 더불어 실제 청호동에서 휴암동 사이의 대동강을 건너는 고구려 때 목교木橋 유구가 발견되었다. 이 목교는 안학궁 남문에서 남으로 뻗은

73『三國遺事』권1, 第十一 實聖王 條.

큰 길을 이어주기 위해 가설한 것인데, 길이 375m에 너비 9m에 이르고 있다.[74] 그리고 신라가 668년에 고구려 평양성을 공격했을 때의 전공 기사 가운데 "사찬 구율은 사천 싸움에서 다리 아래로 내려가 물을 건너 진격하여 적과 싸워 크게 이겼는데" · "부양의 구기는 평양 남교南橋 싸움에서 공이 제일이었으므로"[75]라는 구절에 '사천교'와 '남교'라는 교량의 존재가 확인된다. 사천은 평양 동쪽의 합장강으로 비정하

사진 44 일본 야마나시 현의 사루하시

74 과학백과사전 종합출판사, 『조선전사 3(고구려사)』, 1991, 136~137쪽.
　　안병찬, 「새로 발굴한 고구려의 다리」, 『력사과학』, 1982-3, 46~48쪽.
75 『三國史記』 권6, 文武王 8년 조.

고 있다. 이렇듯 고구려에서는 중요한 강 마다 교량이 가설되었다. 따라서 백제에서도 대강大江을 가로지르는 교량의 존재는 사실로 받아들여진다.

　실제 백제의 교량 건축과 같은 토목기술은 그 유구가 남아 있는 일본의 경우를 통해서 유추된다. 백제인의 빼어난 토목기술을 전해주는 교량이 백제인 시라코志羅乎가 세운 일본 야마나시 현山梨縣의 '사루하시猿橋'이다. 화재로 소실되어 지금은 복원된 이 다리는 길이 35m, 너비 4m, 수면까지의 높이 35m인데, 일본의 오래되고 독특한 3대 다리의 하나이자 명승지로서 유명하다. 이 다리는 쓰이코推古 천황대(593~628)에 놓았다고 하며, 높고 긴 다리를 강 가운데에 기둥을 세우지 않고 놓았다. 이는 현대 교량 기술로도 대단히 어려운 게르버(Gerber)교橋 형식이라고 한다. 이처럼 교각 없이 양쪽 기슭을 연결시켰음은 백제 토목 기술의 높은 수준을 보여준다.[76] 이와 더불어 백제 회복군들이 당군이 주둔한 사비도성을 포위했을 때 기사가 주목된다. 즉 "물이 앞을 막고, 다리가 좁아서 물에 빠지고 전사한 자가 1만여 명이나 되었다"[77]는 기사를 통해 사비도성을 에워싸고 있는 백마강에도 대교가 가설되었음을 알 수 있다. 이러한 여러 측면에서 비추어 볼 때 웅진교는 금강 남북을 연결하는 교량이라고 해야 맞다. 웅진교는 동성왕대 고구려와의 전쟁(동성왕 16 · 17년)을 통한 북방 영토 회복과 관련

76 李道學,『살아 있는 백제사』, 휴머니스트, 2003, 722쪽.
77 『三國史記』권28, 의자왕 20년 말미 조.

한 금강 이북과 이남 간 물류의 원활한 소통에 필요한 교통망의 확장 차원에서 가설되었다.[78]

10. 동성왕의 피살

1) 피살 상황

동성왕을 스토리텔링 소재로 했을 때 가장 극적이요, 박진감 넘치는 장면은 정변이 되겠다. 『삼국사기』는 동성왕의 피살을 다음과 같이 기록했다.

> 11월에 웅천 북쪽 들판에서 사냥을 하였다. 또 사비 서쪽 들판에서 사냥하다가 큰 눈에 막혀 마포촌에 묵었다. 처음에 왕이 백가에서 가림성을 진수하게 하였지만 가지 않으려고 병을 말했다. 왕이 허락하지 않자 이로써 왕을 원망하였다. 이에 이르러 사람으로 왕을 찌르게 했다. 12월에 이르러 왕이 돌아갔다. 시호를 동성왕이라고 했다.[79]

---

78 혹자는 방어선인 금강에 교량을 가설하지 않았을 것으로 보았다. 江을 이러한 방어 논리로만 본다면 평양성 주변을 끼고 있는 대동강이나 합장강 등은 물론이고, 사비 성 도읍기에 木橋가 가설되어서는 안 되는 것이다. 그러나 이들 江에 교량이 가설되지 않았던가?

79 『三國史記』권26, 동성왕 23년 조. "十一月 獵於熊川北原 又田於泗沘西原 阻大雪 宿 於馬浦村 初王以苩加鎭加林城 加不欲往 辭以疾 王不許 是以怨王 至是 使人刺王 至 十二月乃薨 諡曰東城王"

501년 11월에 동성왕은 웅진성에서 강을 건너 그 북쪽 평원에서 사냥을 했다. 그리고는 장소를 사비 서쪽 평원으로 옮겼다. 동성왕은 사냥을 질탕하게 한 후 웅진성으로돌아가려고 했다. 그런데 갑자기 큰 눈이 펑펑 내렸다. 삽시간에 길이 끊어졌다. 결국 동성왕은 백마강변에 소재한 마포촌에 유숙하게 되었다. 이곳은 가림성주의 관할 구역이기도 했다. 가림성加林城은 부여군 임천면에 소재하였다.

동성왕은 501년(동성왕 23) 8월에 가림성을 완공했다. 가림성은 현재 군사리 산 1번지와 장암면 지토리의 접경에 위치하고 있다. 현재 석축 산성의 전체 길이는 1.2km인데 내부는 내탁하여 외면만 화강암 석재를 사용하여 바른층 쌓기로 축조하였다. 성벽의 통과선은 지형을 최대한 이용하여 지그재그식으로 축조하여 방어의 효과를 높이고 있다. 현재 서남쪽의 성벽이 가장 잘 남아 있는데, 기단부는 지대석에서 15cm~20cm 정도 물려 쌓고 그 상부는 수직에 가깝게 축조하였다. 성벽의 높이는 약 3~4m 정도로 비교적 잘 남아 있다. 문터는 남문 북문 동문의 3개소가 확인되었는데, 동문터는 개거식開居式의 성문으로 남쪽 측벽과 북쪽 측벽은 육축陸築하여 안팎 기저부의 너비가 7.5m이다. 한편 산성의 정상부에는 600평 가량의 평탄지가 있는데 장대지 내지는 건물지로 추정되고 있다. 산성의 동벽 내부에는 우물이 있다. 『신증동국여지승람』권17 임천군 성곽 조에 가림성의 존재가 보이는데 "돌로 쌓았으며 둘레 2,705척, 높이 13척으로 험준하게 막혀 있으며, 성안에는 3개의 우물이 있고, 또 군창이 있다"고 했다.

사진 45 가림성

　동성왕은 새로 축조한 가림성의 성주로 위사좌평이었던 백가를 전출시키려고 했다. 그러자 백가는 병을 핑계로 가지 않으려고 했다는 것이다. 지금의 대통령 경호실장에 해당하는 위사좌평은 국왕의 최측근이었다. 그러한 백가가 비록 수도 외곽이라고 하더라도 가림성 전출은 명백한 좌천이었다. 떠밀리다시피하여 좌천된 백가는 앙심을 품고 있었다. 그는 동성왕이 사비 벌판으로 사냥 왔을 때부터 호종했을 수 있다. 백가가 위사좌평에 재직했던 기간은 햇수로 무려 16년 간이었다. 위사좌평 백가는 동성왕의 심중을 제일 잘 알고 있었고, 그의 웅대한 구상을 누구 보다 빨리 포착하는 위치에 있었다. 그러한 백가를 가림성으로 전출하자 반발했을 것임은 너무나 자명하다. 이러한 백가의 백씨

내력과 관련해 웅진성과 연관 짓기도 하지만 타당하지 않음을 앞에서 살폈다.

동성왕은 이례적으로 11월에 수도의 북쪽과 서남쪽 2곳에서 사냥하였다. 모종의 음모도 제기될 수 있는 정황으로 보인다. 동성왕은 당초 웅진성 북쪽 사냥만 계획하였다가 누군가 사비 서쪽 벌판으로 유인하였기에 장소를 바꾸어 사냥했을 수 있다. 그러한 음모의 장본인은 가림성주 백가일 수밖에 없다. 백가는 동성왕을 자신의 영역으로 유인하는데 성공하였다. 현지 지방관으로서 사냥하여 잡은 사슴이나 멧돼지를 잡아 주연을 베풀었을 수 있다. 동성왕이 투숙한 고을이 마포촌이었다. 마포촌은 포구에 자리잡은 마을로서 선박이 출입하는 관계로 북적거리는 마을이었을 것이다.

동성왕은 백가를 전출시키고 나서 2개월 후, 501년 10월에는 사비성 동쪽 벌판에서 사냥을 하였다. 다음 달인 11월에 그는 지금의 금강인 웅천 북쪽 벌판에서 사냥을 했다. 이어 동성왕은 사비성 서쪽 벌판에서 사냥을 하였다. 사비벌판에서의 사냥은 동성왕의 이해와도 맞아 떨어졌다. 동성왕은 사비 벌판의 동쪽과 서쪽에서 사냥을 통하여 그곳 지방관들과 그 관할 부대에 대한 지배권을 확인하려고 한 것으로 보인다. 아울러 사냥을 통해 신궁인 자신의 비상한 활쏘기 솜씨를 보여줌으로써 카리스마를 높이고자 한 측면도 있다. 군 최고사령관인 자신의 위용을 당당하게 보여줄 수 있는 자리로서 사냥만한 게 없었다. 해서 동성왕은 기회만 닿으면 사냥을 했던 것 같다. 그리고 마키아벨리의 『군주론』에서 언급했듯이 국왕은 전렵을 통해 자국의 지형을 숙지熟知해야만 그에 맞는 방어책을 세울 수 있다고 한다.[80] 동성왕의 전렵 역시 수도 주변의 지형을 잘 파악해서 수도의 안정적 운영을 위한 방위망의 구축과 관련이 크다고 본다. 그러한 결실이 동성왕대 가림성의 축조라고 하겠다.

사비성 서쪽 벌판에서 동성왕의 사냥은 또 다른 성격을 지녔다. 이곳은 동성왕이 억지로 전출시킨 가림성주 백가의 영역이기도 했다. 동성왕은 새로 축조한 성인 가림성과 그 일대에 대한 검열적인 성격의 사냥을 단행한 것이다. 웅천 북쪽 벌판에서 사냥하다가 금새 사냥터를 이곳으로 옮긴 것도 이와 무관하지 않았다. 동성왕의 사냥에는 가림성주 백가도 수종한 것으로 보아야 할 것 같다. 한겨울에 펼쳐지는 사냥, 특히나 동성왕의 백발백중하는 활솜씨는 가히 압권이었다. 따라 온 군사들의 입에서는 저절로 탄성이 터져 나왔을 것이다.

사진 46 부여군 남면 마정리 벌판

눈이 펄펄 날리고 있었다. 어느새 허옇게 눈 덮힌 겨울 산야를 질주하는 동성왕의 모습은 한 폭의 그림이었다. 사방이 어둑해지기 전에 동

---

80 마키아벨리 著 · 권혁 譯, 「제14장 군사와 관련한 군주의 의무」, 『군주론』, 돋을새김, 2005, 126~129쪽.

사진 47 '남면 마정리 우물'(마정리 향토유적 제90호)은 백제 때 우물로 추정된다.

성왕은 오던 길로 해서 웅진성으로 돌아가려고 했다. 그런데 내리는 눈은 그칠줄을 몰랐다. 예기치 못한 대설大雪이었다. 482년(동성왕 4)에도 한 길 남짓 되는 눈이 내린 적이 있었다. 악! 악! 소리가 병사들 사이에서 절로 터졌다. 대설로 인해 길이 막힌 것이다. 부득불 동성왕은 웅진성으로의 귀환을 포기했다. 신하들이 사냥터 인근에 소재한 마을을 물색하였다. 동성왕은 마포촌馬浦村에 묵었다. 마포촌의 위치는 정확히 파악하기 어렵다. 백강 강변에 소재한 마을인 것은 분명하다. 서천군 한산면 일대에 마산馬山이나 마읍馬邑과 같은 '마' 자 지명이 남아 있는 것을 볼 때 이 근방으로 비정하기도 한다. 부여군 남면 마정리馬井里에도 '마' 자 지명이 전하고 있다.

동성왕의 신하들은 사냥해서 잡은 멧돼지와 같은 짐승들을 잡아 요리했을 것이다. 이때 동성왕은 20년만에 쏟아지는 대설, 그것도 칠흙 속에 쏟아지는 눈발을 응시하면서 연신 술잔을 기울였을 법하다. "웅천 북쪽 벌판에서 사냥하고 환궁하는 것인데, 누가 나를 사비벌까지 오게 했던가?" 동성왕은 혼자 중얼거렸을 상황이다.

동성왕은 사비 서쪽 벌인 마포촌에서 발이 묶인 것이다. 동성왕은 마포촌에서 이틀 쯤 묵었던 것 같다. 동성왕의 발이 묶인 사실을 제일 먼저 포착한 이는 당연히 백가였다. 백가의 생각에 "말다가 이제 내게 꼼짝없이 걸려 들었다. 못 빠져 나간다!"고 판단할 수 있는 절호의 기회였다. 대설로 인해 동성왕은 고립되었다. 동성왕은 일단 눈에 포위되었고, 그 다음은 백가에게 포위된 것이다. 2중으로 동성왕은 포위되어 있었다. 문제는 동성왕이 그 사실을 모르고 있다는 것이다. 이럴 때 동성왕을 습격하면 그 일행들은 고스란히 죽는다.

앙심을 품고 있던 백가는 이 틈을 절대 놓치지 않았다. 자객을 보내 유숙하고 있던 동성왕을 칼로 찔렀다. 『삼국사기』에 의하면 "11월에 웅천熊川의 북쪽 벌판에서 사냥하였고, 또 사비의 서쪽 벌판에서 사냥하였는데 큰 눈에 막혀 마포촌馬浦村에서 묵었다. 이보다 앞서 왕이 백가로 가림성을 지키게 하였다. 백가는 가지 않으려고 병을 핑계 삼아 사양하였으나 왕이 허락하지 않았다. 이로 말미암아 (백가는) 왕을 원망하였는데, 이 때에 사람을 시켜 왕을 칼로 찔렀다"[81]고 하였다.

---

81 『三國史記』권26, 동성왕 23년 조.

질탕하게 먹여 동성왕 일행을 취하게 한 후 백가는 병력을 풀어 숙소를 습격했던 것 같다. 이때 동성왕의 위사衛士 병력과 백가 병력 간에 충돌이 빚어졌을 것이다. 그러나 처음부터 작심하고 공격한 기습에 경호 병력이 대응하기는 역부족이었다. 이들이 침전으로 뛰어들었을 때 동성왕의 대응 역시 상상해 봄직하다. 몸을 가누기 어려울 정도로 만취한 그였지만 활고채를 잡아당겨 신궁답게 몇 명을 쏘아 맞혔을 수 있다. 화살이 떨어진 그는 단도를 뽑아들고 접전하다 크게 찔리고 쓰러졌는지도 모른다. 『삼국사기』에는 이어서 "12월에 이르러 돌아가셨다"고 적었다. 그러므로 동성왕은 현장에서 사망하지 않고 부상을 입은 채 한 달 후에 사망한 것이다.

백가의 자객이 동성왕의 절명을 확인하지 않았음을 알려준다. 정황상 그들이 동성왕을 찌른 후 황급히 달아난 것으로 보인다. 동성왕의 침소가 피습되자 외곽에 있던 수행 병력이 급히 연락을 받고 들이닥쳤던 것 같다.

백제는 큰 부상을 입고 신음 중인 동성왕을 목전에 두었다. 웅진성에서 달려온 왕족들이나 귀족들은 머리 속 계산이 분주해졌을 것이다. 동성왕이 재기하는 것보다는 그대로 방치하여 죽게 하는 게 나을 것 같았는지도 모른다. 그렇다면 동성왕 이후 옹립해야할 대상 물색이었다. 동성왕의 사망 때 연령은 알 수 없다. 그가 23년간 재위했었고, 유년에 즉위한 것을 고려해 보면 30대 중반에 사망한 것 같다. 그렇다면 동성왕의 왕자들이 즉위할 수는 없는 상황이었다. 물론 동성왕처럼 유년의 왕자를 옹립할 수는 있다. 그러나 삼근왕부터 이어진 유년왕 옹립은 그

누구도 이제는 원하지 않았다.

동성왕의 피살 소식은 신라에도 알려졌을 것이다. 신라 조정에서 관심을 가질 수밖에 없었던 것은 혼인동맹 때문이었다. 신라 왕족인 이찬 비지의 딸을 동성왕의 왕비로 출가시켰었다. 그런데 동성왕이 피살됨에 따라 혼인을 매개로 양국 간의 우호 관계는 심한 경우 원점으로 돌아갈 수 있었다. 따라서 동성왕의 뒤를 이을 임금이 누가 되느냐는 문제도 초미의 관심사였다. 신라 조정에서는 유력한 백제의 왕족들을 저울대 위에 올려보았을 것이다. 왕위 계승권을 지닌 왕족들에 대한 정보는 신라 왕녀 출신인 동성왕비를 통해서도 신라측에 전달되었을 법하다.

2) 피살 배경, 천도 저지설의 검증

백가는 왜 동성왕을 찔렀는가? 이 문제에 관한 실마리는 『일본서기』에 인용된 백제측 문헌인 『백제신찬』에 달려 있는 것 같다. 이에 의하면 동성왕의 피살을 "백제 말다왕이 포학무도하여 국인國人이 공히 제거하였다"고 하였다. 백가에 의한 살해가 아니라 국인으로 말해지는 범귀족세력에 의해 제거되었음을 뜻한다. 다른 문헌도 아니고 백제인들이 편찬한 책으로 믿어지는 『백제신찬』의 기록인 만큼 각별히 유의할 필요가 있을 것 같다. 이 문헌에 의미를 둘 때 다음과 같은 추리가 가능해 진다. 즉 큰 부상을 입고 누워 있던 동성왕이 치료를 받기보다는 방치된 채 사망하였다면, "국인에 의해 공히 제거"가 되는 것이다. 귀족들은 쓰러진 동성왕이 소생하기를 바라지 않았던 것 같다. 엄혹한 동성왕

보다는 넉넉한 인품의 군왕 후보를 물색하였을 것이다. 그러는 가운데 동성왕은 세상을 떴다.

동성왕에 대한 기본 이미지는 '포학무도'였다. 동성왕의 강력한 왕권 강화와 지방 세력에 대한 통제, 흉년 등으로 인해 피폐해진 민생을 돌보지 않은 왕자에 대한 불만과 반발 등이 복합되어 투사된 악인 이미지가 지배했다. 백가의 동성왕 살해는 이처럼 광범한 불만 세력을 등에 업었기에 살해범임에도 즉각 조치되지 않았던 것 같다.

이와는 달리 구체적으로 사비성 천도에 대한 저지 차원에서 동성왕 살해가 단행되었다는 견해가 있다. 백제의 사비성 천도 준비 시기를 동성왕대로 소급시켜 추정하는 견해인 것이다. 이러한 추정은 동성왕이 사비 지역에서 전렵田獵한『삼국사기』의 다음과 같은 기사에 근거를 두었다.

* 왕이 서울 서쪽의 사비 벌판에서 전렵을 하였다(동성왕 12년 9월 조).
* 왕이 사비 동쪽 벌판에서 전렵을 하였다(동성왕 23년 10월 조).
* 웅천 북쪽 벌판에서 전렵을 하였다. 또 사비 서쪽 벌판에서 전렵을 하였다(동성왕 23년 11월 조).

위와 같은 동성왕의 사비 지역 일원으로의 전렵은 단순히 사냥에 목적이 있었다기 보다는 사비 지역을 경영하기 위한 과정으로 이해하고자 했다. 이것을 뒷받침해 주는 것이 가림성의 축조라고 보았다. 현재의 부여군 임천면에 소재한 가림성에서는 남쪽과 동쪽으로 금강의 흐름이 내려다 보이고 있다. 북쪽으로는 부소산성을 비롯한 왕궁터가 한

눈에 조망眺望되고 있으며, 가까이는 논산 방면의 여러 성들과 연결되고, 멀리는 익산益山까지 바라 보인다. 따라서 가림성의 입지적 조건은 사비도성의 방어상에 매우 중요한 요충지에 해당되므로 가림성 축조는 결국 사비성 천도를 위한 준비 작업과 무관하지 않다는 것이다. 그리고 동성왕은 그 재위 23년 8월에 가림성을 축조하고 위사좌평 백가로 하여금 지키게 하였다. 백가는 병을 핑계로 이에 응하지 않았지만, 동성왕이 강제로 그곳으로 전출시켰다. 동성왕이 이처럼 백가의 반대에도 불구하고 가림성에 대한 강한 집착을 보였다는 것은 사비 지역에 대한 동성왕의 특별한 관심에서 비롯되었다고 간주하였다. 따라서 동성왕대의 가림성 축조는 사비성 천도 계획의 일환으로 판단할 수 있다는 것이다.

당시 웅진성에 세력 기반을 가진 백가의 입장에서 볼 때 사비성 천도는 자신의 본거지로부터의 축출인 동시에 세력 기반 상실을 의미하는 것이다. 따라서 백가는 동성왕의 사비성 천도에 적극 반대하는 입장에 있었다. 그러자 동성왕은 백가를 가림성으로 전출시켰다. 이에 앙심을 품고 동성왕이 사비서원泗沘西原에 전렵차 행차함을 기화로 삼아 시해함으로써 반발했다는 것이다. 즉 이것은 나성羅城의 축조와 함께 사비도성의 방어 시설이 거의 마무리되면서 동성왕이 당대에 천도하려고 하는 의도를 천도 반대 입장인 백가가 이미 간파하고 있었다. 백가는 결국 이를 저지하기 위하여 동성왕 시해라는 극단적인 행동을 표출한 것으로 파악했다. 이와 같은 사건의 긴박성으로 미루어 볼 때 나성은 동나성東羅城과 서나성西羅城을 포함하여 모두 동성왕 23년 11월 경에는 그 축조가 완비된 상태에 놓여 있었다. 이 무렵은 사비성 천도 준비가 거의 완료된 상태였다고 간주했다.

사진 48 사비나성의 동나성

그러면 이상에서 소개한 동성왕대의 사비성 천도 준비설을 검토해 보지 않을 수 없다. 우선 동성왕대의 전렵 기사가 과연 천도 계획과 관련을 지니고 있는가 하는 문제이다. 이와 관련해 동성왕대의 전렵 기사를 『삼국사기』에서 모두 뽑아 보면 앞서 인용한 것 외에 다음과 같이 보인다.

* 여름 4월에 웅진 북쪽에서 전렵을 하면서 신록神鹿을 사로잡았다(동성
  왕 5년 조).
* 겨울 10월에 왕이 우명곡牛鳴谷에서 전렵하다가 직접 사슴을 쏘았다(동
  성왕 14년 조).

* 여름 4월에 우두성牛頭城에서 전렵하다가 우박雨雹을 만나 중지했다(동
성왕 22년 조).

동성왕대 전렵 기사는 모두 7건이다. 이 가운데 사비 일원으로의 전
렵 기사는 모두 3건에 불과하다. 사비 지역 전렵 중 2건이 동성왕이 피살
되는 재위 23년 말의 1~2개월 사이에 이루어졌다. 그것도 '사비동원泗沘
東原'·'웅천북원熊川北原'·'사비서원泗沘西原'과 함께 등장하고 있다. 이들
지역은 당시 수도였던 웅진성을 기준으로 할 때 그 남동과 북쪽 그리고
남서쪽에 각각 해당한다. 동성왕 23년의 전렵이 사비 일원에만 국한된
현상이 아닌 것으로 드러났다. 따라서 전렵을 사비성 천도 준비와 직접
연관 짓는 견해는 설득력이 약하다. 오히려 수도인 웅진성을 중심으로 한
그 사방 외곽 지역에서 일련의 전렵이 이루어졌음을 알려준다. 이는 전렵
의 초점이 사비 지역이 아니었음을 시사한다. 설령 동성왕대의 전렵이 사
비성 천도와 관련 있다고 하자. 그러면 동성왕 말년인 23년 이전에도 몇
차례 사비 지역에 대한 전렵 기사가 보여야 마땅하지만 그렇지 않다.

이 문제는 아무래도 동성왕이 23년 10월에서 11월에 걸쳐 집중적으
로 전렵을 한 이유와 연관지어 살펴 보아야 할 것 같다. 이는 추측컨대
군사권에 대한 통제와 무관하지 않은 것으로 해석된다. 동성왕은 흉년
과 토목공사로 인한 하층 주민들의 이탈 현상과 더불어, 군신群臣들이
동성왕의 전황을 말렸던 데서 알 수 있듯이[82] 귀족층의 불만을 감지했

---

82 『三國史記』권26, 東城王 21 · 22년 조.

던 것 같다. 모반의 가능성을 예견하였기에 동성왕은 도성으로의 진격이 용이한 그 외곽 부대에 대한 검열적 성격을 띤 사냥을 거듭 실시한 것으로 짐작된다. 특히 동성왕은 병을 핑계로 가림성으로의 전출을 가고 싶어하지 않았던 백가를 유의하지 않을 수 없었을 것이다. 그는 백가의 원망을 포착하였을 가능성이 높다. 이러한 이유로 동성왕은 사비벌판의 동쪽과 서쪽에서 전렵을 통하여 그곳 지방관들과 그 관할 부대에 대한 지배권을 확인하려고 했던 것같다. 동성왕이 전렵 과정에서 가림성주 백가가 보낸 자객의 칼에 찔려서 숨지게 된 것은 전렵의 성격이 사비성 천도 준비 보다는 수도 외곽에 대한 안정적 지배라는 차원에서 이루어졌음을 시사한다. 전렵의 속성에는 지배의 확인이라는 요소가 작용하기 때문이다. 그리고 거듭 언급하지만 국왕은 전렵을 통해 자국의 지형을 숙지해야만 그에 맞는 방어책을 세울 수 있다고 한다. 동성왕의 전렵 역시 수도 주변의 지형을 잘 파악해서 수도의 안정적 운영을 위한 방위망의 구축과 관련이 크다고 본다. 그러한 결실이 동성왕대 가림성의 축조라고 하겠다. 그러나 이것이 "백제 말다왕이 무도하고 백성에게 포학하여 국인이 드디어 제거했다"고 하였듯이 전횡으로 느껴졌을 동성왕의 권력 행사에 대한 반감과, 그에 대한 방어 차원에서의 전렵이라는 문제를 상정할 수 있지 않을까 한다. 요컨대 일종의 양자 간의 이해가 부딪치는 과정에서 결국 동성왕이 해害를 입은 것으로 이해하는 게 자연스러워진다.

가림성의 입지적 조건이 사비성 방어에 긴요하다는 측면에서 사비성 천도와 연관지어 해석하였다. 그러나 이는 동성왕대의 지방 지배라

사진 49 가림성에서 바라본 주변 전경

는 차원에서 중앙 요직의 인물을 새로 축성한 지역에 파견하여 통제하

게 하는 방식의 일환으로 보는 게 온당할 것 같다. 사정성沙井城을 축조

하여 한솔扞率 비타毘陀를 그곳에 파견하여 진수鎭戍하게 한 것과 동일

한 맥락에서 살피는 게 오히려 자연스럽다. 즉 이는 중앙귀족 세력에

대한 재편성 작업의 일환이 되는 것이다. 그리고 지명地名을 관칭冠稱한

왕·후王侯들이 대거 영산강유역에 분봉되는 등, 국가적 간난기艱難期

를 틈타 이탈해 간 지방 세력에 대한 지배가 동성왕대의 시대적 현안이

었다.

지금까지 소개한 동성왕대에 사비성 천도 준비가 진행되었다는 견

해는 실제 많은 비판을 받고 있다. 우선 동성왕대에 나성까지 축조되어

서 천도 준비가 완료되었다고 하자. 그러한 근거였던 백가의 웅진성 출신설은 앞서 거론했듯이 무너졌다. 오히려 백가의 '백'은 사비성을 통과하는 금강 구간인 백강과 연결 지을 수 있다. 백가의 근거지가 가늠된다. 그렇다면 백가의 사비성 천도 저지 동기는 동력을 잃은 것이다. 천도를 저지할 목적에서 동성왕을 시해한 이가 백가라고 한다. 그러한 백가를 제거한 무녕왕이 천도를 왜 성큼 단행하지 못했는지에 대한 의문이다. 동성왕이 피살되는 501년부터 사비성 천도가 단행되는 538년까지는 무려 1세대가 넘는 시간이 소요되었다. 천도가 완료된 상황에서 그것도 천도 반대 세력을 제거했음에도 이렇게까지 시간이 소요되었다는 것은 이해하기 어렵다. 그러니 동성왕대에 천도를 위한 축성이 시작되었다거나 준비 작업이 시작되었다는 견해에는 많은 문제점이 따른다는 것을 알 수 있다.

동성왕 8년에 "궁실을 중수重修했다"거나 동성왕 20년에 "웅진교를 설치했다"고 한다. 여기서 웅진교의 가설架設은 최초의 교통로 정리 기사로서 통치 구획에 대한 정비를 단행했음을 시사하는 것이다. 사실 동성왕은 웅진교를 가설하기에 앞서 그 8년에 우두성을, 12년에 사현성과 이산성을 축성하였다. 웅진교를 가설하던 해에도 사정성을 축조하는 등 웅진성 방어체제에 심혈을 기울이던 시기였다. 따라서 웅진교 가설은 왕도를 정비하여 통치에 효율을 꾀하기 위한 조치로 파악된다. 이러한 점에서 보더라도 동성왕대까지는 오히려 천도할 계획이 없었음을 반증하는 것이다. 그 뿐 아니라 동성왕에 이어 즉위한 무녕왕대에도 천도와 관련한 적극적인 움직임은 찾아 볼 수 없다.

천도는 일조일석에 단행되지 않는다. 반대 세력을 제압할 수 있을 정도로 왕권이 성장했을 때 가능한 일대 국가적 사업이었다. 외적으로는 천도에 지장이 없을 정도로 국제 정세 역시 어느 정도 호전되어야 한다. 그런데 동성왕대에는 내외적으로 긴박하게 흘러 가고 있었으므로 천도를 위한 객관적 여건이 조성되었다고 보기는 어렵다. 우선 동성왕대에는 『삼국사기』만 보더라도 천재지변이 많았다. 천재지변 기사는 백제 어느 왕들의 치세 기간 보다도 동성왕대가 유례없이 많았다. 이러한 사실은 동성왕 정권의 불안정과 동시에 천도를 단행할만한 내적 기반이 성숙되지 않았음을 뜻한다. 그 밖에 동성왕대에는 전투와 축성 그리고 토목공사도 『삼국사기』에만 보더라도 제법 산견散見된다.

동성왕은 이탈해 간 지방 세력과 임나 및 탐라를 비롯한 부용附庸 세력을 영향권 내에 재편시키는 작업에 박차를 가하고 있었다. 이 무렵 지명을 관칭한 왕 · 후의 분봉이 활발했다. 그렇듯이 중앙권력의 지방 지배를 통한 국가의 재건과 왕권 확립에 부심하고 있는 상황이었다. 따라서 동성왕대는 여러 모로 천도가 논의될 여건이 되지 못한다.

3) 동성왕릉에 대한 상념

부여 땅에서 살해된 동성왕의 능묘는 어디에 소재하였을까? 이와 관련해 유의해야할 기록이 있다. 부여군 장암면 상황리에는 '왕총王塚'으로 일컬어지는 분묘 3기가 소재하고 있다. 이들 고분은 역시 야산에 자리잡은 능산리 왕릉군의 입지 조건과 흡사하다. 『공주구읍지公州 舊邑誌』부여 조에서 "관아 동쪽 10리 남짓에 왕릉이 있다. 또 임천 남산동 조암鳥嵓 밑에

왕릉이 있다"는 기록이 전한다. 여기서 관아 동쪽 10리 남짓에 소재한 왕릉은 능산리 고분군을 가리킨다. 임천 남산동 조암 밑의 왕릉은 상황리 고분군을 가리키는 것으로 간주해 왔다. 그러나 『부여지扶餘誌』의 임천군 능묘 조에 "백제 왕릉: 부여지를 살펴 보니 임천 남면南面에 왕릉으로 일컫는 것이 있다. 장암場岩 후동後洞에 역시 왕릉이라는 것이 있다. 이것들은 언전諺傳이므로 감히 진실한 말은 아니다"는 기록이 보인다. 임천과 장암에 백제 왕릉으로 전하는 고분이 각각 소재했다는 것이다.

충청관찰사였던 조명정趙明鼎이 1754년에 왕총 앞에 세운 가림 조씨 시조 조천혁趙天赫의 묘단비墓壇碑가 있다. 이 곳은 『부여지』에서 장암 면 상황리에 소재했다는 왕총의 위치와 부합한다. 따라서 장암면 상황

사진 50 상황리 왕총과 묘단비

리 왕총은 『부여지』에서 장암 후동에 소재했다는 왕릉을 가리킨다.

그러면 상황리 왕총에 묻힐 수 있는 백제 왕은 누구일까? 일단 사비성 도읍기의 국왕들만 꼽아 보자. 그러면 성왕 · 위덕왕 · 혜왕 · 법왕 · 무왕 · 의자왕이 있다. 이 가운데 무왕은 익산에, 의자왕은 중국 뤄양 북망산에 각각 묻혔다. 성왕의 능은 능산리 제2호분으로 지목되어 왔다. 이들을 제외한 위덕왕과 혜왕 그리고 법왕을 지목할 수 있다. 그러나 이들이 능산리 왕릉군을 떠나 이곳에 묻혔어야 될 특별한 사유가 발견되지 않는다. 이와 관련해 왕총이 소재한 상황리 일대는 백제 때 가림성이었던 임천면의 가림성과 근거리에 위치하였다. 즉 이 근방으로 사냥을 나왔다가 가림성주에게 피살된 왕이 동성왕이라는 점과 어떤 연관이 있어 보였다.[83]

11. 역사의 전면에 등장한 사마왕

1) 백가의 반란 진압

동성왕의 이복형인 사마가 새로운 국왕으로 추대되었다. 동성왕을 살해하여 사마 곧 무녕왕을 최대의 수혜자로 만들어 준 이가 백가였다. 그럼에도 불구하고 그는 반란을 일으켰다. 왜 그랬을까? 백가는 '포학

---

83 李道學, 「부여군 장암면 상황리 왕총(王塚)에 대한 고찰--동성왕릉 가능성의 제기」, 『대한문화재신문』 15호, 2004. 7. 1.

한' 동성왕을 살해하는데 일등 공신이었지만, 동성왕을 방치시켜 사망하게 한 일반 귀족들에 의해 그의 공은 희석되었는지도 모른다. 게다가 새로운 국왕을 추대하는 과정에서 백가와 여타 귀족들 간의 이해가 엇갈렸을 가능성이 제기된다. 무녕왕의 입장에서 볼 때 백가는 여러모로 부담스러운 존재였을 것이다. 무녕왕의 즉위는 이러한 혼란을 극복한 이후라고 보여진다. 아마도 귀족들이 추대한 무녕왕에 반기를 든 백가의 반란을 진압한 이후일 것이다.

『삼국사기』대로라면 무녕왕은 즉위 후 백가가 반란을 일으키자 토벌한 것이다. 원전에 그렇게 적혀 있었기에 『삼국사기』를 편찬한 김부식도 "논하여 말하건대, 『춘추』에서 말하기를 '신하된 자는 거스르면 안 되는데, 거스르면 반드시 죽여야 한다'고 했다. 백가와 같은 극악한 역적은 천지에 용납될 수 없는데, 즉시 벌주지 않고, 이에 이르러 스스로 면하지 못할 것을 알고, 모반한 후에야 그를 죽였으니 늦은 것이다"[84]고 질타했다. 권근도 백가가 이미 왕을 시해한 후에 성을 거점으로 반란을 일으킨 것을 보니 강성했다고 보았다.

동성왕 암살 사건을 정리해 본다. 501년 11월에 동성왕은 가림성주 백가가 보낸 자객의 칼에 찔려 중태에 빠졌다가 12월에 운명했다. 502년 1월에는 "좌평 백가가 가림성에 의거하여 반란을 일으켰다"[85]고 했

---

[84] 『三國史記』권26, 무녕왕 원년 조. "論曰 春秋曰 人臣無將 將而必誅 若苩加之元惡大憝 則天地所容 不卽罪之 至是自知難免 謀叛而後誅之 晩也"

[85] 『三國史記』권26, 무녕왕 즉위년 조.

다. 반란을 일으킬 때 백가는 좌평이었다. 부임하지 않으려고 했던 백가는 동성왕 피살 후 좌평으로 복귀한 것으로 보인다. 이러한 사건의 흐름에 비추어 볼 때 백가의 반란은 돌연하다는 인상을 준다. 추측하자면 백가가 옹립한 왕족이 따로 있었던 것 같다. 백가는 많은 귀족들이 옹립한 무녕왕을 수용할 수 없었기에 적극 저지하고자 했을 가능성이다. 그럼에도 수용되지 않고 무녕왕이 즉위한 데 반발한 저항이 반란이었던 것 같다. 백가는 곤지계가 아닌 문주왕 후손 즉 삼근왕의 아우를 옹립했을 가능성이다. 이러한 처신은 백가가 동성왕을 살해한 데 대한 일종의 명분이 될 수 있다고 판단한 것 같다. 이는 자신의 안전을 도모하기 위한 조치이기도 했다.

아니면 가림성주 백가의 반란을 진압한 후에 40세의 연만한 연령의 무녕왕이 옹립되었을 수 있다. 가림성을 진수하던 백가가 '좌평' 직으로 가림성에서 반란을 일으켰다. 이 기록을 유의한다면 백가는 동성왕 사망 후 조정으로 진입하여 예전 직위인 좌평을 차지했을 수 있다. 이 경우는 동성왕이 자상刺傷을 크게 입었지만, 가해자를 모를 수 있었다는 것이다. 당시 백제 조정의 초미의 관심사는 동성왕을 찌른 배후 인물을 찾는 일이었다. 그러는 과정에서 백가가 배후 인물로 드러나게 되었다. 결국 백가는 자신의 본거지인 가림성에서 저항할 수밖에 없었다. 그랬기에 "반란을 일으켰다"로 기록되었을 수 있다.

백제 조정으로서는 동성왕 사후 공위空位 상황에서 백가를 처단하는 일이 현안이었다. 이때 왕족인 사마가 군대를 이끌고 우두성牛頭城에 이르러 한솔 해명解明에게 명하여 토벌하게 했다. 백가를 토벌하는

데 해씨 세력이 무녕왕의 편에 섰음을 알려준다. 여기서 해명은 무녕왕이 출정할 때부터 종군한 인물이었는지 아니면 우두성의 성주였는지는 명확하지 않다. 우두성은 486년에 동성왕이 축조한 성이자 이곳에서 사냥하였다. 그 위치는 알려진 바 없지만 부여군 임천면에 소재한 가림성을 공격하기 위한 군대가 머물렀던 곳이다. 그러므로 대략 지금의 공주에서 가림성을 잇는 구간에 소재한 것으로 보인다. 우두성의 소재지에 대해서는 『임천향교지』에 "우두산성은 성흥산성 부속 산성으로 장암면 합곡리 유촌부락驛村과 남면 마장리(마포촌)의 우두촌(쇠머리동네)의 후록영봉後麓嶺峯으로 백강(장암강)을 파수把守하던 진산성鎭山城이다"고 적혀 있다. 실제 부여군 남면에는 '우두' 즉 '쇠머리 마을'이 소재하였다. 이곳 주민들은 뒷산의 모양이 '소머리'를 닮았기에 '우두'라

사진 51 남면 마정리에 소재한 우두성으로 전해지는 마을 뒷산

고 한다는 것이다. 게다가 이곳은 임천의 가림성에 이르는 도상途上에 소재하고 있을 뿐 아니라 마을 앞으로 광활한 평원이 펼쳐져 있다. 이러한 자연 환경은 동성왕이 우두성에서 사냥했다는 여건과 부합하고 있다. 문제는 우두산에 산성의 존재가 확인되지 않는다.

무녕왕은 한솔인 해명에게 명하여 가림성을 공격하게 했다. 가림성을 포위한 해명의 공격에 견디지 못하고 백가는 나와 항복했다고 한다. 백가가 자결이나 최후 항전을 포기하고 항복한 데는 삶에 대한 일말의 가능성을 타진했던 듯하다. 아마도 백가가 보낸 인사가 사마와 협상했을 가능성이다. 백가로서는 동성왕을 살해할 수밖에 없는 나름대로의 이유가 있었고, 그것을 알리고 싶었을 수 있다. 이와 관련해 생명 보존에 대한 약속을 담보했다면 백가가 항복했을 가능성이다. 그러나 국왕 시해범인 관계로 사마 자신이 독단으로 처리할 수는 없었다고 본다. 참수한 백가의 시신이 백강에 던져지게 된 것은 극형이었다. 신라는 백제를 멸망시킨 직후에 조국을 배신하여 백제로 달아났던 모척을 혹독하게 죽인 후 시신을 강물에 던졌다. 고려 신종 때 노비의 난을 도모하다 발각된 만적 일당도 모두 예성강에 던져졌다. 부여는 일부다처제 하에서 가부장권을 확립하고 가정의 평화를 유지하기 위하여 투기를 매우 엄중하게 처벌하였다. 그랬기에 투기한 여자는 죽인 다음 그 시체를 산 위에 버려 조수의 먹이가 되게 했다. 매장권을 박탈한 가장 엄혹한 처벌이었다.

그러면 이러한 처벌의 의미는 어떻게 보아야만 하는가? 고대인들은 우주에 미만한 모든 생명체의 순환 원리를 성장과 소멸이 가없이 반복하는 현상으로 인식하였다. 봄에 씨를 뿌리고 가을에 추수하면 그 작물의 생명은 일단 끝난 것이지만, 그 낱알을 이듬해 봄에 다시금 땅에 심게 되면 싹이 돋아나 생명은 계속 이어지게 마련이다. 이와 마찬가지로 일단 목숨이 다한 인간도 땅에 묻히게 되면 곡식의 낱알처럼 그 영혼도 부활하게 된다고 믿었다. 마셜 살린스Marshall Sahlins도 "지하 세계는 죽음의 장소이자 동시에 생명을 지탱하는 땅의 원천이었다"고 했다. 이렇듯 모든 생명체의 생성과 소멸을 관장하는 이를테면 생명의 원천으로 생각하는 지모신 신앙을 가지고 있었다. 그래서 중죄인에 대하여는 영혼의 부활까지 박탈할 목적으로 매장권을 철저히 봉쇄하였다.

사진 52 백제 문화제 때 가림성주 백가의 반란 장면. 무녕왕과 백가의 모습

동성왕 살해의 배후 인물로 사마 즉 무녕왕을 지목하는 견해도 있다. 물론 이와 관련한 아무런 증거도 남아 있지 않다. 다만 동성왕 피살 후 최대의 수혜자가 무녕왕이었다. 그랬기에 무녕왕이 사주하지 않았을 까 추측할 뿐이다. 그러나 동성왕 사망 정국은 변수가 많기 때문에 속단하기는 어렵다. 오히려 무녕왕은 백가 반란을 진압하는 과정에서 출중한 능력을 발휘하였다. 숱한 왕족들을 제끼고 정국의 주도권을 장악할 수 있는 계기를 마련했을 수 있다. 사마가 해명에게 지시하여 토벌하게 했고 또 성공한 것이다. 이 사실은 사마가 군부를 장악할 수 있는 일대 전기가 되었다고 본다. 그 여세를 몰아 사마는 포스트 동성왕에 대한 지위를 굳혔을 수 있다. 분위기가 그렇게 흘러가자 "신장이 8척이요, 미목眉目이 그림같았고, 인자관후仁慈寬厚하여 민심이 귀부했다"고 호의적으로 평가했듯이 사마를 용상에 앉게 한 것 같다.

휜출한 체격에 잘 생기고 후덕하여 편하게 느껴졌던 인물이 사마였다. 동성왕과는 대척되는 성정의 소유자였다. 무녕왕은 '포학'과 '무도'의 대명사처럼 낙인 찍힌 동성왕과는 사뭇 달랐다. 이러한 무녕왕의 성정과 인품도 즉위의 주요 요인으로 지목할 수 있다.

2) 무녕왕의 시대 열리다

무녕왕은 백가의 반란을 진압하여 동성왕 사후의 뒷처리를 마무리 짓고 즉위하였다. 『삼국사기』에서 무녕왕을 "신장이 8척이요 얼굴이 그림과 같았으며 인자하고 너그러웠으므로 민심이 귀부歸附하였다"고 했다. 무녕왕은 폭넓은 지지 기반을 가졌음과 더불어 동성왕과는 확연히 구분되는 정치 스타일의 소유자였음을 알려준다. 주민들이 굶주려서 서로 잡아 먹는 상황인지라 신하들이 창고를 열어 구제하자고 했지만 동성왕은 거절했다. 그러나 무녕왕은 주민들이 굶주리자 즉각 창고를 열어 구제해 주었다.

무녕왕의 용모를 『삼국사기』는 "미목여화眉目如畵"라고 했다. 미목은 얼굴을 가리킨다. 그러니 얼굴이 그림 같았다는 뜻이다. 용모가 아름답기를 그림 속의 사람 같다고 할 때 이런 표현을 구사한다. 조선시대 신윤복의 미인도에 보이는 미인의 모습을 남자로 환치하거나 분을 잔뜩 바른 국극 무대 주인공의 뽀얗고 예쁘장한 용모가 연상된다. 광대뼈가 두드러진 억센 모습이 아닌 적당히 살이 오른 부드러운 모습을 상기할 수 있다.

『삼국사기』에는 무녕왕의 신장을 8척이라고 했다(身長八尺). 양척梁尺으로 계산하면 무녕왕은 2m가 넘는 장신이지만, 당시 백제의 척관법을 정확히 알기 어렵다. 이와 관련해 한국 고대인들의 출원지가 북방, 특히 몽골과의 관련성은 형질인류학적으로도 운위된 바 있다. 이중 신장을 통해서도 양자 간의 형질적 관련성을 유추할 수 있다. 지금까지 발굴된 흉노 인골을 분석한 결과 신장은 여성 150-167cm, 남성 167-174cm에 속한다. 사망 연령은 여성은 30대, 남성은 30~40대가 많고 10대가 다수 있다. 남성의 골절상은 전투나 기마와 관련지어 볼 수 있으며, 60대 이상 고령 인골은 드물다.[86] 7-8세 어린이 유골과 10대 유

---

86 윤형원, 「흉노인의 식의주」, 『흉노고고학개론』, 진인진, 2018, 273쪽.

골 수치를 뺀다면 흉노 성인 남녀의 신장은 장신에 속한다. 문헌을 보더라도 흉노계인 흉노 휴도왕 왕자 김일제를 비롯하여 후조後趙의 석륵石勒, 전조前趙의 유연劉淵과 유요劉曜, 하夏의 혁련발발赫連勃勃이 장신이었다.[87]

고대 한국인들 역시 체격이 왜소하지 않았다. 3세기 후반에 저술된 『삼국지』 동이전 부여 조에 보면 부여인들이 '추대麤大' 즉 체격이 컸다고 했다. 변한인들에 대해서도 '대大(『삼국지』)' 혹은 '장대長大(『후한서』)'라고 하였다. 그 밖의 기록에서도 적어도 중국인들이 볼 때 한국인들은 자신들의 기준으로는 컸다고 증언하였다. 부여씨 왕족 출신인 백제 흑치상지의 경우 7척이 넘었다고 했다. 당척唐尺으로 7척은 196cm이었다. 흑치상지는 2m가 훨씬 넘는 장신이었다. 실제 1929년에 그의 무덤이 도굴될 때 현장을 지켜본 이는 시신을 9척으로 증언했다. 흑치상지의 미라가 상당히 장대했음을 알려준다. 진평왕의 경우 '장대長大(『삼국사기』)'나 '11척(『삼국유사』)'이라고 하였다. 실제 진평왕이 내제석궁에 행차했을 때 그가 밟은 섬돌 3개가 하중을 이기지 못하고 부러졌다. 그리고 그가 착용한 성대(聖帶=天賜玉帶)의 경우 너무 커서 다른 사람들이 착용할 수 없을 정도였다. 진평왕의 조카인 진덕여왕은 신장이 7척이었다. 부여씨 백제 왕족이나 신라 김씨 왕족의 경우 장신이었다.[88] 이

87 沢田勳, 『匈奴』, 東方書店, 1996, 10쪽.
88 李道學, 「쌍릉 대왕묘=무왕릉 주장의 맹점(盲點)」, 『季刊 한국의 고고학』 43, 주류성, 2019, 66-69쪽.

같은 장신 왕가의 유전적 요인은 북방 민족의 남하와 연관 지을 수 있게 한다.[89]

용모에서 풍기는 부드럽고 넉넉한 성정처럼 무녕왕은 '포학무도'했다는 동성왕과는 달리 '인자관후'했다고 한다. 인자하고 넓게 후덕했다는 것이다. 백제인들은 각박했던 동성왕대와는 달리 많은 이들과 공유하는 후덕한 시대를 원했던 것 같다. 긴장과 긴박한 시대에 쩌들고 지쳐 있던 백제인들의 바람이었다. 유년으로 즉위했던 동성왕과는 달리 세상사를 겪은 불혹의 연령이었기에 편하게 느껴졌던 것 같다. 실제 그가 즉위하자 갈라졌던 민심이 수습되었다. 그에 대한 '민심이 귀부하였다'는 구절이 말하고 있다. 혹자는 무녕왕을 '상당히 부드러운 인물'로 단정하면서 다루기가 용이한 대상으로 판단했다. 그러나 무녕왕은 우유부단한 문주왕과는 사뭇 달랐다. 그는 몸소 군대를 이끌고 고구려군과 사투를 벌인 사례가 적지 않았다. 무녕왕이 보인 수범적 자세와 통치형태, 그리고 치적을 놓고 볼 때 전형적인 외유내강형 인물이었다.

무녕왕은 역사상 두 사람이 존재하였다. 중국 남조 양梁의 왕족으로서 550년에 무녕군왕武寧郡王에 봉封해졌으며 13세의 어린 나이로 살해된 나머지 한 사람에 대한 인물 묘사를 『양서梁書』는 "무녕왕 … 풍채가 아름답고 얼굴이 그림 같았다眉目如畫"고 기록하였다. 이 구절은 『삼국사기』에서 무녕왕을 "신장이 8척이고 얼굴이 그림 같았다眉目如畫"라는

---

89 李道學,「古代 韓·蒙 間의 文化的 接點」,『한·몽 관계의 역사와 동북아 지역의 협력』, 주몽골대한민국대사관, 몽골 국제울란바타르대학, 2019.7.4, 70쪽.

기록과 상응한다. 특히 "얼굴이 그림 같았다"는 문구는 정확히 부합하고 있다. 백제와 양은 무령왕릉 구조와 부장품이 웅변해 주듯이 빈번하게 교섭을 가지고 있었다. 게다가 두 인물은 공히 6세기대에 활동했다는 공통점이 있다. 우연치고는 공교롭다는 느낌이 든다.

3) 고구려 꺾고 다시 강국되다

백제가 망하다시피한 상황을 몸소 체험한 무령왕이었다. 그랬기에 그는 무엇보다도 군사력 배양과 실지 회복에 비상하게 힘을 쏟았다. 무령왕은 즉위 후 첫 번째 행동을 고구려 응징을 통한 영토 수복이었다. 502년(무령왕 2)에는 군대를 출동시켜 고구려의 남쪽 변경을 침공하였다. 그 이듬해에는 5,000명의 군대를 출병시켜 마수책馬首柵을 불태워 버리고 고목성高木城으로 침입한 말갈 군대를 물리쳤다. 무령왕은 고구려의 부용 세력인 말갈의 침공에 단단히 대비하였다. 507년에는 그전해에 말갈 군대가 성을 깨뜨리고 주민 600 여명을 죽이고 사로잡아 갔던 고목성 남쪽에 2개의 목책을 세웠다. 동시에 장령성長嶺城을 축조하였다. 무령왕은 고구려의 부용 세력인 말갈의 침공에 단단히 대비했다. 그 해 10월에 고구려 장군인 고로高老가 말갈과 모의하여 한성을 치기 위해 횡악 아래에 주둔하고 있었다. 무령왕은 즉시 군대를 출동시켜 고구려와 말갈 연합군을 일거에 격파시켰다.

무령왕은 고구려의 침공과 약탈에 대해서는 철저한 보복으로 일관했다. 512년에는 고구려 군대가 가불성加弗城을 습격하여 점령하고는 군대를 옮기어 원산성圓山城을 쳐서 깨뜨리고는 죽이고 약탈한 것이 심히 많았다. 무녕왕은 직접 정예한 기병 3,000명을 거느리고 위천韋川의 북쪽에서 싸웠다. 이 때 고구려 군대는 무녕왕의 군대가 적은 것을 보고는 가볍게 여겨 진陣을 치지 않았다. 무녕왕은 이 틈을 놓치지 않고 갑자기 군대를 이끌고 내쳐서 크게 격파하였다. 이러한 거듭된 전승에 힘입어 무녕왕은 양에 보낸 국서에서 "여러 차례 고구려를 깨뜨렸다"고 밝혔고, "다시금 강한 나라가 되었다"는 평을 얻게 되었다. 무녕왕은 고구려에 대한 설욕을 하였다.

사진 53 임나4현의 하나인 사타에 속한 순천 운평동 고분 발굴 현장

512년에 백제는 이른바 임나 4현縣인 상다리上哆唎(여수)·하다리下哆唎(여수 돌산)·사타娑陀(순천)·모루牟婁(광양)를 점령하였다. 이들 지

역은 전라남도 동편에 소재한 지역으로 비정된다. 백제의 군사적 영향력이 임나제국에 미치기 시작하여 영토를 확장시켰다.

4) 농업경제적 기반의 구축과 외교

무녕왕은 왕권의 안정을 위해서는 주민 생활에 직접 영향을 미치는 농업 경제에 비상한 관심을 투사했다. 백제 땅에서는 기근에 역병까지 보태져 유행하는 경우가 많았다. 주민들의 생활은 무척 힘들었다. 특히 506년 (무녕왕 6)에는 봄에 역질이 크게 돌았을 뿐 아니라, 3월부터 5월까지는 비가 내리지 않아서 냇물과 강물이 죄다 말라버렸다. 주민들이 굶주려 국가의 창고를 열어서 구제해야 될 정도였다. 무녕왕은 510년에 식량 문제의 근본적인 해결을 위해 제방을 튼튼하게 축조하게 하였다. 수리시설의 완비를 통해 농업생산력의 증대를 기하고자 한 것이다. 이와 더불어 동성왕대에 확보한 나주평야에 대한 개발이 적극적으로 추진되었음을 생각하게 한다. 이러한 조치는 일차적으로 한재나 수재로 인해 생겨난 유민이나 도적의 창궐 뿐 아니라 주민 이탈을 막는 효과가 있었다.

그와 동시에 농업생산력의 증대를 기하기 위해서는 노동력의 집중이 필요하였다. 무녕왕은 510년에 도성과 지방에서 놀고 먹는 자들을 농사에 내 몰았다. 『일본서기』에 의하면 그보다 1년 전인 509년에 "임나의 일본 현읍縣邑에 있는 백제 백성으로 도망해 온 자와 호적이 끊어진 지 3~4대 되는 자를 찾아내어 백제에 옮겨 호적에 올리게 하였다(繼體 3년 조)"라는 기사가 보인다. 고구려와의 군사적 긴장이 고조되었던 한성말기와, 웅진성 천도 이후 거듭된 정란으로 인해 임나 지역으로 이

사진 54 고령 지산동 44호분에서 출토된 백제계 은합 **사진 55** '梁宣以 爲師矣' 명 전돌

사진 56 난징 성벽에서 바라 본 계명사

탈해 간 주민들을 귀환시키는 조치를 취했다. 이는 무녕왕대에 이르러 백제 중앙권력의 흡인력이 임나 지역까지 미침에 따라 가능한 조치였다. 경상북도 고령 지산동 44호분에서 출토된 은합銀盒이 무령왕릉에서 출토된 것과 동일하다. 이 사실 백제와 가라加羅의 관계를 잘 암시해 주는 물증이다.

무녕왕은 중국 남조의 양 뿐 아니라 일본열도 왜와의 관계를 긴밀히 하였다. 양은 선진 문물의 섭취 창구로서, 또 국왕의 위상 확립에 있어서 긴요한 대상이었다. 송산리 6호분에서 나온 연화문 전돌에 초서로 쓴 '양선이위사의梁宣以爲師矣'라는 글귀가 웅변한다. 새로 판독되어진 '宣'에는 '쓰다'의 뜻이 있다. 『춘추좌씨전』에 "有列國之權而不敢宣也"라는 용례가 보인다. 그리고 '師'에는 『서경書經』에서 "百僚師師"라고 했듯이 '기준으로 삼고 따르다'의 뜻이 담겼다. 따라서 전돌의 명문은 "양이 쓰는 것으로써 기준으로 삼고 따랐다"는 뜻이 된다. 송산리 6호분은 양의 전축분을 본으로 했음을 밝혔다. 다음은 521년(무녕왕 21)에 무녕왕이 양에 사신을 보내 저간의 사정을 말하고 영동대장군에 책봉된 기사이다.

왕 여융이 다시금 사신을 보내 표를 올려 "여러 차례 구려를 격파하였다"고 일컬었다. 지금에야 비로소 통호를 하였는데, 백제는 다시 강국이 되었다. 그해 고조가 조서에서 "행도독백제제군사 진동대장군백제왕 여융은 해외에서 번을 지키며, 멀리서도 공직을 닦아, 이에 정성스런 마음이 이르니, 짐은 가상하게 여기노라. 마땅히 예전의 제도대로 이에 영명을 수여하니, 사지절도독백제제군사 영동대장군 백제왕을 재가한다"고

말했다.[90]

무녕왕은 역대 백제국왕들이 받았던 진동대장군에서 영동대장군을
제수 받았다. 물론『수서隋書』백관지百官志에 따르면 영동대장군은 508
년(梁 天監 7)에 개정된 장군 칭호이다. 외국에 부여한 영동대장군에 상
응하는 양 국내에서의 칭호는 진동대장군이라고 한다. 그리고 "'여러
차례 구려를 격파하였다"고 일컬었다. 지금에야 비로소 통호를 하였는
데, 백제는 다시 강국이 되었다"는 구절은, 바로 그 앞의 "이윽고 고구
려에 격파되어 쇠약해진지 여러 해인데, 남한 땅으로 옮겨 거주했다尋
爲高句驪所破 衰弱者累年 遷居南韓地"는 구절의 반전이다.

'쇠약해진지 여러 해'였던 자신의 나라를 '다시 강국'으로 만든 중흥의
군주가 무녕왕이었다. 거의 망할뻔 했던 백제를 조상들이 만들었던 강
성했던 나라로 회복했던 그였다. 그러한 무녕왕의 이름은 융隆으로도
등장한다. 융에는 크다 · 두텁다 · 높다 · 길다 · 성하다 · 존귀하다 · 많
다의 뜻이 담겼다. 백제 선조왕들의 경우 중국에 보낸 국서에서 부여씨
2글자는 한 글자인 '여餘'로, 이름은 실명의 첫글자를 취하여 표기했다.
가령 전지왕腆支王은 여전餘腆, 비유왕毗有王의 여비餘毗, 개로왕蓋鹵王의
여경餘慶 등이다. 이러한 사례에 따른다면 사마왕인 무녕왕은 '여사餘

90 『梁書』권54, 동이전, 백제 조. "王餘隆始復遣使奉表稱 累破句驪 今始與通好 而百濟
更爲强國 其年 高祖詔曰 行都督百濟諸軍事 · 鎭東大將軍百濟王 餘隆 守藩海外 遠脩
貢職 迺誠款到 朕有嘉焉 宜率舊章 授玆榮命 可使持節 · 都督百濟諸軍事 · 寧東大將
軍百濟王"

斯'로 표기해야 마땅하다. 그런데 무녕왕은 중국에 대한 공식 이름 표기로 '여융'을 사용했다. 국력을 회복한 자신의 위상을 과시하려는 의도가 담긴 것으로 보인다. 이러한 무녕왕은 후손들에게 일종의 롤 모델이 되었던 것 같다. 백제의 마지막 비운의 태자 이름이 부여융이었다. 망하다시피한 나라를 중흥시킨 무녕왕의 이름을 계승함으로써 자신도 그러한 역을 하리라고 천명했던 듯하다. 백제에서 선조들의 이름을 부활시킨 사례가 적지 않다. 초고왕과 근초고왕, 구수왕과 근구수왕, 개루왕과 근개루왕(개로왕)이 보인다. 이와 마찬 가지로 부여융도 무녕왕에서 이름을 취했던 것 같다.

한편 무녕왕은 왜에는 오경박사 단양이段楊爾에 이어 고안무高安茂를 파견하는 등, 문화사절의 파견에 소홀하지 않았다.

무녕왕은 간난의 길을 걸었던 백제의 정치 상황을 거울삼아 사회안정을 추구해 갔다. 무녕왕은 권력기반을 강화하는 동시에 사회 안정화를 위한 시책을 추진한 결과 주민들의 지지를 받아 "인자관후하여 민심이 귀부했다"는 호의적인 평을 받았다. 또 그렇기 때문에 백제 중흥의 '대왕大王'으로서의 의미가 함축된 '무녕武寧'이라는 시호를 부여받았을 것이다.

제 Ⅱ장
무령왕릉과 그 주변

1. 무령왕릉과 송산리 6호분에 관한 몇 가지 정리

1) 송산리 6호분 피장자

웅진성에 도읍하던 시기의 왕릉군은 공주 송산리에서 확인되었다. 송산리에서 중심되는 7기의 고분 가운데 5기는 석실분이고, 나머지 2기인 무령왕릉과 송산리 6호분은 전축분이다. 동일한 전축분인 무령왕릉과 송산리 6호분의 선후 관계가 쟁점이 되고 있다. 이와 관련한 몇 가지 단서를 짚어 보고자 한다.

무령왕릉은 현실 내부 전돌과 연도부의 전돌이 서로 계통이 동일하지 않다. 현실 내부의 전돌은 사격자문과 연화문이다. 그런데 연도부 바깥의 전돌에는 현실 내부에서는 단 1점도 확인되지 않았던 오수전 문양 전돌이 상당히 나타난다. 이러한 현상은 현실과 연도의 조영에 있어 시간상의 낙차를 고려하게 한다. 이와 더불어 흔히 무령왕릉이 왕 생전에 조영된 수릉壽陵이라는 근거로서 '임진년작王辰年作' 명銘 전돌을 제시해 왔다. 임진년은 512년이므로 무녕왕(462~523) 생전의 능묘 조영을 상정해 왔다. 그러나 '임진년작' 명 전돌은 현실 내부가 아니라 연도 바깥 폐쇄부에서 나왔다. 무령왕릉이 최종 폐쇄되는 시점에 쌓여진 전돌이었다. 무령왕릉에는 3년상을 마치고 525년에 안장된 무녕왕에 이어 529년 2월에 왕비의 시신이 탈상脫喪하고 합장되었다. 529년 2월이 무령왕릉이 최종 폐쇄되는 시점이었다. 그럼에도 불구하고 최종 연도 폐쇄부에서 529년보다 17년이나 앞선 임진명 전돌이 존재했다. 이 사실은 무령왕릉이 왕 생전인 임진년 곧 512년에 축조를 시작했다는 의미는 될 수 없다. 무령왕릉 연도부 입구 바깥을 마무리하는 단계에서 전돌이 모자라자 이전에 제작했던 전돌을 구하여 막은 것으로 해석된다. 그랬기에 '임진년작' 명 전돌은 부러진 상태였다.

이러한 추론은 무령왕릉 연도 벽의 전돌이 내부 현실과는 다르다는 점에서도 방증된다. 전축분을 조영할 때 관을 안치하는 현실을 먼저 만든 후에 무덤 입구인 연도를 제작한다고 보여진다. 그러니 이러한 전돌의 차이는 분묘 조영 공사상의 문제와 관련 있다고 볼 수밖에 없다. 즉 '임진년작' 명 전돌을 비롯하여 연도 벽의 벽돌은 무령왕릉을 조영할 때 제작한 벽돌이 아니었다. 그 이전에 제작했다가 어떤 이유로 남아 있었기에 이용한 것으로 보인다. 유독 '임진년작' 명 전돌 1개만 무령왕릉 전돌을 제작하기 이전의 것으로 간주하기 보다는 동일한 전돌들이 상당수 존재했다. 이것을 이용하여 분묘 조영의 끝마무리인 폐쇄부에 쓰여진 것으로 해석한다면 자연스럽다.

그리고 무령왕릉 연도 벽에 오수전 문양 전돌이 다수 나타나는 점을 주목해야 한다. 그러한 오수전 문양 전돌은 송산리 6호분 현실 벽에 가득 나타나고 있다. 이로 볼 때 무령왕릉 조영의 마무리 단계에 쓰여졌던 오수전 문양 전돌은 송산리 6호분 조영 후 잉여분을 이용했을 개연성을 높여준다. 이 사안은 송산리 6호분과 무령왕릉 조영 시점의 선후 관계를 결정 짓는 유력한 근거가 될 수 있다.

무령왕릉 조영의 마무리 단계에 나타난 오수전 문양 전돌이 송산리 6호분 조영 때 중심 문양전으로 승계되었을 여지이다. 그러나 송산리 6호분 조영 후 잉여 오수전 문양 전돌을 무령왕릉 조영에 이용했을 가능성이 더 크다. 이러한 추정은 무령왕릉 조영의 최종 단계에 사용된 전돌이 '임진년작' 명 1개에 불과했다고 볼 여지는 거의 없다는 전제에서이다. 그리고 오수전 문양 전돌은 '임진년작' 명 전돌과 마찬가지로 무령왕릉 조영 이전에 제작된 것으로 보여진다. 게다가 무령왕릉 전돌은 문양의 일

사진 57 '壬辰年作' 명 전돌

관성에 어긋난다. 그러므로 외부 전돌을 이용한 것으로 간주할 수 있다. 즉 오수전 문양 전돌이 사용된 분묘로 송산리 6호분을 지목하는 게 타당하다. 왕릉급 전축분은 그 밖에는 더 이상 존재하지 않았기 때문이다. 따라서 송산리 6호분은 무령왕릉 보다 앞선 시기에 조영된 분묘로 밝혀진다.

그러면 송산리 6호분은 누구의 분묘일까? 예전에 무녕왕의 아들인 성왕의 분묘로 지목하는 견해가 있었다. 그러나 「창왕사리감 명문」을 검토해 본 결과 그럴 가능성은 없어졌다. 송산리 6호분이 무령왕릉보

다 후대에 조영되었다는 근거를 하나 잃은 셈이다. 송산리 능원에서 전축분은 무령왕릉과 송산리 6호분 단 2기밖에 없는 만큼, '임진년작' 명 전돌은 송산리 6호분을 조영하던 시기에 제작한 전돌로 간주한다면 무리는 없다. 물론 교촌리 전축분이 존재하고 있다. 그러나 교촌리 전축분에는 오수전 문양 전돌이 없다. 그러면 임진년인 512년 전후하여 분묘가 조영될 수 있는 인물은 누구일까? 백제 왕으로서는 해당되는 인물이 일단 보이지 않는다. 그러나 비정상적인 사망을 한 특별한 경우의 왕이라면 가능성이 전혀 없는 것도 아니다. 이러한 측면에서 찾아 본다면 무녕왕에 앞서 재위했다가 피살된 동성왕을 지목할 수 있다. 동성왕은 피살되었고, 그가 피살된 후 즉위하여 그 죽음의 최대 수혜자가 다름 아닌 이복형인 무녕왕이었다. 그렇지만 백가의 반란과 진압, 그리고 즉위라는 격동적인 분위기로 인해 동성왕의 시신은 격조 있게 안장되지 못하였을 수 있다. 그 후 512년이나 그 이후에 동성왕의 능묘가 송산리 능원에 정중하게 조영 된 게 아닐까 하는 추리를 유발시킨다.

사진 58 송산리 6호분 내부 모형

송산리 6호분은 오른편인 동쪽 벽으로 붙어 관대가 1개

뿐이다. 서쪽 벽으로 관대를 1개 더 놓을 계획이었던 것 같다. 합장을 염두에 두었지만 뜻대로 되지 않았을 가능성이다. 이와 관련해 무녕왕의 아들인 순타 태자의 분묘로 간주하는 견해도 있다. 그러나 그의 후손들이 일본열도에 내리 살았고 천황비까지 배출했다. 그러므로 순타 태자의 능묘가 백제에 조영되었을 가능성은 희박하다. 게다가 순타 태자는 513년에 사망했다. 그런 관계로 수릉설을 따르기 어려운 상황에서는 512년에 이미 분묘가 조성된 것으로 보이는 송산리 6호분과 결부 짓기는 어렵다. 혹은 무녕왕 전처가 묻힌 공간으로 지목하기도 했다. 그러나 송산리 6호분의 관대가 오른 편에 붙어 있는 것은 남자 관대임을 뜻한다. 무령왕릉을 보면 좌=왕비, 우=왕으로 관이 배치되어 있다. 오히려 이장하여 새로 조성한 동성왕릉일 가능성을 배제

사진 59 백제에서 가장 이른 시기의 전축분인 교촌리 3호분

할 수 없다. 512년 시점에서 동성왕비의 사망 가능성은 없고, 신라 왕 녀인 그녀는 미묘한 정치적 상황에서 친정인 신라로 돌아갔을 수도 있기 때문이다.

한편 송산리 6호분에서 나온 명문 전돌의 위치를 "6호분의 폐쇄부 전에서 확인된"[91] 것이라고 했다. 그러나 6호분 발굴에 직접 참여했던 가루베지온의 글에 따르면 연도 전벽前壁에 사용한 전 가운데서 단 1매에 명문이 적혀 있었다고 했다.[92] 이 글귀의 양자를 가만히 음미해 보면 동일한 내용으로 보인다. 따라서 '梁宣以' 명 전돌은 송산리 6호분 폐쇄부에 사용한 것은 분명하다. 어쨌든 송산리 6호분은 510년~512년 사이에 사망했거나 이장한 백제 왕족의 분묘일 가능성은 있다. 그리고 무녕왕의 첫 번째 왕비릉일 가능성은 엄존한다.

2) 무령왕릉 내부는 왜 교란되었을까?

무령왕릉 안은 마치 도굴꾼들이 다녀간 것처럼 부장품들이 매우 교란되어 있었다. 목관木棺이 모두 빠개져 있었을 뿐 아니라, 관목棺木 조각은 사방으로 흩어져 있었던 것이다. 항아리를 비롯한 부장품들도 대부분 쓰러져 있었다. 그 원인에 대하여는 무덤 내부에 물이 차서 부장품이 이동한 것으로 보기도 한다. 그러나 배수로를 갖출 정도로 잘 짜여진 묘실墓室에 그러하였을 가능성은 없다. 무덤 안에 물이 찼다고 해

---

91 윤용혁,『가루베지온의 백제 연구』, 서경문화사, 2010, 139쪽, 주 58.
92 輕跌慈恩,『百濟美術』, 寶雲舍, 1946, 124쪽.

사진 60 모형으로 보는 관재를 들어낸 무령왕릉의 교란된 상태

사진 61 고리가 달린채 파편이 된 무령왕릉 관목재

서 관목이 빠개질 수야 없지 않은가? 혹자는 그 원인을 지진과 연결짓기도 한다. 지진 탓이라면 무덤의 벽체부터 균열되어야 했을 것이지만 전혀 손상이 없었다. 또는 목관의 이동 가능성을 상정하지만 이동 배경에 대해서는 언급이 없다. 세월이 흘러 목관이 폭삭 주저물러 앉아 부장품이 교란되었다는 것이다. 그렇다고 목관이 톱니처럼 파괴되거나 조각 파편이 연도까지 날아올 수는 없다.

무령왕릉이 조성된 후 어느 때 무덤 안에서 무슨 일이 있었을 가능성을 제기해 준다. 이와 관련해 한 가지 해답을 구해 본다. 통일신라 때 공주는 김헌창金憲昌의 난 최후 거점이었다. 822년에 공산성이 포위된 절박한 상황에서 자결한 김헌창의 시신을 그 측근들이 나누어서 매장하였다. 『삼국사기』에 따르면 정부군은 김헌창의 반란을 진압한 후 그 시신을 '고총古塚'에서 찾아 다시금 베었다. '고총'은 공산성과 근접한 고분에서 찾는 게 순리이므로 송산리 고분군을 지목할 수밖에 없다. 내부가 방으로 된 무령왕릉은 시신을 암매장하기에 용이할 뿐 아니라, 무령왕릉 부장품의 교란은 김헌창의 시신을 암매장하고 또 그것을 색출하는 데 원인을 두지 않고서는 달리 해석할 방법이 없다. 역사적으로 볼 때 국가적 차원에서 전대前代 왕실의 능묘는 보호하였다. 그랬기에 무령왕릉은 김헌창의 반란을 진압하고 그 시신을 꺼내 올 때 유물의 약탈은 모면할 수 있었던 것일까?

그러나 무령왕릉의 연도 입구가 단단히 막혀 있는 것을 볼 때 후대에 누군가가 침입했을 가능성은 희박하다. 529년에 무녕왕비의 관을 안치함으로써 무령왕릉은 영구 폐쇄되었다. 이때는 사비성 천도가 단행된

538년에서 불과 9년 전이었다. 어쩌면 성왕의 사비성 천도에 불만을 가진 세력이 왕비의 관을 안치한 후 연도를 폐쇄하기 직전 무녕왕과 왕비의 관에 대해 부관참시剖棺斬屍를 자행한 게 아닐까? 아니면 동성왕계 사람들에 사주를 받아 보복 차원에서 무령왕릉 내부는 무참히 난도질 당하였고, 또 그것이 연도의 폐쇄와 더불어 무덤속의 일(?)은 영원히 비밀로 묻히고 말았던 게 아닐까?

무령왕릉 내부의 유물 교란, 뒷다리가 부러진 진묘수, 그리고 연령이 불투명한 여인의 치아 등은 확실히 상호 연계된 사안으로서, 침입자가 있었음을 뜻한다. 이렇듯 1천 500년 전의 신비를 우리에게 알려준 무령왕릉은 오히려 더 많은 비밀을 품고 있는

사진 62 삼각팬티를 입은 이가 날이 두 개 달린 창을 꼬나들고 있다. 베트남 계통으로 추정하는 동경이다.

것 같다. 사실 '무령왕릉의 세계'는 실로 넓고도 깊었다. 넓지 않은 공간에서 출토된 부장품들은 '메이드 인 차이나'를 비롯하여 '원산지 저팬'까지 있었다. 게다가 적색의 인도-퍼시픽 유리구슬은 타이제로 추정되었다. 이렇듯 무령왕릉은 동남아시아 물산까지 부장된 세계화된 공간이었다.

무령왕릉 연도 입구에서 밖으로 연장된 배수구排水溝의 배열이 교란되어 있다. 그 원인을 무령왕릉 축조시 전돌이 부족해서 부득이 취한 조치로 추측하기도 한다. 그러나 이러한 주장에는 문제가 많다는 지적이 일찍부터 제기되었다. 우선 무령왕릉 축조시 최종 단계에 사용하는 연도의 폐쇄 부분 등에서도 전돌을 사용했다. 그러므로 전돌에 여유가 있었음을 알려준다. 따라서 이미 설치된 배수구의 전돌을 빼와서 사용했다는 것은 납득하기 어렵다. 더구나 배수구에 사용된 전돌은 왕릉 내부를 구축하는 전돌과는 형태가 다르다. 이것을 뽑아서 사용했을 가능성은 거의 없다고 판단된다. 그러므로 백제 멸망 후 상당한 시일이 흐른 뒤에 누군가 배수구를 구축한 전돌을 빼내어 간 것으로 추측하고 있다. 타당한 지적으로 보인다.

2. 무령왕릉의 유물들

1)「무령왕릉 매지권」

백제 금석문 가운데 비중이 큰 자료가 「무령왕릉 매지권」이다. 매지권이 수습되어 피장자의 신원이 알려지게 되었다. 백제 왕릉으로서는 처음이요, 삼국시대 왕릉으로서는 신라 태종 무열왕릉에 이어 두 번째로 확인된 값진 유적이다. 백제 고분에서는 무령왕릉에서만 매지권이 확인되었지만, 적어도 송산리의 다른 고분에서도 당초에는 부장되었을 것으로 보인다. 매지권은 도굴되어 어디엔가 비장되었을 것이다. 그러면 「무녕왕 매지권」과 「무녕왕비 매지권」의 명문을 다음과 같이 소개해 본다.

〈a. 「무녕왕 매지권」 표면〉

영동대장군인 백제 사마왕은 나이가 62세 되는 계묘년(523) 5월 임진일인 7일에 돌아 가셨다. 을사년(525) 8월 갑신일인 12일에 뽑혀서 대묘 大墓에 나아가 안장했으니,[93] 다음과 같이 기록하였다.

寧東大將軍百濟斯麻王 年六十二歲癸卯年五月丙戌朔七日壬辰崩 到乙巳年八月癸酉朔十二日甲申 安厝登冠大墓 立志如左

위의 문면에 보이는 '立志如左'의 '志'를 '誌'로 받아들여 '묘지 墓誌'로 해석하기도 한다. 그러나 일단 '志'는 "보장씨의 직책은 하늘의 별들을 맡아서 성신과 일월의 변동을 기록하여 그 길흉을 판별하였다 保章氏之職 掌天星以志星辰日月之變動 以辨其吉凶(『周禮』)"거나 "소사씨는 나라의 기록을 관장했다 小史氏掌邦國之志(『周禮』)"에서 알 수 있듯이 '기록'의 뜻이다. 그리고 '如左'는 "또 자손들의 이름을 차례로 적어서 다음과 같이 갖추어 열거하는 바이다 又序次子孫之名 具列如左"[94]고 했듯이 '다음'의 뜻으로

---

93 이 구절을 "높은 대묘에 안장하였으니(박찬규, 「한문자의 수용과 한문학」, 『백제의 문화와 생활』, 충청남도역사문화연구원, 2007, 135쪽)"나 혹은 "가장 높은 (제일 높은) 대묘에 올려 뫼셨다"는 해석이 제기되었지만(장수남, 「백제 무령왕릉 지석의 '安厝登冠大墓' 재해석」, 『역사와 담론』59, 2011, 351쪽), 이미 李道學, 『새로 쓰는 백제사』, 푸른역사, 1997, 456쪽에서 제기한 해석이다.

94 『牧隱藁』牧隱藁碑陰記. "又序次子孫之名 具列如左"

사용한다. 그러므로 '立志如左'는 "다음과 같이 적었다"는 뜻이다. 왜
냐하면 다음[如左]이 가리키는 대상은 지문誌文이 아니라 매지買地였기
때문이다.

사진 63 「무녕왕 매지권」 표면   **사진 64** 「무녕왕 매지권」 이면

〈b. 「무녕왕 매지권」 이면〉

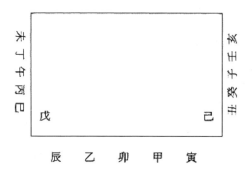

이면은 방위표 또는 방위도 겸 능역도陵域圖이므로 3면만 기입하고
윗쪽의 서쪽 방위는 기입하지 않았다. 중앙에 뚫린 구멍을 사방의 중앙
으로 정할 경우 석재 자체가 정방형이 아닐 뿐더러 구멍을 위쪽으로 치

우쳐서 뚫었기 때문에 서쪽의 방위 표시는 비워두었다. 혹은 복서ト筮나 음양방위사상에 따라 일부가 절단되었다는 것이다.

그런데 '해산할 때와 태반을 버리는 데 좋은 방향安産藏胎衣吉方'에서 보듯이 방위도가 보인다. 「무녕왕 매지권」 이면의 간지는 방위표이다. 그러므로 역시 방향을 나타내는 게 분명하다.[95] 방위표 상에서 표시가 비어 있는 서쪽은 해가 지는 쪽이므로 음陰의 영역이요, 「무녕왕비 매지권」에 적혀 있듯이 거상居喪 공간이다. 능묘 조성에서 가장 중요한 일은 길방吉方을 정하는 일이었다. 무령왕릉이 소재한 유지酉地는 길방이요, 선영이 있는 공간이었기에 피기避忌한 것으로 보인다.

<c. 「무녕왕비 매지권」 표면>

병오년(526) 12월 백제국 왕태비가 돌아가시자, 정서방正西方 땅酉地에서 상喪을 치르고, 기유년(529) 2월 갑오일인 12일에 개장改葬하여 대묘大墓로 돌아 왔으니, 다음과 같이 기록한다.

丙午年十二月 百濟國王太妃壽終 居喪在酉地 己酉年二月癸未朔十二日甲午改葬還大墓 立志如左

「무녕왕비 매지권」에서 왕비의 사망을 '수종'이라고 했다. 수종은 천수를 다했다는 뜻이다. 그리고 '대묘로 돌아왔다 還大墓'는 무령왕릉

---

95 권오영은 그 이유를 무령왕릉과 빈전이 있는 사실과 관련 지었다(권오영, 「喪葬制를 중심으로 한 武寧王陵과 南朝墓의 비교」, 『백제문화』 30, 2002, 54쪽).

에 합장함을 가리킨다. 「무녕왕 매지권」에서 무령왕릉을 '대묘'라고 했다. 합장하기 위해서 '개장'했다는 것이다. 일반적으로 개장은 이장移葬을 전제로 한다. 일례로 유배지에서 분사憤死하여 길옆에 묻힌 이영李永의 묘를 이장할 때였다. 이 상황을 "그 아들이 개장改葬을 요청하여 이것을 파보니 시신이 변하지 않았다"[96]고 한다. 이에 앞서 적혀 있는 거상居喪은 일반적으로 '상중喪中' 혹은 '상을 치르다'는 뜻으로 사용했다. 상을 치른 후 대묘에 합장하는 것은 당연한 순서에 속한다. 문제는 그 직전에 '개장'했다는 것이다. 개장은 이장을 뜻한다. 그렇다면 '거상'은 매장까지를 포함한 장례 의례를 포괄한 것으로 보아야 한다. 이렇게 본다면 정서방을 가리키는 유지酉地는 빈전殯殿이기 보다는 매장지를 가리킨다고 보는 게 적합하다. 송산리 고분군 어디에 매장했다가 개장하여 무령왕릉에 합장했다고 본다. 그런데 송산리 6호분 관대의 위치에 의미를 둔

사진 65 「무녕왕비 매지권」표면

다면, 당초 남자 관을 안치할 계획이었던 것 같다. 그러나 왼편에 관대가 없는 것을 볼 때 합장은 이루어지지 못했다. 그리고 송산리 6호분 연도 폐쇄부에 무령왕릉의 연화문 전돌이 사용되었다.[97] 무령왕릉이 영구 폐쇄된

---

96 『高麗史節要』권9, 인종 원년 1월 조. "其子 請改葬 堀之 屍不變"
97 송산리 6호분 연도 폐쇄부에 무령왕릉의 연화문 전돌이 사용된 것은 이남석, 『송산리

이후에 송산리 6호분도 폐쇄되었음을 알 수 있다. 여기까지가 팩트이다. 이 사안은 고난도 분석과 추리를 필요로 한다. 뒷편의 '개장환대묘' 부분에서 상세히 거론할 것이다.

〈d. 「무녕왕비 매지권」이면〉

돈 1만문은 오른쪽 1건임. 을사년 8월 12일 영동대장군 백제 사마주는 앞 건의 돈으로, 토왕·토백·토부모·천상천하의 2천석 질의 여러 관리들에게 물어서 남서南西 방향의 땅申地을 매입하여 묘墓를 쓰려고 한 까닭에, 문권으로 알려주게 하니 율령에 따르지 않는다.

錢一万文 右一件 乙巳年八月十二日 寧東大將軍 百濟斯麻主 以前件錢 詢土王土伯土父母上下衆官二千石 買申地爲墓 故立券爲明 不從律令

여기서 a와 d는 나란히 배치된 한 짝이었다. 왕비가 사망한 후에는 d의 뒷면에 c를 새긴 것이다. 그리고 위의 명문에서 a의 '斯麻王'은 분명히 '斯麻主'로 표기되었다. 지상의 통치자인 무녕왕이 토지신들에게 자신을 낮추는 모습을 보인다. 그리고 '까닭에, 문권으로 알려주게 하니 故立券爲明'라고 한 '입권立券'의 용례를 조회해 본다. 예를 들어 "내가 지정至正 경술년(1370, 공민왕19)에 이사移徙하는 사람의 가사家舍와 토전土田을 구하고 나서 양쪽 모두 수긍할 만한 액수로 홍정하여 계약서를 작성하고 매입買入하였다予於至正庚戌 得移徙者家舍土田 兩肯立券而

─────────

고분군』, 공주시·공주대학교 박물관, 2010, 136쪽에 보인다.

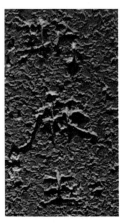

사진 66 「무녕왕비 매지권」 이면   **사진 67** '斯麻主' 명문

買"[98]는 구절에서 '입권'은 '계약서 작성'의 뜻으로 사용되었다. 여기서 '권'은 계약서의 성격을 지닌 문권을 가리킨다. 실제 "모세월某歲月에 여러 아들과 더불어 문권文券을 만든 것으로某歲月與諸子立券者"[99]로 해석하고 있다. '입권'은 각종 계약문건 등을 작성하는 행위를 가리킨다.

이와 같은 내용이 담긴 「무령왕릉 매지권」을 통해 백제인들의 매장 사상의 일단을 살필 수 있다. 『맹자』의 왕토사상은 "넓은 하늘 아래 왕의 땅이 아닌 게 없고, 바다에 이르는 땅의 끝까지 왕의 신하가 아닌 게 없다普天之下 莫非王土 率土之濱 莫非王臣(小雅 · 北山)"에 근거하였다. 그러나 지상을 지배하는 백제 국왕은 지하 세계에 대해서는 통치력이 미치지 못했다. 그런 관계로 토지신들에게 돈을 지불하고 묘터를 구입했음을

---

98 『牧隱詩藁』권34, 田莊自笑 幷序.
99 『益齋亂稿』권제7, 碑銘, 有元高麗國輸誠守義協贊輔理功臣 壁上三韓三重大匡 彦陽府院君 贈諡貞烈公金公墓誌銘.

밝히고 있다.

　무녕왕은 사망 후 2년 3개월이 지나 대묘에 안장되었다. 이로 볼 때, 3년상喪과 더불어 안장되기 이전까지의 공간인 빈전殯殿의 존재를 상정할 수 있다. 빈전을 정지산 유적으로 지목하여 왔지만, 일반적으로 빈전은 궁전에 소재한다. 빈전은 궁전 바깥에 별도로 조성되지는 않았다. 정지산 유적은 부여의 제사 때 날것生도 쓴다는[100] 기록을 연상시킨다. 그리고 백제에서는 "불에 익혀서 먹지 않는 일이 많았다"[101]고 했다. 제수祭需

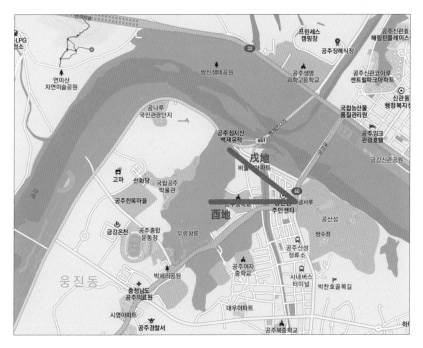

지도 3 공산성 주변 지도. 공산성의 서문인 금서루를 기준으로 했다.

100 『三國志』권30, 동이전, 부여 조. "其祭亡者 有生有熟"
101 『隋書』권81, 동이전, 백제 조. "多不火食"

와 관련해서는 날것의 비중이 지대할 수밖에 없었을 것이다. 왕릉과 인접했을 뿐 아니라 얼음과 같은 저장 시설이 확인된 정지산 유적이다. 이곳은 왕릉 제의와 관련한 제수를 준비하고 공급하던 공간으로 보인다.

정지산 유적을 빈전으로 간주할 수 없는 또 다른 근거는 방향이 맞지 않다는 것이다. 무령왕릉은 기준으로 삼은 공산성의 서남쪽에 속한다. 공산성에서 정지산 유적은 정서正西가 아니라 서북쪽이다. 정지산 유적 =빈전설의 근거는 유지酉地에서 거상居喪했다는 데 있었다. 그런데 공산성에서 유지 방향은 서남의 무령왕릉도 아니고 서북의 정지산 유적은 더욱 아니다. 정지산 유적은 공산성에서 술지戌地 방향이다.

d에 따르면 무령왕릉은 궁궐의 서남쪽에 소재하였다. 무령왕릉을 기준으로 한다면 북동쪽의 공산성 밑이 궁궐 소재지가 된다. 그리고 c에서 거상한 유지는 왕궁 안의 정서방에 빈전이 소재했음을 알린다. 결국

사진 68 공산성에서 바라본 정지산 유적

사진 69 정지산 유적에서 바라본 공산성

「무령왕릉 매지권」의 매입한 땅과 거상 방향 모두 정지산 유적과는 관련이 없었다.

3년상은 중국 문헌에 보이는 백제의 장례 풍습과 부합이 된다. 『삼국사기』에 따르면 무녕왕의 직전 임금인 동성왕의 '동성'은 시호라고 했다. 그럼에도 무녕왕은 3년상 동안 시호가 부여되지 않았다. 물론 이렇게 생각할 수 있겠지만, 묘지墓誌가 아닌 매지권이라는 특수한 용처였기에 생전의 이름을 사용했을 수 있다.

(1) 매지권인가? 지석인가?

무령왕릉 연도 입구 좌우에 놓여진 명문 석판을 지석誌石으로 간주하는 견해가 많다. 무녕왕과 왕비의 신원과 사망 연도가 적혀 있기 때문이라고 한다. 그러나 지석이라면 명문에 반드시 주인공의 세계世系와 생애가 적혀 있어야 한다. 특수 신분인 승려의 경우는 생애에 대한 기록이 누락된 경우도 많다. 그렇지만 세계에 대한 기록은 반드시 남겼다. 반면 매지買地에 관한 기록은 보이지 않는다. 이와 관련한 대표적인 묘지로는 동일한 백제인 부여융이나 흑치상지의 묘지명이 있다. 모두 세계와 생애가 수록되었지만 '매지'에 관한 구절은 없다.

무령왕릉 금석문에는 지석의 필수 사항인 세계와 생애가 적혀 있지 않다. 이러한 문제점을 인지한 논자들은 무령왕릉 금석문은 지석과 매지권이라는 두 가지 요소를 모두 가지고 있다는 것이다. 왕과 왕비 금석문의 표면은 이름과 사망 연도가 적혀 있으므로 지석에 해당하다고 했다. 그러나 두 개의 표면 명문은 어김없이 주인공의 사망 시점부터 시작해 상례喪禮 기록으로 종결되었다. 이처럼 명문이 사망을 기점으로 하여 상례로 종결된다는 것은, 그 성격이 상장喪葬에만 국한된 매지권임을 뜻한다. 그렇지 않은가? 그러면 당초부터 제기된 매지권설의 근거를 다음과 같이 제시해 본다.

그런데 이 무령왕릉 출토의 묘기墓記는 그 체재로 보아 묘지와는 전연 성격이 다르다. 이 때는 중국으로서는 양梁의 연대인데 중국에서의 묘지는 벌써 유송시대劉宋時代에 그 완전한 형식을 갖추고 있으나 남조南朝에서는 북조北朝와 같이 묘지가 많이 쓰이지 않았고 양대梁代에 와서 출토품은 더욱 희소하다. … 대체로 북조에서는 북위 이후 북주北周까지에 많은 묘지가 있는데 반하여 남조에는 겨우 수점에 불과한 것을 보아 북조에 비하여 남조에서는 묘지가 그다지 성행하지 않았음을 알 수 있다. 그런즉 주로 남조의 문화를 받아들인 백제에서 묘지를 쓰지 않았음은 수긍이 가는 일이며 만일 묘지로 쓴 것이라면 제대로 체재를 갖추었어야 할 것이니 그것이 본석本石이 묘지가 아닌 첫째의 이유요, 내용으로 보아 왕

의 생년이나 경력은 전연 없고 다만 입장入葬에 필요한 기사만 적고 立志
如左라 하였은 즉 여기서는 어디까지나 '지志'가 주가 되며 제1석에 서술
한 것은 '志'를 작성하기 위한 전문前文에 불과하다. 이 점은 후면에 각刻
한 왕대비의 능권陵券에서도 내용이 일치한다. 이것이 또한 묘지라고 할
수 없는 중요한 이유의 하나이다.[102]

위에서 언급한 매지권설을 쉽게 설명해 본다. 무령왕릉 금석문에서 무
녕왕과 왕비의 존재와 사망 시점이 적혀 있다고 하여 지석의 요소를 갖춘
것은 절대 아니다. 왕과 왕비의 사망 시점은 매지권의 발생 요인을 설명하
기 위한 전제였기에 적어 놓았을 뿐이다. 무녕왕과 왕비가 사망한 관계로
그 시점부터 묘터 구입 요인이 발생하였고, 3년상을 치르고 안장하게 되었
다는 사실을 알리고 있다. 결국 지하를 관장하는 토지신 등에게 전錢 1만
문을 지불하고 묘터를 구입한 후 안장했음을 알리는 토지 매입문권이었
다. 매입한 묘터에 묻히는 주인공의 사망 시점과 이름을 문권에 기재하는
것은 지극히 당연한 일이다. 지금도 우리가 토지를 매입하게 되면 매매 문
서에 매입자의 이름과 구입 날짜를 기재하지 않은가? 이 역시 마찬 가지로
해석할 수 있는 사안이었다. 게다가 묘지와 매지권이 함께 기재된 경우가
있던가? 묘지도 되고 매지권도 성립하는 것은 사례가 없다. 따라서 무령왕
릉에 부장된 금석문 자료는 무령왕릉 매지권이 백번 타당한 것이다. 이는
비록 고려시대의 금석문이기는 하지만 다음과 같은 승려인 천상闡祥과 세

---

102 任昌淳,「買地券에 대한 考察」,『武寧王陵』, 文化財管理局, 1973, 51쪽.

현世賢의 매지권과의 비교를 통해 그 성격이 분명해진다.

「천상 매지권」

고려국高麗國 〈전액題額〉

유세차維歲次 신유년(인종 19. 1141), 초하루가 경오일인 2월 28일 정유일에 전前 현화사 주지 천상闡祥 승통僧統이 죽었다.

고인이 바라건대, 불행하게도 일찍 죽었으나 이제 99,990 관문貫文의 돈으로 묘지墓地 1단段을 사니, 동쪽은 청룡이고, 서쪽은 백호에 이르며, 남쪽은 주작에 이르고, 북쪽은 현무에 이른다.

보증인保證人 장견張堅이 굳게 지키고 있고 이정도李定度가 뒤에 있으니, 바꾸거나 빼앗을 수가 없다. 묘臺에 먼저 살던 자는 멀리 천리千里의 △△△ 피하라.

〈뒷면〉

빨리 빨리 율령대로 시행할 것을 명령한다.

「세현 매지권」

황통皇統 3년 계해년(인종 21. 1143), 초하루가 정서일인 5월 7일 계해일에 고려국 홍왕사와 가까이 있는 송천사松川寺 주지인 묘능삼중대사妙能三重大師 세현世賢이 죽었다.

그러므로 망인亡人이 사람들 앞에서 바라건대, 19,990 문文으로 황천皇

天의 부후父后와 토모土母인 사직社稷에게 나아가 12변邊을 사들이니, 이

건件의 묘전墓田은 둘레가 1경頃이다. 동쪽으로는 청룡에 이르고, 남쪽으

로는 주작에 이르며, 서쪽으로는 백호에 이르며, 북쪽은 현무玄武에 이른

다. 위로는 창천蒼天에 이르고, 아래로는 황천黃泉에 이르니 사방이 분명

하므로, 당일로 돈을 나누어 천지신명에게 주었다.

보증인은 장육張陸과 이정도李定度이며, 지견인知見人은 동왕공東王公

과 서왕묘西王母이며, 서계인書契人은 석절조石切曹이며, 독계인讀契人은

김주부金主簿이다.

서계인은 하늘로 오르고 독계인은 황천으로 들어가, 율령에 따라 빨리

빨리 시행하라.[103]

위의 금석문 성격은 분류상 '묘지명'으로 이름을 붙여 놓았다. 그러나

묘지의 기본 요건인 세계에 대한 기록이 없다. 반면 황천의 부후와 토모

인 사직에게로부터 묘지의 구입 사실과 청룡과 백호를 비롯한 사신의

존재와 장견과 이정도라는 선인仙人의 존재가 거론되고 있을 뿐 아니라

'빨리 빨리 율령대로 시행할 것을 명령한다'는 구절은 중국 남조의 매지

권에 적혀 있는 도가적 문투와 동일하다. 그렇기에『해동금석원보유海

東金石苑補遺』(권2)에서는 '승세현매지권僧世賢買地券'이라는 이름으로 수록

---

103 이상 2건의 매지권에 대한 해석은 김용선,『역주 고려묘지명 집성(상)』, 한림대학교
   출판부, 2006, 103쪽. 113쪽에 의하였다.

하였다. 그리고 세현묘지나 천상묘지의 끝 구절에 보이는 "율령에 따라 빨리빨리 시행하라"라는 문구는 송宋의 매지권과 동일한 것이다.[104]

동일한 승려의 장례 문권이지만 천상이나 세현의 것이 매지권이라면 다음과 같은 왕현응王玄應과 박총서朴聰諝의 경우는 묘지가 분명하다. 상호 비교를 위해 다음과 같이 소개해 본다.

「왕현응 묘지」

고려 낙도洛都(開京)의 귀법사 주지인 견성적소見性寂炤 현응玄應은 도읍을 세운 지 제15대 왕이 되는 숙종肅宗의 아들이다.

태세太歲 하원下元 기미년(인종 17, 1139) 2월 13일 갑자일에 돌아가시자, 21일 임신일에 화장하고, 3월 초닷새 을유일에 사리를 수습하여 팔덕산 양지 바른 곳에 안장하였다.

3월 5일에 기록한다.

「박총세 묘지」

고려국 홍원사洪圓寺의 제7대 주지인 광제승통廣濟僧統의 이름은 총서聰諝이고, 자는 범진梵眞이며, 속성은 박씨인데, 문열공 박인량의 둘째 아들이다.

---

104 藤田亮策, 『朝鮮學論考』, 笠井出版, 1963, 110~111쪽.

향년 86세, 승랍 75세로 하원下元 갑자甲子로부터 56년째 되는 기미년
(인종 17, 1139) 여름 5월 경진월 17일 병신일에 홍왕사 감덕원感德院에서
우협右脇으로 누워 입적하였다.

23일 임인일에 홍원사 남쪽에 있는 도공난야道空蘭若의 남쪽 언덕에서
화장하고, 유골을 거두어 7월 기묘월 19일 정유일에 영수산 홍호사弘護
寺의 서쪽 산에 안장하였다.[105]

위의 두 묘지를 보면 분명히 세계가 적시
되었다. 반면 매지권에 대한 구절이 말미에
보이지 않는다. 따라서 이는 묘지라고 불러
야 타당한 것이다. 그렇지만 앞에서 소개한
천상과 현세의 경우는 세계가 없는 반면에
매지가 적혀 있다. 그러므로 매지권으로 이
름해야 마땅한 것이다. 이러한 맥락에서 볼
때 무령왕릉의 금석문은 매지권이 분명하
다. 더구나 석판 위에 오수전 꾸러미가 놓
여 있지 않은가? 이로 볼 때도 그 성격이 매
지권임을 더욱 확실하게 해 준다.

「무령왕릉 매지권」의 구멍은 한대漢代에

사진 70 비석 윗편 중앙에
구멍이 뚫린 양梁 안성강왕
능묘 내 서쪽 비

105 위의 2 묘지에 대한 해석은 김용선, 『역주 고려묘지명 집성(상)』, 한림대학교 출판
    부, 2006, 98~99쪽.

비수碑首에 '천穿'이라는 구멍을 뚫었고, 그것은 매지권이 조성된 양대梁代의 묘비에도 사용된 사실을 상기시킨다. 즉 '천'의 유래는 계생석繫牲石(희생을 매달아 놓은 돌기둥)이나 하관석下棺石(묘광에 관을 내려놓는 용도로 사용한 돌)으로 사용된데서 유래했음은 주지의 사실이다. 묘지는 비와는 다르지만 그것이 비의 형태에서 변해진 것은 분명하다. 그러므로 비천碑穿의 제도를 그대로 옮겨온 것이 아닌가 생각된다.[106] 그런데 「천상 매지권」에 적힌 '관문貫文'이 돈 꿰미 인 것을 볼 때, 오수전 꾸러미를 꿰어놓았던 통로로 간주할 수도 있다. 그러나 영주 순흥의 어숙지 술간묘에 적힌 피장자의 신원을 알려주는 명문이 적힌 연도의 석판에도 그같은 구멍이 나 있다. 부여 능산리 동고분 1호분에도 석실 연도 폐쇄부에 각진 구멍이 뚫려 있었다.[107] 이러한 것을 고려한다면 무덤 출입구의 영혼의 통로로서의 상징적인 기능이 잔존한 것은 아닌지 모르겠다.

(2) '改葬還大墓'

「무녕왕 매지권」 표면과 「무녕왕비 매지권」 이면은 연도 입구의 좌右와 우左에 각각 소재하였다. 2개의 석판이 당초 한 조組를 이루었다. '기록하기를 다음(원편)과 같이 한다'는 것은 원편인 곧 d의 석판에 적힌 "돈 1만문, 오른쪽 1건…"을 가리킨다. '오른쪽 1건'은 a에 적힌 무녕왕의 사망을 가리키고 있다. 그리고 '앞 건의 돈'은 무녕왕 사망 건의 돈을 말한

---

106 任昌淳, 「買地券에 대한 考察」, 『武寧王陵 發掘調查報告書』, 文化財管理局, 1973, 52쪽.
107 朝鮮總督府, 『昭和 12年度 朝鮮古蹟調查報告』, 1938, 도판 120.

다. 그런데 무녕왕비가 사망한 후 입관할 때 d의 뒷면에 무녕왕비의 사망부터 안장까지를 적어 놓았다. 왕과 왕비의 매지 사항은 한 장의 석판 d를 공유하는 것이다. 그런데 왕태비는 526년 12월에 사망 후 빈상을 치르고 529년 2월에 대묘에 합장하였다. 이렇게 볼 때 무녕왕비는 27개월 만에 능묘에 입실했다. 이는 무녕왕이 27개월인 것과 부합한다. 그런데 햇수로 하면 무녕왕비는 4년만에 입실한 것이다. 3년상으로 한다면 무녕왕비는 528년에 안장했을 수 있다. 그리고 무녕왕의 관은 "안조등관대묘安厝登冠大墓"라고 한 데 반해, 무녕왕비의 관은 "개장환대묘改葬還大墓"라고 하여 서로 다른 표기를 하였다. 무녕왕비의 관이 대묘에 들어와서 합장한 것을 '개장改葬'이라고 했다. '개장'은 이장移葬과 동일한 의미를 지녔다. 이와 동일한 사례는 다음과 같은 「현화사비문」에 보인다.

성상께서 즉위하셔서 책문册文을 올려 아버지를 안종헌경효의대왕安宗憲景孝懿大王이라 하고, 어머니는 효숙인혜왕태후孝肅仁惠王太后라고 하셨다. 성상께서는 어머니의 능은 가까운 곳에 있어 다시 옮길 필요가 없지만 (아버지의) 효릉孝陵은 먼 곳에 있어 계절마다의 제사를 천리 먼 곳에서 지내야 했으므로 담당 관청에 명하여 개장改葬하게 하였으니, 능이 왕도王都 가까이에 있기를 바란 것이었습니다聖上即位上册諡曰 皇考爲安宗憲景孝懿大王 皇妣爲孝肅仁惠王太后 聖上以妣陵在近不須改移孝陵處遠行四時之享有千里之勞 乃命所司備禮改葬所期玄寢將近王都.

이러한 왕릉 개장의 용례에 비추어 볼 때 대묘에 합장하기 이전 무

사진 71 「무녕왕비 매지권」의 관련 구절   **사진 72** 「현화사비문」의 관련 구절

녕왕비는 다른 장소에 묻혔던 것 같다. 무녕왕비는 송산리 6 호분에 안장되었다가 무녕왕과 합장했을 수 있다. 무녕왕비는 무녕왕과 동일하게 27개월만에 대묘에 안장되었다. 그런데 무녕왕비는 무녕왕과는 달리 햇수로 4년째였다. 무녕왕비는 3년상에 따른다면 개장 1년 전인 528년에 안장되었을 것이다. 그러나 실제는 529년 2월에 대묘로 돌아왔다. 그리고 "개장하여 대묘로 돌아왔다 改葬還大墓"는 구절의 '환還'은 원래의 장소로 돌아왔을 때 사용하는 문자이다. 여기까지는 팩트에 속한다. 그러면 추리를 해 본다.

무녕왕이 523년에 사망한 후 능묘가 조성되었고, 3년 탈상 후 무녕왕은 안장되었다. 526년에 무녕왕비가 사망했다. 왕비는 3년 탈상 후인 528년에 무령왕릉에 합장되었거나 다른 장소에 안장되었다. 이것을 주도한 이는 성왕 외에는 고려하기 어렵다. 그런데 성왕의 생모는 무녕왕 즉위시 20대에 불과했다. 때문에 무녕왕 사망 3년 후에 사망한 왕비가 되기는 어렵다. 무녕왕에게 첫째 왕비가 존재한 사실은 513년에 왜국에서 사망한 순타 태자를 놓고 볼 때 가능하다. 성왕은 『삼국사기』에서 무녕왕의 '아들子'로만 적혀 있다. 그를 '원자'라고 한 기록은 없다. 순타

사진 73 개성에 소재한 현화사비

태자가 무녕왕의 원자였다.[108]

　성왕으로서는 생모를 부왕인 무녕왕과 합장하려고 했을 법하다. 그
러나 무녕왕에 이어 사망한 무녕왕비는 단독으로 안장되었다가, 무슨
이유인지 529년 2월에 다시 합장되었던 것 같다. 그랬기에 '개장하여
대묘로 돌아왔다'고 했을 가능성이다. 분명한 것은 무녕왕과 합장한 왕
비는 성왕의 생모는 아니라고 보아야 한다.

　이를 토대로 상황을 정리해 본다. 당초 송산리 6호분에 안장된 동성왕
이나 기타 왕족의 관을 능원에서 쫓아내 장암면 왕총을 비롯한 제3의 장
소로 이장시켰다. 무녕왕계 왕실의 단독 능원을 조성하려는 계획에서였

108　李道學, 『살아 있는 백제사』, 휴머니스트, 2003, 221~222쪽.

다. 빈 무덤이 된 송산리 6호분에는 무녕왕 첫째 왕비가 안장되었다가 529년에 무녕왕릉에 합장되었다. 이때 송산리 6호분도 폐쇄시켰다.

(3) '安厝登冠大墓'

「무령왕릉 매지권」에서 무녕왕의 입관入棺과 관련한 "安厝登冠大墓"라는 구절은 어떻게 해석해야할까? 이와 관련해 인디언 세네카의 추장 장례식 때 묘가 메워지고 나서, 연장의 세습추장은 서거한 추장의 묘지 꼭대기의 머리 위에 그의 직위의 휘장인 '뿔'을 안치하고, 그 후계자의 취임시까지 거기에 놓아둔다. 나중에 취임식을 할 때에, 서거한 추장의 묘로부터 이 뿔을 가져와 그의 후계자의 머리에 씌워준다고 한다.[109] 신라 문무왕의 유조에도 "태자는 즉시 관 앞에서 왕위를 잇도록 하라"[110]고 하여 보인다.

사진 74 '安厝登冠大墓' 구절

그런데 '등관대묘登冠大墓'의 '등관' 용례는 "구름이 용을 따르고 바람이 호랑이를 따르듯 주인과 말이 서로 감응하여 만나 행렬의 맨 선두에 발탁되었습니다有馴和良驥之德 感會風雲 登冠前列"[111]고 하여 있다. 이에 따른다

---

109 루이스 헨리 모건 著 · 최달곤 · 정동호 譯, 『고대사회』, 문화문고, 2000, 118쪽.
110 『三國史記』권7, 문무왕 21년 조. "太子即於柩前 嗣立王位"
111 『虛白堂文集』권4, 奉 教製 御乘畫馬圖.

면 "安厝登冠大墓"는 "뽑혀서 대묘에 안장하였다"는 취지가 된다. 즉 "잘 가려서 대묘에 안장되었다"는 것이다. '안조 安厝'는 안장安葬을 가리킨다.

(4) '不從律令'

'부종율령不從律令'은 주문呪文과 관련해 살필 수 있다. 비록 후대 사례 이지만 용례가 지닌 의미를 잘 반영해 주고 있기에 소개해 본다. 우선 이규보의 「우리 집에는 평소에 고양이를 기르지 않으므로 쥐 떼들이 마 구 날뛴다. 이에 이것을 미워해 저주한다予家素不蓄猫 故群鼠橫恣 於是疾而 呪之」는 글을 다음과 같이 인용했다.

그렇지 않으면 사나운 고양이를 풀어서 하루에 너희 족속을 도륙하게 하여, 고양이의 입술에 너희 기름을 칠하게 하고, 고양이의 뱃속에 너희 살을 장사지내게 할 것이다. 그때에는 비록 부활復活하려 하여도 생명이 다시 이어질 수 없을 것이니 속히 가거라. 속히 가거라. 율령律令과 같이 급급히 하여라不然放獰猫 一日屠爾族 猫吻塗爾膏 猫腹葬爾肉 雖欲復活 命 不可贖 速去速去 急急如律令.[112]

주문呪文으로서 '不從律令' 사례를 몇 가지만 더 제시해 본다.

아이를 낳을 아무개씨가 편안하게 거처하여 가로막히는 것이 없게 하

112『東國李相國集』권20, 雜著, 韻語, 呪鼠文.

시고, 두려워하거나 가로막히는 것이 없게 하시오소서. 모든 귀신들이
보호하사 온갖 나쁜 기운을 쫓아내시기를 율령과 같이 급히 해 주소서.
이 문장을 3번 이어서 외우면 효과가 있다産婦某氏 安居無所妨碍 無所畏忌
諸神擁護 百邪逐去 急急如律令 勅讀三遍 得效[113]

관상감觀象監은 붉은색으로 인쇄된 부적을 궁중에 진상하였고, 그것
을 문미門楣(창문 위에 가로 댄 나무. 필자)에 붙여서 액재厄災를 없애려
했다고 한다. 그 부적에 다음과 같이 적혀 있었다.

오월오일 천중지절에 위로는 천록을 얻고 아래로는 지복을 얻으니 치
우신은 구리 머리에 쇠 뺨에 붉은 입에 붉은 혀로 404병을 일시에 소멸
시키기를 율령처럼 빨리해라五月五日天中之節 上得天祿 下得地福 蚩尤之
神 銅頭鐵額 赤口赤舌 四百四病 一時消滅 急急如律令"[114]

'不從律令'은 귀신을 퇴치하기 위한 주문이었다. 싹 없어져라는 염원
을 담고 있으면서, 율령처럼 급히 처리해 달라의 뜻으로 사용되었다.
그런데 국왕의 매장과 관련해 '부종율령'은 세속의 율령에 따르지 않는
다는 뜻을 담고 있다. '부종율령'은 최근까지 중국의 매지권에서 이와

---

113 『醫林撮要』권12, 體玄子借地法.
114 『중추원조사자료』, 雜記 및 雜資料 (基2), 年中行事 5월; 靑吾, 「논설: 天中佳節 端午
   이약이」, 『別乾坤』21, 1929, 139쪽.

같은 표현이 발견되지 않아 그간 대부분의 기존 연구는 '부종율령'을 백제의 고유한 표현으로 보아 왔다. 그러나 난징南京 연자기燕子磯 양梁 보통普通 2년묘(521년)와 구조적으로 닮은 난징 서선교 보국장군묘西善橋輔國將軍墓의 27행이 '△△△△△△△△民得私約不從侯令'으로 판독되었으나, 이 매지권의 표면 마모가 극심함을 고려할 때 '侯'는 '律'의 오독誤讀일 가능성이 높다. 따라서 그 동안 무령왕릉만의 고유한 표현으로 주장되어 오던 '不從律令'의 사례가 양묘梁墓에서 처음으로 확인된 것이다.[115]

사진 75 '不從律令' 구절

(5) 뜻 모를 부호 문자

「무령왕릉 매지권」에는 뜻 모를 부호 문자가 보인다. 즉 「무녕왕 매지권」 표면의 왼쪽 제일 마지막 칸 꼭대기에 새겨져 있다. 이에 대해서는 몇 가지 해석이 있지만 상상에 불과

사진 76 관련 부호 문자

---

115 권오영, 「喪葬制를 중심으로 한 武寧王陵과 南朝墓의 비교」, 『백제문화』 30, 2002, 53~54쪽.

하다. 왕비 매지권 표면에는 보이지 않는다. 중국의 관련 금석문과의 비교 연구를 기대할 뿐이다.

2) 은팔찌 명문銀釧銘

은팔찌 2개의 바깥지름外徑 8cm, 안지름內徑 6cm로 적혀 있다. 팔찌 안에는 다음과 같은 명문이 새겨져 있다.

> 庚子年二月 多利作 大夫人分二百卅主耳
>
> 경자년(520년, 무녕왕 20) 2월에 다리가 만들었으며, 대부인 것으로 230 주가 사용되었다.

위와 같은 해석에 따르면 은팔찌를 제작한 다리는 장인으로 추정하고 있다. 전돌의 '壬辰年作'을 "임진년에 만들었다"로 해석하듯이 "다리가 만들었다"는 해석에는 무리가 없다. 그리고 '주이主耳'에 대해 "오직 임금을 위하여 자신의 몸을 잊고 있다主耳忘身"[116]라는 용례가 보인다. 대부인께서 두 개로 나누어, 백세토록 오직 임금을 위하고자 했다. '百卅'를 '百世'로 판독한 견해를 취했다. 그렇다면 은팔찌 명문은 "경자년 2월에 다리가 만들었는데, 대부인께서 두 개로 나누어, 백세토록 임금을 위하고자 했다"는 해석이 가능하다.

은팔찌는 똑같은 크기로 모두 2개였다. 그리고 은팔찌의 구경은

---

116 『고려사』 권124, 반복해전,

직접 실측해 보니 보
고서의 수치와는 달
리 5.2cm에 불과하였
다. 팔뚝에 실제 착장
할 수 없다. 순전히 부장
용으로 제작했음을 알

사진 77 은팔찌

수 있다. 실제 고려에서 제작한 은제 새무늬팔찌打出花鳥文釧는 지름이
9.3cm였다.[117] 그리고 경산 임당동 고분에서 출토된 금동제 팔찌의 경
우 지름이 7.8cm였다.[118] 이들 팔찌는 모두 손목에 착용이 가능하였다.
따라서 무녕왕비를 가리키는 대부인이 무녕왕이 58세되던 경자년에
왕릉 부장 용도로 은팔찌 2개를 만들게 한 것이다. 그리고 "백세토록
임금을 위하고자 했다"는 글귀는 부장용임을 암시해준다. 참고로 나는
아주 오래 전에 무령왕릉 모형관에서 KBS팀들을 만나 인터뷰할 일이
있었다. 이 때 나는 모형으로 만든 은팔찌가 있기에 손에 끼워 보려고
했는데, 손가락 마디를 넘지 못하였다. 팔목에 낄 수 없었다. 그 때 처음
으로 무녕왕비가 착용한 것으로 믿고 있었던 팔찌는 부장용임을 알았
다. 이런 이야기를 강연 때하면, 이구동성으로 "교수님의 주먹이 크기
때문입니다"고 합창한다. 고정관념과 선입견은 쉽게 고치기 어렵다는
것을 절감했다.

---

117 국립중앙박물관,『대고려 그 찬란한 도전』2018, 293쪽.
118 국립대구박물관,『압독 사람들의 삶과 죽음』2000, 70쪽.

은팔찌 뿐아니라 왕과 왕비의 못 달린 금동신발도 부장용이었다. 금동신발의 크기도 크지만 백제 왕은 평소에 검은 가죽신을 신었기 때문이다.[119] 이렇듯 무령왕릉에는 부장용으로 제작한 물품이 적지 않았다.

이와 더불어 '다리'를 장인으로 단정하기 어려운 정황도 보인다. 진시황릉 동쪽에 위치한 병마용갱兵馬俑坑에서 "상방여불위조相邦呂不韋造" 명이 새겨진 과戈가 출토되었다. 여불위의 직함인 상방을 『사기』에서는 '상국相國'으로 기재했다. 그러나 '상방여불위相邦呂不韋'가 맞다. 『사기』가 집필된 한대에는 고조 유방劉邦의 피휘 때문에 상방을 상국으로 고친 것이다.[120] 이와 관련해 다음 『삼국지』 동이전 진한 항을 보자.

진한은 마한의 동쪽에 있다. 그 기로들이 대대로 들은 바에 따르면 스스로 옛 적의 유망인인데 진역을 피해서 한국에 왔는데, 마한이 그 동쪽 경계 땅을 떼어서 그들에게 주었다. 성책이 있는데 그 언어는 마한과 같지 않다. 국國을 방邦이라고 하고, 궁弓을 호弧라고 한다. 적賊을 구寇라고 하고, 행상行酒을 행상行觴이라고 한다. 서로 모두를 부를 때 도徒라고 하는 것은 진인秦人을 닮았다. 다만 연燕과 제齊의 명물名物만은 아니다. 낙랑인을 일러 아잔이라고 했다. 동방인은 아我를 일러 아阿라고 했다.

---

119 『舊唐書』권199, 동이전, 백제 조. "其王服大袖紫袍 靑錦袴 烏羅冠 金花爲飾 素皮帶 烏革履"
120 쓰루마 가즈유키 著·김경호 譯, 『인간 시황제』, AK, 2017, 52~53쪽.

낙랑인은 본래 그 잔여인을 말하는 것이다. 지금도 이들을 일러 진한秦韓이라고 하는 자들이 있다.[121]

위에서 '국國을 방邦이라'고 한 사실이 진시황릉 동쪽 병마용갱 출토 과戈에서 입증해 주었다. '邦'은 진제국秦帝國의 용어였다. 그리고 진

사진 78 무녕왕 관련 금동신발

유민의 한국韓國 유입을 입증해주는 구체적인 징표이기도 했다. 다시 돌아와서 여불위가 과를 만들었다고 하였다. 상방相邦 벼슬의 여불위가 과를 직접 제작했을 리 없다. 부장용 과를 여불위가 지시하여 제작한 것이다. 이러한 맥락에서 볼 때 '다리작多利作'의 '다리'도 장인이 아닐 가능성을 고려해야 한다.

---

121 『三國志』권30, 동이전, 진한 항. "辰韓在馬韓之東 其耆老傳世 自言古之亡人避秦役 來適韓國 馬韓割其東界地與之 有城柵其言語不與馬韓同 名國爲邦 弓爲弧 賊爲寇 行酒爲行觴 相呼皆爲徒 有似秦人 非但燕齊之名物也 名樂浪人爲阿殘; 東方人名我 爲阿 謂樂浪人本其殘餘人 今有名之爲秦韓者"

제Ⅲ장

「양직공도梁職貢圖」의
백제 사신도使臣圖와 제기題記

1. 「양직공도」의 사료적 성격과 종류

1) 「양직공도」의 제작 배경

무녕왕대와 관련해 빼 놓을 수 없는 자료가 「양직공도」이다. 「양직공도」의 '직공'은 공부貢賦 즉 공물貢物을 가리킨다. 『춘추좌씨전』 희공僖公 5년 조에 보면 "또 (虞나라의) 직공을 주왕周王에게 바쳤다且歸其職工於王"고 했다. 『문선文選』 좌사左思 오도부吳都賦에서 "직공은 그 색궤色匭를 바치는 것이다"고 하였다. 「양직공도」는 '양梁에 공물을 바치는 그림'이라는 뜻이다.

「양직공도」는 중국 남조 양의 원제元帝인 소역蕭繹(505~554)이 제위帝位에 오르기 전인 형주荊州(湖北省 江陵) 자사刺史로 재임할 때(526~539) 제작하였다. 그가 양 무제武帝(502~549)의 재위 40년을 맞아 양에 사신을 보내 조공한 외국 사신의 모습과 관련 국가에 관한 정보를 담아 편찬한 도권圖卷이다. 양 무제 재위 40년은 541년이고, 소역의 형주자사 재임은 539년으로 끝나고 있다. 이로 볼 때 「양직공도」는 539년 어간

사진 79 「양직공도」의 일부

에 제작된 것으로 보아야 한다. 당시 중국은 남북조로 분열된 상황이었다. 이 중 한인漢人이 세운 정통 왕조로 자부했던 국가가 남조의 양이었다. 양의 현안은 북조 정권과의 갈등과 대립에서 대내외적으로 유리한 고지를 점유하는 문제였다. 더욱이 이때 북조 정권은 동위東魏와 서위西魏로 양분되어 있었다. 양으로서는 자국의 위세를 고양시킬 수 있는 절호의 국제적 환경이 조성된 것이다. 이것을 놓치지 않고 양은 무제 치세의 절정기에 자국에 조공 온 숱한 외국 사신들의 모습을 보여 줌으로써 성세盛世를 과시하고자 했다. 그럼으로써 양의 융창한 국력과 정통성을 대내외에 천명하고자 하였다. 「양직공도」의 제작 목적은 이 같은 배경에서 나왔던 것이다.

「양직공도」는 그림 재능이 특출한 소역이 양에 조공하러 온 외국 사신의 모습을 그려 놓은 후 각국에 대한 해설을 덧붙여 놓았다. 사신의 형상을 모두 좌향측신左向側身으로 그렸다. 사신 모습의 왼편에는 해서체로 표제標題를 적은 후 나라 이름을 필두로 지리 및 양과의 교섭과 풍속·인정 등을 기재하였다. 「양직공도」는 각국의 사신들을 오른쪽에서부터 왼쪽으로 그린 긴 두루마리 형태의 그림책이다.

「양직공도」에는 당초 35개 나라의 사신과, 관련 국가에 관한 기록이 덧붙여 있었던 것으로 추정된다. 「양직공도」의 밑 자료는 소역이 친교가 있던 배자야裴子野(471~532)가 지은 「방국사도方國使圖」를 기초로 한 것으로 간주된다. 그리고 『양서梁書』 제이전諸夷傳은 「양직공도」를 저본 삼아 서술하였다. 이렇듯 사료로서 「양직공도」의 값어치는 크다. 게다가 게재된 각국 사신의 초상肖像은 6세기 중국 주변 여러 나라 주민들의 용모와 복식을 생생하게 전하고 있다. 이 점에서도 「양직공도」는 매우 귀중한 자료로 평가된다.

2) 「양직공도」의 전승 과정

「양직공도」에 관한 서술은 중국의 여러 문헌에 나타난다. 가령 『예문유취藝文類聚』 권55에는 소역의 '직공도서職工圖序'가 수록되어 전한다. 『당서唐書』 예문지에도 '양 원제 직공도 1권'이 기재되어 있다. 원대元代 이후 명明·청대淸代까지의 저록著錄에서는 「양직공도」를 당唐의 염입본閻立本이 그린 것으로 적었으나 오류이다. 「양직공도」는 청초淸初에 양청표梁淸標가 수장收藏하다가 청의 궁성에 들어 갔다. 청의 마지막 황제 푸이溥儀가 이것을 소장하여 만주까지 가지고 갔으나 잃어버렸다. 그러던 중 1960년에 난징박물원南京博物院에서 송대宋代

에 모사模寫한 「양직공도」의 잔부殘部(13국 사신도)가 발견되었다. 「양직공도」에 적힌 각국 사신에 대한 기록은 『양서』 제이전과 서로 부합된다. 때로는 이 보다 상세한 경우도 있다. 또 '원가元嘉'니 '영명永明'이니 하는 연호 앞에는 송宋이나 제齊와 같은 왕조 이름이 붙었다. 그러나 '보통普通'이나 '천감天監' 혹은 '대통大通'과 같은 양의 연호 앞에는 모두 왕조 이름을 붙이지 않았다. 이 글이 당초 양대梁代에 쓰여졌음을 뜻한다. 다시 말해 현재 전하는 「양직공도」의 저본이 남조 양의 것임을 알려준다. 또 의도적으로 '胤'·'玄'·'敬'·'弘' 등의 글자가 쓰여져 있지 않다. 이 글자는 북송北宋의 황제인 趙匡胤·趙玄朗·趙敬·趙弘殷 등의 이름인 관계로 피한 것이다. 이러한 점은 난징박물원 소장 「양직공도」는 북송대에 모사模寫되었음을 입증해 주고 있다. 현재 전하는 「양직공도」가 송의 희녕熙寧 10년(1077)에 모사한 작품이다. 이것은 명주 위에 채색하였으며, 전체 크기는 가로 198Cm×세로 25Cm가 된다.

3) 고궁박물원 소장 사신도

1987년에는 타이완臺灣의 고궁박물원故宮博物院에서도 「양직공도」를 소장하고 있다고 공표되었다. 1995년에는 이것의 실물이 공개되었다. 고궁박물원 소장본은 24국 사신이 비단에 채색으로 그려진 「당염입본왕회도唐閻立本王會圖：238.1cm×28.1cm」, 32국 사신이 종이에 그려진 「남당고덕겸모양원제번객입조도南唐顧德謙摹梁元帝蕃客入朝圖：531.5cm×26.8cm」, 모두 2 종류이다. 난징박물원과 고궁박물원 소재 도권 2폭을 합치면 양에 입공한 국가는 모두 35국으로 밝혀진다. 그런데 고궁박물원 소장 2 종류의 도권은 「양직공도」의 모사본으로 추정되고 있다. 그렇다면 모두 3 종류의 「양직공도」가 현존한 게 된다. 비록 양 원제가 만든 당초의 「양직공도」는 존재하지 않는다. 그렇지만 이것을 모본으로 하여 「당염입본왕회도」는 7세기 초, 「남당고덕겸모양원제번객입조도」는 10세기 초, 난징박물원 소장 「양직공도」는 11세기 후반에 만든 작품으로 추정되고 있다.

사진 80 「당염입본왕회도」의 일부

그런데 고궁박물원 소장 2 종류의 사신도는 난징박물원 것과는 차이를 보인다. 일단 사신도에 붙어 있는 관련 국가에 관한 기록문인 제기題記가 없다. 게다가 난징박물원의 1 종류와 고궁박물원의 2 종류, 모두 3 종류의 사신도를 서로 비교해 보면 필치뿐 아니라 복색 등에서도 차이가 있다. 그럼에도 사신도의 배치 순서가 닮았다는 점에서 「양직공도」 원화原畵를 옮겨 그린 것으로 해석해 왔다. 그러나 이같이 단정하기는 어렵다. 일단 사신들의 용모가 동일 인물로 보기에는 너무나도 차이가 크다. 이러한 경우에는 복수의 「양직공도」를 상정할 수도 있다. 이 중 난징박물원 소장본과 복식에서 유사성이 보이는 「남당고덕겸모양원제번객입조도」는, 소역과 동일 시기 인물인 배자야가 그린 「방국사도」 모사본일 가능성도 고려해야 한다. 그렇지만 이와 관련해 차후 심도 있는 검토가 요망된다. 「당염입본왕회도」는 당 태종 때인 정관貞觀 3년(629)에 최초로 그린 '왕회도'가 모본母本이었을 수 있다. 그럴 가능성 가운데 하나가 고구려에 대한 표기이다. 「당염입본왕회도」에서는 고구려를 '고려국高驪國'이라고 하였다. 이는 당 태종 정관 연간에 편찬된 『양서』에서 고구려를 '고구려高句驪'로 표기한 것과 연결되기 때문이라고 하지만, 차후 심도 있는 분석이 필요할 것 같다.

4) 3 종류 사신도에 보이는 외국사의 국적

난징박물원 소장본에는 삼국 사신 가운데 백제 사신만 그려져 있다. 그러나 고궁박물원 소장 2 폭에는 고구려 · 백제 · 신라 삼국의 사신이 모두 등장한다. 그런 만큼 동시대 삼국인들의 용모와 복식을 이해하는 데 매우 귀중한 자료가 된다.

난징박물원과 타이완 고궁박물원에 소장된 모두 3 종류에 이르는 사신도의 국적을 정리하면 다음과 같다.

난징박물원 (양직공도)	고궁박물원 1 (당염입본왕회도)	고궁박물원 2 (남당고덕겸모양원제번객입조도)
1. 滑國使	〈虜〉(3명)	魯國(3명)
2. 波斯國使	芮芮國	芮芮國
3. 百濟國使	波斯國	河南
4. 龜玆國使	百濟國	中天竺(2명)
5. 倭國使	胡密丹	爲國
6. (宕昌國使)	白題國	林邑國
7. 狼牙脩國使	鞅國	獅子國
8. 鄧至國使	中天竺	北天竺
9. 周古柯國使	獅子國	渴盤陀
10. 呵跋檀國使	北天竺	武興蕃
11. 胡密丹國使	渴槃陀	宕昌國
12. 白題國使	武興國	娘牙脩國
13. 末國使	龜玆國	鄧至國
	倭國	波斯國
	高驪國	百濟國
	于口國	龜玆國
	新羅國	倭國
	宕昌國	周古呵
	狼牙脩	呵跋檀
	鄧至國	胡密丹國
	周古柯	白題國
	呵跋檀	臨江蠻
	建平蜓	(不明)
	△△國	高麗國
		高昌國
		天門蠻
		建平蠻
		滑國
		于闐
		新羅
		干陀國
		扶南國

2. 삼국 사신의 모습

1) 백제국사

(1) 난징박물원 소장 백제국사

난징박물원 소장 「양직공도」에는 한국과 관련한 사신도로서 '백제국사百濟國使'가 전하고 있다. 반면 고궁박물원 소장본에는 백제 뿐 아니라 고구려와 신라국사까지 확인되었다. 그러므로 백제국 사신도는 모두 3폭이 전하는 것이다.

난징박물원 소장 「양직공도」에 보이는 백제 사신은, 약간 좌향左向의 자세로 발을 같은 방향으로 나란히 하고 서 있다. 단아하고 부드러운 젊은 용모에 좌임左衽의 커다란 도포를 무릎을 약간 덮을 만큼 착용하였다. 이는 전형적인 동방의 도포로서 당 장회태자 이현李賢의 묘에 그려져 있는 신라 혹은 고구려 사신의 모습과도 동일하다. 관모에는 2줄의 끈이 측면에 달려 있는 관계로 턱 밑에서 맸다. 이 끈 중간을 잘라서 귀를 내놓게 하였다. 관모 앞 부분은 지워져서 자세히 살필 수는 없으나 은화銀花 장식은 없었을 것으로 보인다. 관모는 넓은 끈으로 가운데를 잘룩하게 묶은 흰 비단으로 만든 누에고치 모양의 두건頭巾이 되겠다. 도포 밑에는 바지 부리가 넓어 바람이 잘 통하는 개구호開口袴를 입었다. 바지에는 대님을 매지 않았다. 이는 백제 지역의 온난 다습한 기후 조건의 영향으로 생각하기도 한다. 그러나 이것은 다른 측면도 고려해야 할 것 같다. 발에는 검은 가죽신을 신고 양 손은 두루마기에 가

려서 보이지 않지만 소매 속에
가지런히 모아졌다. 이러한 두
손의 자세는 그가 공손한 사람
이라는 인상을 준다. 도포의
옷깃과 소매와 단에는 색동이
돌려 있다. 특히 아랫 단에는
색동이 넓게 달려 있는데, 바지
의 경우도 이와 마찬가지이다.

백제 사신의 띠帶는 가려져
서인지 보이지 않는다. 다만
청색 도포를 입은 것을 볼 때,

사진 81 「양직공도」 백제국사

12품의 문독文督에서 16품의 극우剋虞 사이의 신분으로 간주할 수 있지
만 역시 속단하기는 어렵다. 중국에 파견되었던 백제 사신들은 대부분
장구호將軍號를 가진 후侯나 태수급 이상의 고관들이었기 때문이다.

(2) 「당염입본왕회도」의 백제국사

백제 사신은 난징박물원의 수염도 없는 앳된 용모의 사신과는 달리
턱수염은 없지만 '八' 자 형의 콧수염이 있다. 그리고 귀고리를 착용한
40대 장년의 모습이다. 귀고리의 고리 부분은 보이지 않고 끝 부분이
둘로 갈라지는 추 모양의 긴 수식垂飾을 착용하였다. 착용한 검은 색 관
모에는 끈이 달려 있어 턱 밑에서 묶어 고정하였다. 연한 초록색 계통
의 도포는 소매가 넓고 길며 무릎 정도까지 내려 갔다. 도포의 양쪽 어

깨 부분에는 옅은 황색 테두리를 둘렀다. 그 안에 초록색과 붉은 색 문
양이 들어 있다. 깃과 소맷부리 그리고 밑단에는 붉은 색 계통의 넓은
색동이 있다. 양쪽 어깨 부분에는 문양이 장식되었다. 황색 계통의 바
지를 입었다. 역시 황색 계통의 베로 만든 띠를 매어 무릎선 이하로 길
게 드리웠다. 소매 속에 손을 포개어 잡고 있다. 난징박물원의 사신과
마찬 가지로 통이 넓은 바지에 대님을 매지 않았다. 운두가 높은 검정
색 가죽신을 신었다.

(3) 「남당고덕겸모양원제번객입조도」의 백제국사

길게 위로 솟은 관모의 끝 부분이 앞쪽으로 접혀 내려온 형태이다.
이러한 관모를 끈으로 턱 밑에서 매어 착용하였다. 무릎까지 내려오는
도포의 깃과 단의 색동이 확인된다. 베로 만든 띠는 정면에 매듭을 지
어 무릎선까지 늘어뜨렸다. 역시 통이 넓은 개구고에 대님을 매지 않았
으며, 검은 가죽신을 신었다.

2) 고구려국사

(1) 「당염입본왕회도」의 고구려국사

고구려 사신은 새 깃 모양 장식을 양 옆으로 꽂은 조우관鳥羽冠을 착
용하였다. 그는 백제 사신과 마찬 가지로 반달형 눈매를 지닌 순한 얼
굴이다. 이마에는 'v'자 형태의 2줄 주름이 깊이 파여 있고 콧수염과 턱
수염이 많이 난 50대의 용모가 된다. 오른쪽 귓불에는 둥근 고리 모양

의 큰 귀고리를 착용했다. 가장 단순한 형태의 소환이식素環耳飾인 것이다. 이는 『한원』 고려 조에서 "귀를 뚫어 금귀고리를 했다"는 기록과 부합된다. 문양이 장식된 붉은 색 계통의 도포와 초록색 계통의 바지를 입었다. 도포에는 하트의 위아래를 뒤집어 놓은 무늬가 있다. 도포의 깃과 소맷부리, 단에는 흙색의 넓은 색동을 둘렀다. 허리에는 연한 황색 계통의 넓은 베로 만든 띠를 둘러 무릎선까지 늘어 뜨렸다. 바지의 밑단에는 붉은색 색동을 넓게 둘렀다. 통이 넓은 바지에 대님을 매지 않았다. 도포 속에 손을 포개어 잡고 있는 모양인데, 검정색 가죽신을 신었다.

(2) 「남당고덕겸모양원제번객입조도」의 고구려국사

새 깃 형태의 장식을 꽂은 관모에는 끈이 달려 있어 턱 밑에서 묶어 고정하였다. 자신감에 찬 형형한 눈매에 '八' 자 형 콧수염을 한 중년의 모습이다. 도포는 무릎 밑에까지 내려 왔다. 소매깃과 소맷부리 그리고 밑단에 색동을 둘렀다. 바지의 폭이 매우 넓으며 대님은 매지 않았다. 베로 만든 띠는 정면에 매듭을 지어 늘어뜨렸고, 코가 올라 간 형태의 가죽신을 신었다. 소매에 양 팔을 다소 높이 넣어 팔짱을 끼고 있다. 머리와 상체를 뒤로 제끼고 있는 당당한 모습이다.

3) 신라국사

(1) 「당염입본왕회도」의 신라국사

신라 사신은 수염도 없는 젊은 모습이다. 꼬리가 치켜 올라간 눈매의

긴 얼굴에 심엽형 수식을 단 귀고리를 하였다. 머리카락은 상투를 틀지 않고 등 뒤로 길게 풀어서 늘였다. 이 점 백제나 고구려 사신과는 크게 차이 난다. 신라 사신은 결혼하지 않은 청년으로 판단하는 경우도 있다. 또 한편으로는 『신당서』 신라 조에 "남자는 머리카락을 잘라 팔고 흑건黑巾을 쓴다"는 기사와 연관지어 생각해 볼 수 있다. 머리카락을 잘라서 팔 수 있을 정도로 길게 길렀음을 뜻한다. 그렇다고 할 때 이는 신라 사신의 두발 상황과 연결될 수 있다. 그리고 관모는 검은 빛이 도는 진한 녹색 바탕에 옅은 황색 테를 두른 각이진 형태이다. 관모의 정면 중앙 부분이 조금 높은 대신 뒤를 대고 있는 좌우의 네모난 부분은 다소 낮다. 이는 백제나 고구려 사신의 관모와는 크게 차이난다고 하겠다. 저고리는 허리 밑에까지 내려오는 황색 계통의 도포를 입었다.

도포는 백제나 고구려 사신의 그것이 무릎 가까이 내려오는 것과는 달리 그 보다 짧다. 도포의 옷깃과 소매와 밑단에는 청록색 계통의 색동이 돌려 있다. 양 손은 두루마기 소매 속에 넣은 관계로 보이지 않는다. 도포의 소매 폭은 백제나 고구려 사신 것보다 좁다. 바지는 도포 보다 옅은 황색 계통이다. 이는 『신당서』에서 "남자는 갈색 바지를 입는다"고 한 기사와 연결시켜 생각해 보아야 한다. 전반적으로 백제나 고구려 사신이 다소 헐렁한 의복을 걸친데 반해 신라 사신은 몸에 맞는 옷을 입었다. 게다가 신라 사신은 문양 없는 옷을 걸치고 있다. 그리고 바지는 부리로 갈수록 통이 좁아지고 끝단에 청녹색 색동을 둘렀다. 소매 속에 양팔을 넣고 있는 관계로 띠의 형태는 보이지 않는다. 검정색 가죽신을 신었다.

(2) 「남당고덕겸모양원제번객입조도」의 신라국사

상투를 튼 위에 관모를 쓰고 여기에 달린 끈을 턱 밑에서 매어 고정시켰다. 「당염입본왕회도」의 신라 사신이 머리 카락을 늘여뜨려 어깨 너머로 풀어내린 것과는 차이가 난다. 신라 사신은 콧수염과 턱수염이 모두 났는데 연만한 인상이다. 저고리는 깃과 소매깃에 색동이 있다. 소매 길이가 길며 왼손을 위로 해서 양 팔을 끼고 있는 자세이다. 그리고 바지 부리를 가죽 신발 속에 넣은 모습으로 판단해 왔다. 그러나 끈으로 여러 겹 칭칭 동여 맨 것으로 보아야 맞다. 각반과 같은 발토시를 한 것이다. 띠는 백제나 고구려 사신 보다 폭이 좁은 혁대에 여러 개의 둥근 고리 모양의 장식이 보인다.

3. 「양직공도」백제국사 관련 석문釋文 분석

1) 백제국사의 제작 시기와 석문

난징박물원 소장 「양직공도」의 백제국 사신의 모습 뒤편 즉, 그림의 왼편에는 백제의 역사와 풍속이 기록되어 있다. 이와 관련한 기록은 장안지張安治 주편主編, 『중국미술전집中國美術全集』 회화편 1, 인민미술출판사, 1986을 저본으로 하여 다음과 같이 판독했다.

百済國使

a. 百濟舊來夷 馬韓之屬 b. 晋末駒麗略有遼東樂浪 亦有遼西晋平縣 c. 自

晋巳來常修蕃貢 義熙中其王餘腆 宋元嘉中其王餘毗 齊永明中其王餘太
皆受中國官爵 梁初以太爲正東將軍 尋爲高句驪所破 普通二年其王餘隆
遣使奉表云 累破高麗 d.治所城曰固麻 謂邑曰檐魯 於中國郡縣 有二十二
檐魯 分子弟宗族爲之 e.旁小國有叛波 · 卓 · 多羅 · 前羅 · 斯羅 · 止迷 ·
麻連 · 上巳文 · 下枕羅等附之 f.言語衣服畧同高麗 行不張拱 拜不申足
以帽爲冠 襦曰複衫 袴曰褌 其言參諸夏 亦秦韓之遺俗

위의 기록은 보통普通 2년(521) 경까지 수집된 자료가 수록되었다고
본다. 그러나 「양직공도」는 양 원제가 형주자사 재임시인 526년~539년
사이에 제작되었다고 했다. 「양직공도」는 무제의 재위 40년인 541년에
맞추어 제작되었다. 그리고 백제 사신은 521년 이후에도 양에 파견된
바 있다. 가령 양제梁帝는 무녕왕의 사망 소식을 듣고는 524년에 조서
를 내려 성왕을 책봉하였다. 물론 524년에 양국 간의 교섭 기사는 보이
지 않는다. 그렇지만 백제에서 양에 무녕왕의 사망을 알렸기에 성왕의
책봉이 이루어졌을 것이다. 그렇다고 할 때 524년(성왕 2)과 더불어『양
서』에 기록된 534년(성왕 12)의 양국 간 교섭을 꼽을 수 있다. 그리고 지
금의 공주를 가리키는 '고마'라는 치소성에 관한 기록이 보이므로, 사비
성 천도가 단행되는 538년 이전까지 양과의 교섭에 따른 정보가 수록
되었다고 하겠다. 여기서 성왕대인 524년과 534년에 양과의 교섭이 있
었고, 후자는 양 원제의 형주자사 재임 시기와 부합된다. 그럼에도 성
왕의 책봉 사실이 게재되지 않은 게 이상하지만 534년에 접촉한 백제
사신의 모습을 보고 그렸을 수 있다. 이러한 추정이 맞지 않다면「양직

공도」백제국사편은 배자야의 「방국사도」에 근거한 것으로 보아야 한다. 「양직공도」 기록은 다시금 629년~636년 어간에 요사렴이 편찬한 『양서』의 밑 자료가 되었다.

　그런데 위의 석문 가운데는 『양서』 백제 조에 게재되지 않은 내용도 있다. a의 백제 기원에 관한 구절과 e의 백제 곁의 소국에 관한 기사가 그것이다. 그리고 이 같은 제기를 판독하는 과정에서 b의 요서경략 문구는 '백제'가 누락된 것으로 판단하여 보입補入하기로 했다. 이에 관한 검토는 뒤의 '요서경략 기사'에서 할 것이다. c의 '自晋巳來'는 '自晋已來'로 수정하였다. '正東將軍'은 '彳' 부가 지워진 게 아니라 잘못 적힌 것이므로 '征東將軍'으로 고쳤다. d의 '檐曾'은 『양서』의 해당 조목과 관련해서 검토한 결과 '檐魯'의 오자로 판단되었기에 고쳤다. 그리고 '於中國郡縣'은 이 구절만으로는 명료한 해석이 되지 않는다. 『양서』의 "중국에서 군현을 말하는 것과 같다如中國之言郡縣也"는 구절과 관련지어 볼 때 '如' 자字가 누락된 것으로 판단되어 보입했다. e의 '上巳文'은 『일본서기』 기록과 결부지어 볼 때 '上己文'의 잘못된 표기이므로 바로 잡았다. 『양직공도』의 새로 판독한 관련 석문은 다음과 같다.

　　百濟國使

　a.百濟舊來夷 馬韓之屬 b.晋末駒麗略有遼東樂浪 (百濟)亦(略)有遼西晋

平縣 c.自晋已來常修蕃貢 義熙中其王餘腆 宋元嘉中其王餘毗 齊永明中

其王餘太 皆受中國官爵 梁初以太爲征東將軍 尋爲高句驪所破 普通二年

其王餘隆遣使奉表云 累破高麗 d.治所城曰固麻 謂邑曰檐魯 於中國(如)郡

縣 有二十二檐魯 分子弟宗族爲之 e.旁小國有叛波 · 卓 · 多羅 · 前羅 · 斯
羅 · 止迷 · 麻連 · 上己文 · 下枕羅等附之 f.言語衣服畧同高麗 行不張拱
拜不申足 以帽爲冠 襦曰複衫 袴曰褌 其言參諸夏 亦秦韓之遺俗

a. 백제는 옛날의 래이來夷로 마한의 무리이다. b. 진말晉末에 고구려
가 요동의 낙랑樂浪을 차지하자, (백제) 역시 요서의 진평현晉平縣을 (차지
함이) 있었다. c. 진晉 이래로부터 항상 번병蕃屛의 조공을 닦았다. 의희
義熙(05~418) 중에 그 왕 여전餘腆(전지왕), 송宋 원가元嘉(424~453) 중에는
그 왕 여비餘毘(비유왕), 제齊 영명永明(483~493) 중에는 그 왕 여태餘太(동
성왕)가 모두 중국 관작을 받았다. 양 초에 태太(동성왕)가 정동장군征東將
軍이 되었다. 이어서 고구려에 격파된 바 되었다. 보통普通 2년(521)에 그
왕 여융餘隆이 사신을 보내어 표表를 받들어 "여러 차례 고구려를 격파했
다"고 말했다. d. 치소성治所城을 고마固麻라고 한다. 읍邑을 일컬어 담로
[檐魯]라고 말한다. 중국에서 군현郡縣과 같은데 22담로가 있으며, 자제
종족子弟宗族을 나누어서 이곳에 있게 했다. e. 곁에 소국小國으로 반파叛
波 · 탁卓 · 다라多羅 · 전라前羅 · 사라斯羅 · 지미止迷 · 마련麻連 · 상기문
上己文 · 하침라下枕羅 등이 있는데 백제에 부용되었다. f. 언어와 의복은
대략 고구려와 같다. 걸을 때 팔짱을 풀지 않으며, 절할 때는 다리를 펴
지 않는다. 모자를 관冠이라 하고, 저고리를 복삼複衫, 바지를 곤褌이라고
한다. 그 나라 말에는 여러 시기의 중국 말이 섞여 있으니 역시 진한秦韓
의 유풍이다.

2) 백제의 족원族源에 대한 인식

그러면 이제는 석문의 관련 내용을 분석해 보도록 한다. 먼저 a는 백제의 기원을 밝힌 부분이다. 즉 "백제는 옛날의 래이로 마한의 무리이다"고 적혀 있다. 백제를 '來夷'와 연관 지어 서술한 것이다. 그런데 이구절의 래이를 '東夷'의 오기誤記로 간주하는 견해가 많다. 그렇다면 "백제는 옛적의 동이인 마한의 무리이다"로 해석되는데 어색하다. 오히려 이 구절은 "百濟東夷舊馬韓之屬"로 글자를 배치해야 해석이 순조롭다. 즉 "백제는 동이로서 옛적 마한의 무리이다"로 해석되어진다. 당시의 백제 역시 여전히 '동이'인 만큼 '舊' 자를 '동이' 앞에 붙이는 것은 부자연스럽다. 어떤 경우든 '舊' 자를 넣을 필요성은 없다고 본다. 따라서 '來夷'를 넣은 원래의 문구대로 해석하는 게 온당할 것 같다.

'래이'와 관련해『상서尙書』주석에 보면 우이嵎夷와 래이萊夷를 일치시켜 이해하면서 래이의 기원을 우이라고 했다. 그러한 우이를 '양곡暘谷'으로 정의했다. 후대의 주석에 보면 "해가 곡谷에서 나와 천하를 밝히는 까닭에 양곡이라고 일컫는다. 양곡은 우이의 하나이다"고 했다. 래이의 기원인 우이의 거주지는 지금의 산둥 성 청주靑州 이동以東에서부터 자오둥 반도膠東半島에 이르는 곳으로 밝혀졌다.『상서정의尙書正義』에 보면 바다와 대산岱山(泰山) 사이에 소재한 청주를 경략한 구절 가운데 "래이는 목축을 한다"고 했다. 래이가 세운 래국萊國은 기원전 568년에 망했다고 한다.「양직공도」의 '來夷'는 이러한 '萊夷'를 가리킨다고 본다.

지금까지의 논의를 정리해 보면 우이嵎夷=래이萊夷=래이來夷라는 등식이 성립된다. 그런데 사실 여부를 떠나 중국에서는 백제와 우이 혹은 래이를 일치시켜 인식했다. 이는 당 고종이 백제를 공격할 때 신라 태종 무열왕에게 내렸다는 '우이도행군총관嵎夷道行軍總管' 직명에서 확인된다. 당은 백제 공격로를 '우이도'로 호칭한 것이다. 571년에 북제北齊에서 위덕왕을 '지절·도독·동청주제군사·동청주자사持節都督東靑州諸軍事東靑州刺史'로 책봉했다. 이 직함에 보이는 '동청주'는 옛적에 우이의 거주지에 속한다. 동청주자사는 동청주 지역에 대한 지배권을 인정받는 것이다. 『수서』에 보면 "또 후위가 동청주를 두었는데, 설치한 지 오래지 않아폐했다"[122]고 했다. 여기서 후위는 북위(386~534)를 가리킨다. 487년에 설치된 평원군平原郡(山東省 聊城縣 동북) 관내에 동청주가 보인다. 동청주는 청하군淸河郡 동남편에 소재했다. 지금의 산둥 성에 소재한 동청주의 서북편에 위치한 청하군은, 490년에 백제 태수가 분봉된 곳이었다. 게다가 『위서』에는 동청주자사에 임명된 인사들이 보이므로 실체는 확인된다.

그러나 중국에서는 백제와 우이를 일치시켜 해석한 까닭에 우이의 고지故地인 동청주의 자사刺史로 위덕왕을 책봉한 것이라고 하겠다. 백제의 기원을 래이로 인식한 것은 산둥 지역과의 연관성에서 출발한 것으로 보인다.

「양직공도」에서 백제는 래이의 거주지였던 산둥 지역에 대한 연고권을 내·세우고 있다. 그 이전인 동성왕대의 백제는 북중국 지역에 태수를 분봉하였다. 이때 분봉된 청하태수는 산둥 성 청하현 일대를 통치하는 직함이다. 중국은 래이의 본거지인 산둥 지역인 동청주를 백제 왕의

---

122 『隋書』권30, 地理 中, 平原郡 條. "又後魏置東靑州 置未久而廢"

관할 구역이자 연고지임을 공표하고 있다. 당이 백제를 침공할 때 보이는 '우이'의 존재는 당이 웅진도독부 관내에 설치한 우이현嵎夷縣이라는 이름에서도 확인된다. 이렇듯 수와 당은 백제를 상징하는 지명과 종족명을 의도적으로 사용한 것이다. 백제는 중국과의 관계에서 부여 계승을 표방한 적도 있다. 그러나 521년 경에 백제는 래이와의 연관을 내세우고 있다. 중국에서는 뒤에 백제와 래이의 관련성에 회의적인 생각을 품었던 것 같다. 그 결과 백제와 래이와의 관련 기록은 역사서에서 공식적으로 사라진 것으로 보인다. 다만 백제와 래이의 관련은 당이 백제를 침공할 때 '우이嵎夷'라는 관념으로서 그 잔영을 비췄을 뿐이다. 춘추 시대의 제齊가 래이를 멸망시켰을 때의 정서를 반영한 것으로 보인다.

3) 요서경략 기사 검토

석문의 b는 진 말기에 구려駒麗 즉, 고구려가 요동을 차지하자 낙랑 또한 요서 진평현을 차지했다는 기사이다. 백제의 요서경략의 근거가 된다. 이 기록의 연원과 관련해『송서』와『양서』백제 조의 관련 구절을 다음과 같이 인용해 보았다.

* 百濟國 本與高驪俱在遼東之東千餘里 其後高驪略有遼東 百濟略有遼西 百濟所治 謂之晋平郡晋平縣(『송서』)
* 百濟舊來夷 馬韓之屬 晋末駒麗略有遼東 樂浪亦有遼西晋平縣(『양직공도』)
* 其國本與句驪在遼東之東 晋世句驪旣略有遼東 百濟亦據有遼西 · 晋平 二郡地矣(『양서』)

여기서 『송서』는 488년에 편찬된 사서이다. 그런데 534년을 하한으로 한 「양직공도」에서는 『송서』와의 차이점이 발견된다. 『송서』에서는 백제의 소재지를 "본래 고구려와 함께 요동의 동쪽"이라고 하였다. 그러나 「양직공도」에서는 백제의 기원을 래이에 두었고, 마한의 무리라고 했다. 그리고 고구려가 요동을 경략한 시점을 '진말晉末'이라고 구체적으로 기재하였다. 이러한 점에 비추어 볼 때 「양직공도」는 『송서』를 계승한 사료라기 보다는 독자적인 사료를 토대로 작성한 것으로 추측된다. 그러한 사료원史料源은 배자야의 「방국사도」가 아니라면 521년이나 534년 양에 내조來朝한 백제 사신이었을 것이다.

그런데 「양직공도」에서는 『양서』나 『송서』에서 윗 구절의 주어를 '백제'로 표기한 것과는 달리 '낙랑'으로 적은 것처럼 비친다. 낙랑이 주어라면 주목되는 사안이 아닐 수 없다. 요서경략과 관련하여 '낙랑'을 '백제'로 환치換置한 배경은 진晉 즉 동진東晉으로부터 근초고왕이 이때 낙랑태수로 책봉된 사실과 관련 짓기도 한다. 낙랑고지에 대한 지배권을 백제 왕에게 인정해 주는 듯한 사안이었기 때문이다. 한반도에서 축출되어 요서 지역으로 이동해 간 낙랑에 대한 지배권을 백제가 지닌 것으로 오인했을 수 있다. 근초고왕을 낙랑태수로 책봉한 때문에 양에서도 백제와 낙랑을 등가치로 인식했을 가능성이다.

그러나 이 구절은 근본적인 문제가 제기된다. "낙랑 역시 요서遼西에 진평현을 차지했다"는 해석이다. 낙랑은 『양서』에서 비록 '백제'로 바뀐 것처럼 보이지만 최초의 표기가 '낙랑'이라는 점을 주목해야 한다. 여기서 요서 진평현 공략의 주어를 '낙랑'으로 설정한다고 하자. 그러면 고구려는 막연히 '요동'을 경략한 것이 된다. 그러나 낙랑은 '요서 진평현'을 경략한 것으로 구체적으로 대상이 적혀 있다. 일단 고구려와 낙랑의 경략 대상에서 서로 균형이 맞지 않는다. 그리고 1개 낙랑군이 주체가 되어 요서에 진평현을 설치할 수도 없다. 그러므로 이 구절은 띄어 읽기를 "晉末駒麗略有遼東樂浪 亦有遼西晉平縣"로 해야 맞을 것 같다. 즉 진말에 고구려가 요동의 낙랑을 차지하자, (백제) 역시 요서 진평현을 차지했다. 이 경우 '백제'가 생략되었을 수 있다. 글의 주체가 백제이므로, 생략해도 문맥 파악에는 이상이 없다. 실제 『양서』등의 관련 구절에는 '백제'가 보인다. 따라서 원래는 '낙랑' 다음 문구에 '백제'가 있었지만 「양직공도」 전사傳寫 과정에서 탈락되었거나 주어의 생략일 수 있다. 어쨌든 '요동 낙랑'으로 해석한다면 낙랑이 요동에 속했다는 뜻이다. 이 경우는 낙랑이 요동에 소재했다는 의미와 요동군에 정치적으로 예속했음을 뜻하는 두 가지 해석이 일단 가능하다. 그러나 요동군이나 낙랑군 모두 동급의 군郡인 만큼 낙랑군이 요동군에 예속된 것으로 간주하기는 어렵다. 그리고 진이 요동에 영향력을 행사하고 있을 때이므로 '진말'은 서진말西晉末로 지목하는 게 가능하다. 요동 지역의 지배권과 관련 있는 시점이기 때문이다. 그런데 이 때는 고구려가 요동에 대한 지배권을 확보하지 못했다. 그러므로 고구려의 경략 대상은 '요동'이라는 넓은 범위 보다는 '요동의 낙랑'으로 국한시켜 보아야 맞다. 이러한 맥락에서 본다면 서진말은 313년경으로 간주할 수 있다. 이때 고구려가 낙랑을 경략함에 따라 모용외가 웅거한 요서로 이동해 간 사실과 연계시킬 수 있다.

이와 더불어 낙랑과 대방 2군에 웅거하여 고구려 미천왕과 상공相攻

하던 장통張統의 소속을 '요동'이라고 했다. 낙랑은 당시 요동에 속하였다. 따라서 "진말에 고구려가 요동에 (속한) 낙랑을 차지하자"로 해석할 수 있다. 혹은 "진말에 고구려가 요동의 낙랑을 차지하자"로도 해석된다. 낙랑이 313년 당시에 요동군에 소재했을 가능성을 제기해 준다. 이와 관련해 고구려 동천왕이 위장魏將 관구검의 침공 이후인 247년에 종묘와 사직을 평양성으로 옮긴 사건이 주목된다. 곧 천도를 단행했다는 것이다. 이때 천도한 평양성은 『삼국사기』에 구체적으로 그 위치가 지금의 평양임을 밝혔다. 이 기록을 수용한다면 낙랑이 대동강유역을 떠난 시점은 최소한 3세기 전반 이전으로 간주된다. 실제 최근의 연구에 따르면 낙랑군은 한반도에서 1세기 후반에는 축출되었다.[123]

백제의 요서경략은 고구려의 요동경략 기사[124]에 이어 백제의 진평군 설치 기사에서 보인다. 백제의 요서경략 시점은 명시되지 않았지만 「양직공도」에서 '진말', 『양서』에서 '진세晉世', 『송서』에서도 백제가 설치한 군명郡名을 진평군晉平郡이라고 했다. 모두 '진晉'의 존재가 거론되었다. 백제의 요서경략은 488년에 편찬된 진의 후신인 유송의 역사를 담은 『송서』에 제일 먼저 적혀 있다. 여기서 서진과 동진은 후대의 구분일 뿐 당시는 모두 '진晉'으로 일컬어졌다. 그렇다고 고구려가 요동의 낙랑을 차지한 시점과 백제가 요서에 진평현을 설치한 시점이 동일

---

123 李道學, 「樂浪郡의 推移와 嶺西 地域 樂浪」, 『東아시아古代學』 34, 2014, 3~34쪽.
124 일반적으로 '요서경략설'로 표기하고 있지만, 학설이 아니라 사료에 보이는 기록을 가리킨다. 그러므로 '요서경략 기사'로 표기하는 게 맞다.

하지는 않을 것이다. 고구려가 요동의 낙랑을 차지한 시점은 313년이 었다. 그러므로 '진말'은 서진(265~316)과 정확히 부합한다. 그러면 백제가 요서의 진평현을 차지한 시점은 언제일까? 고구려가 후연을 축출하고 요동을 완점한 시점과 결부 지으면, 백제의 요서경략은 동진(317~420)이 멸망하는 420년을 하한으로 한다. 대략 동진 말인 400년~420년 어느 시점으로 볼 수 있다.

한반도를 공간적 범위로 하여 고구려와 자웅을 겨루던 백제가 무대를 바꿔 요서 지역에 진출하게 된 것은 양국 간의 전쟁과 역학 구도가 국제성을 띠었기에 가능한 일이었다. 「광개토왕릉비문」에 보이는 신라 구원을 명분으로 400년 고구려군 5만 명의 낙동강유역 출병도 기실은 백제의 사주를 받은 왜 세력의 신라 침공이라는 유인책의 덫에 걸린 것이었다.[125] 이때를 놓치지 않고 후연이 고구려의 배후를 기습하여 서쪽 700여 리의 땅을 일거에 약취하고 말았다. 고구려의 낙동강유역 진출은 이로 인해 실패로 돌아갔다. 당시 백제는 왜와 후연과 연계하여 고구려와 신라에 맞서고 있었다. 400년 이후 후연과 고구려는 요동 지역의 지배권을 놓고 사투를 벌였다. 그렇지만 후연은 고구려에게 시종 밀리고 있었을 뿐 아니라 다링하 방면의 숙군성까지 빼앗겼고, 심지어는 지금의 베이징인 연군燕郡까지 공격을 받았을 정도로 수세에 놓였다. 다급한 후연이 고구려의 앙숙인 백제에 지원을 요청함에 따라 백제군은 요서 지역에 진출해서 고구려의 서진西進을 막고자 했다. 그런데 그

---

125 李道學, 「고구려와 백제의 대립과 동아시아 세계」, 『고구려연구』 21, 2005, 369-395쪽.

직후 붕괴된 후연 정권의 후신이자 고구려 왕족 출신인 고운의 북연 정권은 408년에 고구려와 우호관계를 맺었다. 돌변한 상황에 후연을 지원할 목적으로 요서 지역에 출병한 백제군의 입장이 모호해졌다. 결국 백제군은 기왕에 진출한 요서 지역에 대한 실효 지배의 과정을 밟게 되었다. 그 산물이 요서 지역의 진평군이었다. 그리고 보면 "고구려가 요동을 차지하자 백제는 요서를 차지했다"는 구절은 정확한 기록인 것이다. 488년과 490년에 백제가 북위의 기병 수십만의 침공을 격퇴하고 해상전에서 승리한 전쟁은 진평군을 에워싼 전투가 분명하다고 본다. 이러한 점을 고려할 때 요서 지역의 진평군은 북중국을 통일한 북위 정권이 들어선 이후에도 존속했던 것 같다.[126]

한편 「양직공도」보다 뒤에 간행된 『양서』등과 같은 후대 사서에서는 고구려가 차지한 '요동 낙랑'의 낙랑을 삭제했다. 낙랑은 523~537년 어간에 요서 지역에서 다시 설치되었기 때문일 것이다. 무엇 보다도 중국인들이 볼 때 고구려가 한인漢人 정권인 낙랑을 축출한 것은 불쾌한 일이었다. 그러한 정서는 고구려를 「양직공도」의 해당 구절에서 비칭인 '구려駒麗'로 표기한 데서도 읽을 수 있다. 게다가 낙랑은 요서에서 재건까지 되었다. 그랬기에 고구려가 낙랑을 차지한 사건은 삭제한 것으로 보인다.

그리고 요서 진평현 설치와 관련해 모두冒頭에 백제의 기원으로 래이

---

126 李道學, 「百濟의 海上活動 記錄에 관한 檢證」, 『2010 세계대백제전 국제학술회의』, 세계대백제전조직위원회, 2010, 322~325쪽.

의 존재를 언급한 것 같다. 앞서 언급했듯이 래이는 연원이 우이로 소급된다. 그런데 『사기색은史記索隱』을 보면 우이는 소재지가 요서 지역까지 미쳤다. 게다가 래이의 연원인 우이는 훗날 백제를 가리키는 범칭으로도 사용되었다. 그러한 우이의 근거지인 요서에 백제가 진평현을 설치했다는 것이다. 이는 백제가 요서에 진평현을 설치하게 된 내력과 근거가 될 수 있다. 즉 일종의 연고권을 설명하기 위해서였다. 이와 짝을 맞추기 위해 백제와 직접 관련 없는 고구려의 '요동 낙랑' 경략 기사를 그 앞에 설정한 것으로 보인다. 그렇지 않고서는 고구려의 요동 경략 기사는 느닷 없는 게 된다. 「양직공도」가 작성될 무렵에는 남조의 양은 북조의 동위와 남북으로 대치하고 있었다. 당시 요서군은 동위의 영역에 속하였다. 그렇다면 북위가 동위와 서위로 분열된 틈을 이용해서 백제로 하여금 동위의 요서 지역에 진출하도록 하기 위함이었을까? 무녕왕대 이전 동성왕대에 백제는 북위 군대와 충돌한 적이 있었고, 대승을 거두기도 했다. 이러한 맥락에서 남조의 양은 백제가 요서 지역에 진출할 수 있는 역사적 연고권을 부추긴 것일까?

한편 후대 사서에서는 '래이'의 존재가 삭제되었다. 이것은 후대 중국인들의 인식이 작동한 증거라고 할 수 있다. '낙랑'과 '래이' 모두 삭제되었지만 '우이도'에 그 관념이 남아 있다. 그런 만큼 이것은 잘못된 기록이기 보다는 백제인들의 대중국 교류 차원에서의 정체성 표방과 관련한 중요한 단서가 된다. 차후 좀더 세심하게 검토해야야 할 과제로 여전히 남았다.

4) 백제 곁의 소국들

c는 백제와 중국 역대 왕조와의 관계를 적어 놓은 구절이다. 진대晉代 이래로 송과 남제, 그리고 양에 이르기까지 백제왕들이 중국의 관작을 받았음을 밝혔다. 즉 전지왕餘暎 · 비유왕餘毗 · 동성왕餘太 · 무녕왕餘隆이 언급되었다. 특히 보통 2년(521)에 무녕왕이 양에 여러 차례 고구려를 격파한 사실을 알렸음을 적었다. 백제의 국력이 회복되었음을 천명한 것이다. 요컨대 C에는 전지왕대부터 무녕왕대까지 백제와 남조 역대 정권과의 관계사가 수록되었다.

d는 백제의 왕성王城이 '고마성'으로 일컬어졌음을 알려준다. 당시 공주 공산성 일원을 '곰성' 즉 웅성熊城으로 표기했음을 말한다. 그리고 교통과 경제 및 군사적 요충지에 왕족을 파견하여 통치하는 담로체제에 관한 서술이 보인다. 이 구절은 백제의 지방통치 체제와 관련한 매우 중요한 단서가 된다.

e는 백제 곁에 소재하면서 부용된 9개의 소국 명단이다. 이는 형식상 일종의 백제 위성국가를 말한다. 여기서 '반파叛波'는 경상북도 고령 지역의 대가야를 가리킨다고 보는 견해가 많지만 검토가 필요하다. 일단 '방소국旁小國' 명단에서 단연 주목을 끄는 대상은 반파와 사라이다. 사라는 주지하듯이 신라를 가리킨다. 문제는 논의의 중심인 반파이다. 반파는『일본서기』에 등장하는 반파伴跛가 분명하지만 가라加羅인지 여부가 쟁점이 된다. 이와 관련해 '백제 곁의 소국'으로 신라가 소개되었을 때는 어떤 기준이 있었다고 본다. 신라는 당시 백제 곁의 소국이라고 할 수는 없었다. 우선 신라는 백제와 동맹을 맺은 대등한 관계였다.

그러한 선상에서 동성왕은 신라 이찬 비지의 딸과 혼인하였다. 비록 521년에 신라는 백제 사신을 따라 양에 조공했다.[127] 그렇지만 1년 전인 520년에 신라는 율령을 반포하고 공복을 제정하였다. 국가체제가 정비된 것이다. 이러한 신라는 주변의 소국들과는 위상이 현저히 달랐다. 백제 곁의 소국인 이들 제국과는 동렬에 설 수 없는 높은 위상을 지녔다. 그럼에도 '소국' 반열에 든 것은 중국을 기준해서 볼 때 책봉받지 않았기 때문일 것이다. 신라는 565년(진흥왕 26)에 와서야 처음으로 중국의 북제北齊로부터 '사지절·동이교위·낙랑군공·신라왕使持節東夷校尉樂浪郡公新羅王'에 책봉되었다.[128] 바로 그 시점으로부터 무려 40여년 전에 신라 사신이 백제 사신을 따라 양에 조공한 것이다. 이 때 신라 사신의 모습은 "하는 말은 백제가 도와준 후에야 통했다"[129]고 하

사진 82 백제 곁의 소국으로 제일 먼저 적혀 있는 '叛波'

였다. 백제 사신의 통역을 통해야만 신라 사신의 의사가 전달될 수 있었다고 한다. 신라는 381년(나물니사금 26)에 위두衛頭를 전진前秦에 보내 부견왕에게 조공한 바 있었다.[130] 이 때 신라의 국호 변천을 비롯한

---

127 『南史』권79, 동이전, 신라 조. "魏時曰新盧 宋時曰新羅 或曰斯羅 隨百濟奉獻方物"

128 『三國史記』권4, 진흥왕 26년 조. "春二月 北齊 武成 皇帝詔 以王爲使持節·東夷校尉·樂浪郡公·新羅王"

129 『梁書』권54, 동이전, 신라 조. "語言待百濟而後通焉"

130 『三國史記』권3, 나물니사금 26년 조. 『太平御覽』권781, 동이전, 신라 조.

최소한의 기본 정보가 남겨져 『양서』에 수록되었을 것이다. 그러나 『양서』는 521년 시점에서 무려 1백여 년이 지난 629년에야 편찬이 시작되었다. 신라에 대한 정보가 양조梁朝에 전해지지 못한 연유이다.

당시까지 신라는 중국 역대 왕조로부터 책봉된 적이 없었다. 책봉은 황제권을 위임받아 관할 지역을 통치하는 형식이었다. 그러나 신라는 책봉받은 바가 없었기에, 황제로부터 위임 받은 게 없었다. 그랬기에 백제로서는 중국 왕조로부터 책봉되지 않은 신라를 자국 곁의 '소국'으로 취급한 것이다. '방旁'에는 '의지함'의 뜻도 담겨 있다. 그러므로 '방소국'은 '백제에 의존하는 소국' 즉 위성국이라는 의미였다. 실제 '부지附之'라고 하여 백제의 부용국임을 선언했다. 이와 관련해 삼국시대 백제와 신라의 책봉 사실을 다음과 같이 비교해 보았다.

〈백제〉

연대	왕/ 중국 왕조	관위
372년	근초고왕 27년. 동진	鎭東將軍 · 領樂浪太守
416년	전지왕 12년. 동진	使持節 · 都督百濟諸軍事 · 鎭東將軍 · 百濟王
425년	구이신왕 6년. 유송	使持節 · 都督 · 百濟諸軍事 · 鎭東大將軍 · 百濟王
430년	비유왕 4년. 유송	使持節 · 都督百濟諸軍事 · 鎭東將軍 · 百濟王
457년	개로왕 3년. 유송	鎭東大將軍
490년	동성왕 12년. 남제	鎭東大將軍 · 百濟王
521년	무녕왕 21년. 양	使持節 · 都督百濟諸軍事 · 寧東大將軍
524년	성왕 2년. 양	使持節 · 都督百濟諸軍事 · 綏東將軍 · 百濟王
570년	위덕왕 17년. 북제	使持節 · 侍中 · 車騎大將軍 · 帶方郡公 · 百濟王
571년	위덕왕 18년. 북제	使持節 · 都督東靑州諸軍事 · 東靑州刺史
581년	위덕왕 28년. 수	上開府儀同三司 · 帶方郡公
624년	무왕 25년. 당	遣使就册爲帶方郡王 · 百濟王
641년	의자왕 1년. 당	柱國 · 帶方郡王 · 百濟王

〈신라〉

연대	왕/ 중국 왕조	관위
562년	진흥왕 26년. 북제	使持節 · 東夷校尉 · 樂浪郡公 · 新羅王
594년	진평왕 16년. 수	上開府 · 樂浪郡公 · 新羅王
624년	진평왕 46년. 당	柱國 · 樂浪郡公 · 新羅王
635년	선덕왕 4년. 당	柱國 · 樂浪郡公 · 新羅王
647년	진덕왕 1년. 당	柱國 · 樂浪郡王
654년	태종 무열왕 1년. 당	開府儀同三司 · 新羅王
662년	문무왕 2년. 당	開府儀同三司 · 上柱國 · 樂浪郡王 · 新羅王

여기서 중요한 사실은 백제 '방소국'의 '반파'가 가라와 동일한 대상이라면 책봉된 적이 없어야 한다. 물론 백제가 의도적으로 가라를 폄칭하여 '반파'로 표기할 수는 있다. 만약 그렇다면 가라라는 국가를 거느린 백제의 국제적 위상은 반감되는 것이다. 가라의 존재는 양에서 인지하여 백제의 위상을 오히려 과시할 수 있는 기제였다. 당시 백제는 기실 자국과 국력이 비등한 신라 사신을 대동하여 양에 조공했다. 그럼으로써 백제는 자국의 위상을 양에 전달하고, 또 무녕왕의 관작을 상향시키는 기제로 활용하였다. 이 때 백제는 "여러 차례 고구려를 격파했다"고 호언했다. 그 결과 백제가 "다시금 강국이 되었다"는 평가를 양으로부터 받았다. 백제는 복구된 국가적 위상을 양에 보여 주고자 노력하였다. 그러한 차원에서 '백제방소국百濟旁小國'을 등장시켰던 것 같다. 이 가운데 가장 강대한 신라의 사신을 대동함으로써 백제 자국의 위상을 높이고자 하였다. 특히 약소국이 아닌 신라의 사신을 데리고 옴으로써 8개 소국도 그에 준하는 국가 쯤으로 인식하게 하여 백제의 위상을 높이려는 정치적 의도가 깔린 것이다. 이러한 맥락에서 볼 때 백제는 가라를 고의로

펌훼시켜 전혀 인지할 수 없는 국호인 '반파'로 표기했을 가능성은 없었다고 본다. 따라서 반파는 가라 즉 대가야일 가능성은 없다.

가라는 신라보다 훨씬 이전인 479년에 가라왕 하지荷知가 남제로부터 '보국장군 · 본국왕輔國將軍本國王'에 책봉되었다.[131] 가라는 웅진성 천도 후 백제 정정의 혼란을 틈타 백제 영향권에서 이탈하여 남제와 직접 통교한 것이다.[132] 가라는 신라보다 무려 86년이나 일찍 책봉을 받았다. 중국 역대 왕조로부터 책봉된 국가를 백제가 '소국'으로 양에 거론할 수는 없었을 것이다. 더구나 양은 남제를 계승한 국가였다. 그러한 남제로부터 가라 왕은 책봉되었다. 책봉은 백제 왕이 중국 황제에 신속된다는 의미를 담고 있었다. 황제에 신속된 가라가 백제의 부용국으로, 그것도 중국에 공적으로 알려질 수는 없는 문제였다. 더구나 펌칭을 사용한 국호로 등장한다는 것은 상상하기조차 어렵다. 요컨대 남제로부터 책봉된 가라는 중국의 신속국이 될 수는 있었다. 이러한 사례로는 왜왕 무武가 유송에 '사지절도독 · 왜 · 백제 · 신라 · 임나 · 가라 · 진한 · 모한칠국제군사 · 안동대장군 · 왜국왕使持節都督倭百濟新羅任那加羅秦韓慕韓七國諸軍事安東大將軍倭國王'을 자칭하며 제수를 요청한 건을 제시할 수 있다. 그러나 무는 478년에 '使持節都督倭新羅任那加羅秦韓慕韓六國諸

---

131 『南齊書』권58, 東南夷傳, 加羅國. "加羅國 三韓種也 建元元年 國王荷知 使來獻 詔曰 量廣始登 遠夷洽化 加羅王 荷知款關海外 奉贄東遐 可授輔國將軍 · 本國王"

132 李道學, 「漢城末 · 熊津時代 百濟 王位繼承과 王權의 性格」, 『韓國史研究』50 · 51合輯, 1985; 『백제 한성 · 웅진성시대연구』, 一志社, 2010, 307쪽.

사진 83 난징의 석두성

軍事安東大將軍倭王'에 제수되었다.[133] 무가 요청한 '7국제군사七國諸軍
事'는 '6국제군사六國諸軍事'로 바뀌었고 백제가 삭제되었다. 유송劉宋은
왜가 요구한 백제의 군정권軍政權을 인정해주지 않았다는 것이다.[134]

왜의 한반도 남부에 대한 영향력 행사라는 전제하에서 제기된 이러
한 주장에 앞서 확인할 부분이 있다. 백제는 478년에서 각각 21년 전과
48년 전인 457년과 430년에, 이미 유송으로부터 책봉된 바 있었다. 당

---

133 『宋書』 권97, 동이전, 왜국 조.
134 川﨑晃,「倭王武の上表文」『東アジア世界の成立』, 吉川弘文館, 2010, 324쪽.

연히 유송으로서는 왜왕 무의 관할 국가라는 백제를 인정할 수 없었다. 이와 마찬 가지로 양이 가라를 백제의 소국, 즉 부용국으로 인정할 수 없었을 것이다. 실제 백제의 '방소국' 가운데 국왕이 중국에 책봉된 경우는 없었다.

물론 그렇기 때문에 가라를 반파로 폄칭했다고 주장할 수도 있다. 만약 그렇다면 가라가 지닌 위상을 반영할 수가 없다. 폄칭이나 멸칭은 상대방 국호를 비틀어서 일컫는 것이다. 그러나 유사성이 전혀 잡히지 않는 반파를 대가야로 인지할 리는 없다. 이러한 점에서도 반파를 대가야와 연관 짓는 견해는 타당성이 없다. 반파는 지금의 전라북도 장수 지역을 가리킨다. [135]

그리고 '탁'은 『일본서기』의 탁순국卓淳國으로서 경상남도 창원에 소재하였다. '다라'는 경상남도 합천에 소재했다. '전라'는 그 위치를 압독국이 소재한 경상북도 경산이나 함안의 안라安羅로 비정하지만 분명하지 않다. '사라'는 신라를 가리킨다. 이 점 『양서』 신라 조에서 "혹은 사라斯羅라고 한다"고 한 기사에서 당시 '사라' 표기를 확인할 수 있다. '지미'는 『신찬성씨록』 가와치국황별河內國皇別 조에 보면 백제에 파견된 왜장이 '지미止美'의 오녀吳女를 취한 기사가 있다. 지미는 곧 이 '지미'로 보인다. 더욱이 '지미'는 '백제 곁의 소국'의 경우 폄훼된 국명을 사용한 사례와도 연결되기 때문이다. '지미'는 369년에 백제 근초고왕이 경략한 침미다례忱彌多禮의 '침미'와 음이 닮았다. 그렇다고 한다면 지미는

---

135 李道學, 「伴跛國 位置에 대한 論議」, 『역사와 담론』 90, 2019, 64~65쪽.

전라남도 해남으로 비정된다. '마련'은 그 소재지를 알 수 없지만『삼국지』변진 항에서 변한 소국의 하나인 마연국馬延國과 음이 닮았다. 이곳을 경상남도 밀양으로 비정하기도 한다. '상기문'은 전라북도 임실 일대로 비정되고 있다. '하침라'는 전라남도 강진으로 지목하지만 명확하지 않다.

백제 곁의 9개 소국이 등장하게 된 시점은 백제가 신라 사신을 데리고 양에 동반 입조한 521년의 일로 추정된다. 이로 인해『양서』에 최초로 신라 조가 구비될 수 있었다. 그러나 신라의 후진성이 과장되게 기록되는 결과가 초래되었다. 가령 "그 나라는 작아서 스스로 사신을 보낼 수 없었다"·"문자가 없으므로 나무를 새겨 신표를 삼는다"·"의사는 백제(인)을 기다린 후에야 소통하였다"는 기사가 그것이다. 신라를 제외한 나머지 8국은 백제 사신을 따라 동반 입조한 것은 아니었다. 8국은 백제와 갈등을 빚거나 백제로부터의 이탈을 시도하고 있는 상황이었다. 이로 볼 때 백제는 '백제 곁의 소국'을 양에 통보함으로써 이들 소국에 대한 지배권을 공인받는 한편, 자국의 정치적 입지를 강화시키려 한 것으로 보인다. 역설적으로 '대국' 백제의 불안한 심사가 깔려 있는 소국 명단인 것이다. 또 한편으로는 백제에 부용된 적이 있는 소국들을 죄다 망라해서 전성기의 위상을 보여주었다. 그럼으로써 국가적 위상을 만회하려는 열망이 담긴 것으로 보인다. 특히 백제는 521년에 사신을 양에 파견하여 "여러 차례 고구려를 격파했다"고 호언하였다. 그 결과 백제가 "다시금 강국이 되었다"는 평가를 양으로부터 받았다. 백제는 복구된 국가적 위상을 양에 보여 주고자 노력하였다. 그러한 차원에서 '백제 곁의 소국'을 등장시켰던 것 같다. 이 가운데 가장 강대한 신라의 사신을 대동함으로써 백제 자국의 위상을 높이고자 하였다. 그 결과 무녕왕은 자신의 장군호를 동성왕이 수작한 제3품의 정동장군보 다 높은 제2품의 진동대장군으로 올려받을 수 있었던 것 같다. 그런데 '백제 곁의 소국' 관련 기록이 정작『양서』백제 조에는 보이지 않는다. 이는 '소국' 기록이 실제적인 의미를 지니기는커녕 백제의 허장성세로 판명난 데 따른 것으로 보인다. 521년 이후 '백제 곁의 소국'들의 이탈 이 극심했다. 게다가 이제 교섭의 물꼬가 터진 양을 비롯한 남조 정권 들이 신라의 위상을 재확인했기 때문일 것이다.

'백제 곁의 소국' 식의 표기는 물론「양직공도」에 보이는 입공사入貢使 의 소속 국가 관련 일반적인 서술 체재였다. 그렇지만 백제는 주지하듯 이 독자적인 천하관을 지녔다는 점을 유의해야 한다. 가령 백제는 자국 남부의 정치 세력을 '남만南蠻'이라는 화이적인 세계관을 빌어와서 호 칭하였다. '백제 곁의 소국'은 백제적인 천하관의 산물이었다. 다만 중 국과의 조공 관계로 인해 '△△ 등이(백제에) 부용되었다'는 부용국으로 표기되었을 뿐이다.

5) 언어와 의복

f는 백제의 언어와 의복은 대략 고구려와 동일하다. 다만 걸어갈 때 도 팔짱을 풀지 않는 것과 절할 때 한쪽 다리를 펴지 않는 점에서는 서 로 차이가 있음을 서술하였다. 고구려인들은 걸을 때 팔을 흔들었다. 그러나 백제인들은 걸을 때도 팔짱을 풀지 않았다. 백제와 고구려 의복

의 동질성은 『북사北史』나 『수서隋書』 백제 조에서도 보인다. 실제 사신도를 검토해 보았을 때 신라와는 달리 백제와 고구려 사신 복장의 유사성이 확인된다. 고구려나 백제의 경우는 의복에 장식된 문양이 화려하고 색상이 강렬하다. 그에 비해 신라 의복은 문양이 없고 색상도 소박하였다. 이는 『수서』나 『북사』를 보면 신라에서는 "의복은 백색을 숭상한다"는 기사와 대략 부합된다.

『양직공도』는 백제 복색 호칭의 중화화中華化를 알려준다. 이 구절은 『양서』 백제 조의 관련 내용과 대동소이하다. 나아가 『삼국지』 변진 항에서 진한의 기원을 진역秦役을 피해 중원에서 망명해 온 주민의 이동과 결부 짓는 구절과 관련 있어 보인다. 즉 "그 언어는 마한과 동일하지 않으며, 국國을 방邦이라고 하며, 궁弓을 호弧라고 하고, 적賊을 구寇라고 하며, 술잔을 돌리는 것[行酒]을 행상行觴이라고 한다. 서로 부르는 것을 모두 도徒라고 하는데, 진인秦人들과 닮았다"는 구절을 연상시킨다. 이 구절은 곧 "그 나라 말에는 여러 시기의 중국 말이 섞여 있으니 역시 진한秦韓의 유풍이다"라고 한 f 구절과 일맥상통한다. 백제가 자국의 기원을 진인과 진한에서 찾는 것처럼 느껴진다. 아울러 이는 중화한 백제의 기원을 래이에서 찾고자 한 움직임과 관련 있어 보인다. 그럼으로써 산둥 지역을 비롯한 북조 지역에 대한 연고권을 백제에 심어 줄수 있다. 이는 『남제서』에 보이듯이 실제 백제 태수들이 북중국에 책봉된 근거가 되었을 것이다.

한편 「양직공도」의 왜국사倭國使는, 백제국사와 비교하면 용모와 복색이 초라하기 이를 데 없다. 왜국 사신은 두건을 쓰고 있는데, 얼굴은 못 생긴 데다가 목걸이를 걸치고 있다. 저고리는 가슴이 파헤쳐진 옷을 입었다. 아랫도리는 잠방이를 걸친 듯하며, 두 팔에는 토시를 끼고 있다. 발목에는 각반 같은 것을 한 채 맨발로 서 있다. 이러한 왜국 사신의 행색은 열대 남양南洋 지역에 소재한 탕창국이나 낭아수국 사신의 면면을 방불케 한다. 그러한 이유는 양과 왜국 간의 교류가 소원해진 관계로 왜국 사신의 모습을 상상하여 그린 것으로 추정하는 시각도 있다. 그런데 이러한 왜국 사신의 용모는 「당염입본왕회도」에 보이는 왜국 사신의 모습과 동떨어진 것만은 아니다. 여기서도 왜국 사신은 수염이 많고 못 생긴 용모에 커다란 둥근 귀고리를 하였다. 이마 부분과 양 끝에 테가 둘러진 흰 천을 뒤로 넘겨 마무리한 모자를 착용했다. 젖꼭지가 보일 정도로 가슴이 노출된 채로 목걸이를 2개나 걸치고 있다. 저고리는 가운처럼 어깨에 걸친 다음 좌우를 묶었다. 바지 역시 천으로 두른 다음, 폭이 넓은 천으로 묶어서 띠를 삼았다. 이러한 복식은 「양직공도」 왜국사와 동일하다. 그리고 양 팔과 양 발목에는 각각 5개나 되는 팔찌와 발찌를 껴고 있다. 게다가 맨발인 것이다. 그러니 「양직공도」 왜국사의 모습을 상상도로만 단정하기 어렵다. 「남당고덕겸모양원제번객입조도」에 보이는 왜국사의 경우도 이와 일맥 상통한다.

〈「양직공도」의 백제 사신〉

〈「당염입본왕회도」의 고구려 백제 신라 사신〉

〈「남당고덕겸모양원제번객입조도」의 고구려 백제 신라 사신〉

〈「양직공도」「당염입본왕회도」「남당고덕겸모양원 제번객입조도」에 보이는 왜 사신〉

[참고문헌]

저서

朝鮮總督府,『大正六年度 朝鮮古蹟調查報告』1920.

今西龍,『百濟史硏究』, 近澤書店, 1934.

輕部慈恩,『百濟美術』, 寶雲社, 1946.

輕部慈恩,『百濟遺跡の硏究』, 吉川弘文館, 1971.

李龜烈,『韓國文化財秘話』, 韓國美術出版社, 1973.

佐伯有淸,『新撰姓氏錄の硏究(本文篇・考證篇)』, 吉川弘文館, 1962・1982.

岩波書店,『日本書紀(上・下)』, 1967.

門脇禎二,『新版 飛鳥』, 日本放送出版協會, 1970.

末松保和,『任那興亡史』, 吉川弘文館, 1971.

李弘稙,『韓國古代史의 硏究』, 신구문화사, 1971.

文化財管理局,『武寧王陵』, 1973.

全榮來,『周留城・白江 位置比定에 관한 新硏究』, 부안군, 1976.

李丙燾,『韓國古代史硏究』, 박영사, 1976.

李丙燾,『國譯 三國史記』, 乙酉文化社, 1977.

坂元義種,『古代東アジアの日本と朝鮮』, 吉川弘文館, 1978.

李基白・李基東,『韓國史講座(古代篇)』, 일조각, 1982.

Marshall Sahlins, Isalnds of history, The University of Chicago Press, 1985.

張安治 主編,『中國美術全集(繪畫編 1)』, 人民美術出版社, 1986.

盧重國,『百濟政治史硏究』, 일조각, 1988.

千寬宇,『古朝鮮史 · 三韓史硏究』, 일조각, 1989.

千寬宇,『加耶史硏究』, 일조각, 1993.

韓國古代社會硏究所,『譯註韓國古代金石文(Ⅰ)』, 1991.

公州大學校,『百濟 武寧王陵』, 1991.

兪元載,『中國正史 百濟傳 硏究』, 학연문화사, 1993.

兪元載,『熊津百濟史硏究』, 주류성, 1997.

國立古宮博物院,『古宮書畵圖錄(15)』, 中華彩色印刷公司, 1995.

李道學,『백제고대국가연구』, 일지사, 1995.

李道學,「꿈이 담긴 한국고대사 노트(上 · 下)』, 일지사, 1996.

李道學,『백제장군 흑치상지 평전』, 주류성, 1996.

李道學,『새로 쓰는 백제사』, 푸른역사, 1997.

李道學,『진훤이라 불러다오』, 푸른역사, 1998

李道學,『고대문화산책』, 서문문화사, 1999.

李道學,『한국고대사, 그 의문과 진실』, 김영사, 2001.

李道學,『살아 있는 백제사』, 휴머니스트, 2003.

李道學,『고구려 광개토왕릉비문 연구』, 서경문화사, 2006.

李道學,『역사가 기억해 주는 이름』, 서경문화사, 2007.

李道學,『누구를 위한 역사인가』, 서경문화사, 2010.

李道學,『백제 한성 · 웅진성시대연구』, 일지사, 2010.

李道學,『백제사비성시대연구』, 일지사, 2010.

李道學 · 송영대 · 이주연,『육조고도 남경』, 주류성, 2014.

李道學,『한국고대사의 쟁점과 과제』, 주류성, 2017.

李道學, 『백제 도성 연구』, 서경문화사, 2018.

李道學, 『분석 고대한국사』, 학연문화사, 2019.

宋龍飛 主編, 『中國疆域的變遷(上冊)』, 國立古宮博物院, 1997.

성주탁, 『百濟城址研究』, 서경문화사, 2002.

권태원, 『백제의 의복과 장신구』, 주류성, 2004.

도수희, 『백제의 언어와 문학』, 주류성, 2004.

안승주 · 이남석, 『공산성 백제추정왕궁지 발굴조사보고서』, 공주사범대학
박물관, 1987.

李南奭, 『百濟墓制의 研究』, 서경문화사, 2002.

李南奭, 『공주 공산성』, 공주시 · 공주대학교 박물관, 2010.

徐程錫, 『百濟의 城郭--熊津 泗沘時代를 中心』, 학연문화사, 2002.

마키아벨리 著 · 권혁 譯, 『군주론』, 돋을새김, 2005.

李鎔賢, 『가야제국과 동아시아』, 통천문화사, 2007.

박순발, 『백제의 도성』, 충남대학교출판부, 2010.

윤용혁, 『가루베지온의 백제 연구』, 서경문화사, 2010.

윤용혁, 『백제를 걷는다』, 오월의 봄, 2017.

逢振鎬, 『東夷文化研究』, 齊魯書社, 2007.

鈴木靖民 · 金子修一, 『梁職貢図と東部ユ-アジア世界』, 勉誠出版, 2014.

백제고도문화재단, 『부여 가림성(사적 제4호) 5차 발굴조사 약보고서』, 2017.

논문

金維諾, 「職貢圖的時代與作者」, 『文物』 1960-7기, 1960.

김세익,「중국 료서지방에 있었던 백제의 군에 대하여」,『력사과학』1967-1.

李弘稙,「梁職貢圖論考」,『韓國古代史의 硏究』, 신구문화사, 1971.

李基白,「백제사상의 무녕왕」,『무령왕릉』, 문화재관리국, 1973.

李基白,「金大問과 그의 史學」,『歷史學報』77, 1978.

李基白,「熊津時代 百濟의 貴族勢力」,『百濟硏究』9, 1978.

盧重國,「百濟 王室의 南遷과 支配勢力의 變遷」,『韓國史論』4, 1978.

梁起錫,「웅진시대의 백제지배층연구」,『사학지』14, 1980.

성주탁,「백제 웅진성과 사비성 연구」,『백제연구』11, 1980.

李道學,「百濟 慰禮文化의 史的 性格」,『東大新聞』, 동국대학교 신문사, 1981. 5.14.

李道學,「百濟 王系에 對한 異說의 檢討」,『東國』18, 동국대학교 학보사, 1982.

李道學,「백제왕위 계승과 왕권의 연구」, 연세대학교 대학원 석사학위논문, 1984.

李道學,「漢城末·熊津時代 百濟 王系의 檢討」,『韓國史硏究』45, 1984.

李道學,「漢城末·熊津時代 百濟王位繼承과 王權의 性格」,『韓國史硏究』50·51合輯, 1985.

李道學,「漢城後期의 百濟王權과 支配體制의 整備」,『백제논총』2, 1990.

李道學,「梁職貢圖와 중국의 고대 한국 유이민」,『중국 낙양 문물 명품전』, 국립부여박물관, 1998.

李道學,『三國史記』道琳記事 檢討를 통해 본 百濟 蓋鹵王代의 政治 狀況」,『先史와 古代』27, 2007.

李道學, 「梁職貢圖의 百濟 使臣圖와 題記」, 『百濟文化 海外調查報告書』 6, 국
립공주박물관, 2008.

李道學, 「百濟의 海外活動 記錄에 관한 檢證」, 『2010세계대백제전 국제학술
회의』, 2010세계대백제전조직위원회, 2010.

李道學, 「百濟 熊津城研究에 대한 檢討」, 『東아시아古代學』 23, 2010.

李道學, 「東城王의 卽位 過程에 대한 再檢證」, 『白山學報』 91, 2011.

李道學, 「百濟의 海上실크로드 探究」, 『東亞海洋文化國際學術會議 論文集』,
浙江大學校, 2013. 8. 20.

李道學, 「백제의 요서경략과 중·고등학교 한국사 교과서의 서술」, 『한국전
통문화연구』 15, 한국전통문화대학교, 2015.

李道學, 「한국 고대사회에서 술의 기능」, 『東아시아古代學』 44, 2016.

李道學, 「『三國史記』 온달전의 出典 摸索」, 『東아시아古代學』 45, 2017.

李道學, 「스토리텔링 소재로서 백제 東城王」, 『동아시아의 전통문화와 스토
리텔링』, 서경문화사, 2017.

李道學, 「伴跛國 位置에 대한 論議」, 『역사와 담론』 90, 2019.

李道學, 「나주 반남면 신촌리 9호분 금동관의 제작 주체」, 『나주 신촌리 금동
관의 재조명』, 국립나주박물관, 2019.

李道學, 「古代 韓·蒙 間의 文化的 接點」, 『한·몽 관계의 역사와 동북아 지역
의 협력』, 주몽골대한민국 대사관·국제울란바토르 대학, 2019. 7. 4.

沈正輔, 「百濟 泗沘都城의 城郭 築造時期에 대한 考察」, 『考古歷史學志』 11·
12合集, 1996.

김영재, 「'王會圖'에 나타난 삼국사신의 복식」, 『한복문화』 3-1호, 2000.

이진민 · 남윤자 · 조우현, 「'王會圖'와 '蕃客入朝圖'에 묘사된 三國使臣의 服飾 硏究」, 『服飾』 제51-3호, 2001.
오강원, 「春秋末 東夷系 萊族 木槨墓 출토 琵琶形銅劍」, 『한국고대사연구』 23, 2001.
박준형, 「古朝鮮의 海上交易路와 萊夷」, 『북방사논총』 10, 2006.
洪潤基, 「'梁職貢圖'의 백제 사신과 劉勰」, 『中國語文論叢』 27, 2004.
金鍾完, 「梁職貢圖의 성립 배경」, 『中國古中世史硏究』 8, 2001.
권오영, 「喪葬制를 중심으로 한 武寧王陵과 南朝墓의 비교」, 『백제문화』 30, 2002.
趙胤宰, 「公州 松山里 6號墳 銘文塼 판독에 대한 管見」, 『湖西考古學』 19, 2008.
이한상, 「백제의 상장의례와 고대 동아시아」, 『충청학과 충청문화』 19, 2014.
윤용혁, 「백제의 對倭 항로와 가카라시마(加唐島)」, 『백제문화』 51, 2014.

찾아보기